GEDANKENSTRICH

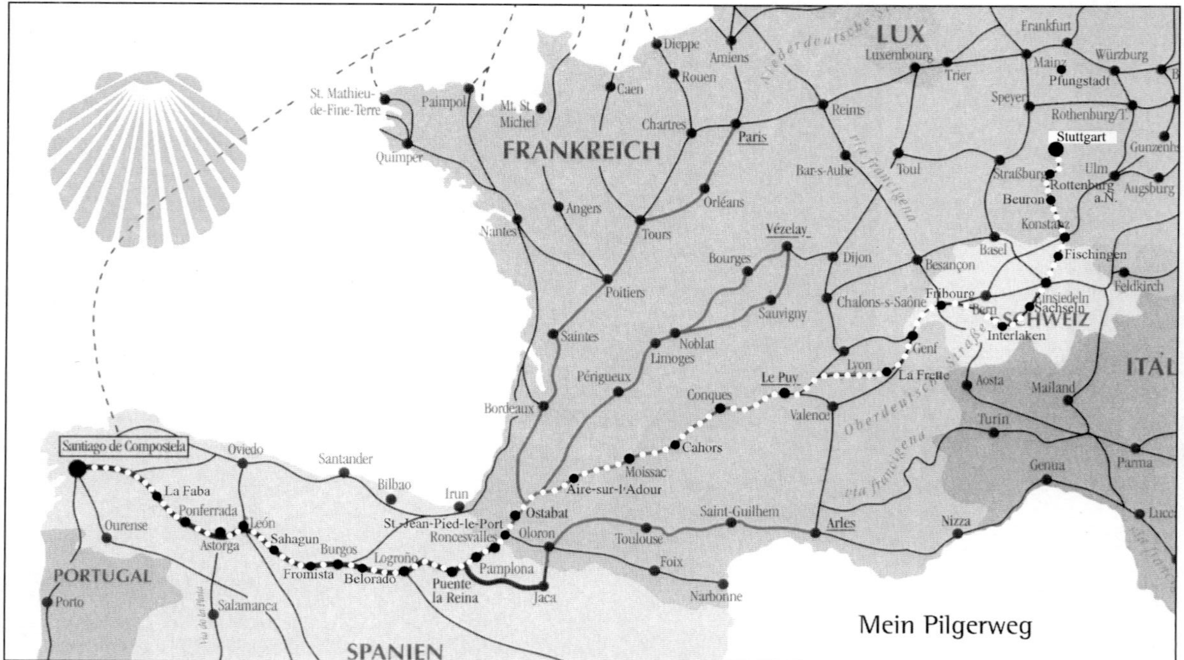

Mein Pilgerweg

Peter Schnell

GEDANKENSTRICH

zwischen Karriere und Ruhestand

Auf dem Jakobsweg von Stuttgart
nach Santiago de Compostela

Umschlaggestaltung, Satz und Layout: inside-layout,
Schwäbisch Hall
Fotos: Wenn nicht besonders vermerkt, alle Fotos einschließlich
Umschlagfoto vom Autor
Fotos in Farbe mit Textbezug unter
www.peter-schnell.de/mein-jakobsweg/
Herstellung und Verlag: Books on Demand GmbH, Norderstedt
ISBN: 978-3-8370-1343-6

Umschlagfoto: Sonnenaufgang in den Pyrenäen

für Ilse

„... Ne dis pas: j'ai réussi,
je suis payé de ma peine.
Ne te repose pas dans tes oeuvres
elles vont te juger. ..."

Peter Schnell

Geboren in Schlettau/Erzgebirge am 6.6.1941
Aufgewachsen im Rheinland
Studium an der Universität Stuttgart, Fachrichtung Bauingenieurwesen, Promotion

Verheiratet, zwei Söhne

37-jährige Tätigkeit bei der Deutschen Bundesbahn/Deutschen Bahn AG

zuletzt Konzernbevollmächtigter der
Deutschen Bahn AG für Baden-Württemberg

Besteigung einiger hoher Berge, zuletzt des 7546 m hohen Mustagh Ata im Jahr 2003

Inhalt

Prolog

Auf dem Weltjugendtag 2005 in Köln fragte Papst Benedikt XVI. die Jugend der Welt: „Und was könnte uns denn retten, wenn nicht die Liebe?“

Vorwort

Vorweg einige Daten und Fakten: Am 30. Oktober 2006 kam ich nach 96 Tagen gesund und fit in Santiago de Compostela an. Alle Schwierigkeiten, Schwächen, Probleme, die irgendwann auftauchten, habe ich unterwegs überwunden. Meine vorletzte Etappe betrug 40 Kilometer: ich war weder erschöpft noch hatte ich irgendwelche Schmerzen. Ich hatte mich an die großen Distanzen gewöhnt. Meine Kondition war einfach super. Nach 92 Etappen – also mit vier Ruhetagen – erreichte ich nach 2600 Kilometern Wegstrecke mein Ziel. Der letzte Ruhetag war in Le Puy-en-Velay, dann lief ich bis Santiago de Compostela durch. Ich habe bei diesem Weg-Zeitverhältnis einen Tagesdurchschnitt von 28 Kilometern erreicht, in Spanien sogar von 31 Kilometern, wobei dort drei bewusst kurze Etappen dabei waren: vor León, vor Le Faba (da wollte ich unbedingt in der Stuttgarter Herberge übernachten) und vor Santiago (da wollte ich locker ankommen). Zehn Tage benötigte ich für Deutschland, 15 Tage für die Schweiz, 41 Tage für Frankreich und 26 Tage für Spanien. Etwa ein Viertel aller Tage war verregnet; zu Beginn, im Juli, war es mit über 30°C Tagestemperatur furchtbar heiß. In der Schweiz erlebte ich im August nasskalte Tage bei 9°C, und in Santiago war es am 30. Oktober 30°C heiß. Das Wetter war alles andere als normal für diese Jahreszeit. Dennoch war das Naturerlebnis im Herbst – wenn es vom Himmel nicht gerade kübelte – traumhaft schön.

Ich habe acht Kilo abgenommen, mein Gesamtcholesterinspiegel hat sich um 50 Prozentpunkte gesenkt, obwohl ich ungesund gelebt habe: fettes Essen, viel Cola, viel Bier, viel Rotwein. Ich hatte während der gesamten Wanderung keine Erkältung, keine Krankheit. Es ergab sich nie eine gefährliche Situation, wenn ich einmal von drei Hundeattacken absehe, die ich aber mit Stock und Pfefferspray immer beherrschte.

Die Erfahrung, dass richtiges Schuhwerk eine wichtige Voraussetzung ist, bekam ich hautnah zu spüren; denn trotz Training hatte ich in der Schweiz Fersenschmerzen, weil die Schuhe zu hart waren, was sich dann aber nach zwei Ruhetagen in Freiburg/Fribourg und mit neuen weichen Einlegesohlen bis etwa Le Puy-en-Velay in Frankreich peu á peu wieder legte. Auch musste ich mich mit Blasen an beiden Fersen herumquälen, nachdem ich mir in Cahors neue Schuhe kaufen musste. Das ist die nüchterne, messbare Bilanz nach einem spannenden, bewegenden Projekt.

Während meiner Pilgerreise habe ich vieles anders empfunden als danach. Da ich aber in diesem Bericht meine Wanderung entsprechend meiner jeweiligen augenblicklichen Gemütslage, meiner Verfassung, wie ich es in meinem penibel geführten Tagebuch festgehalten habe, beschreibe, muss ich mich überall dort, wo ich zwischenzeitlich meine Meinung geändert habe oder wo sich zum besseren Verständnis sinnvolle Ergänzungen anbieten, als „Korrektiv" einschalten. Ich muss dies auch tun, um falsche Eindrücke zu vermeiden und um zu verhindern, dass geschönte Berichte des Pilgers gedruckt werden. Diese meine Ergänzungen sind kursiv gedruckt, damit sie sich deutlich von den Tagebuchaufschreibungen abheben.

Und mein Innenleben? Warum bin ich überhaupt den Jakobsweg gegangen?

Die Antworten auf diese Fragen sind in der Aufbereitung meines Tagebuches hier festgehalten. Eigentlich ist es die spannendste Geschichte meines Lebens, ein bewegender GEDANKENSTRICH zwischen Karriere und Ruhestand!

Vor Oberdigisheim

Die Etappen

Datum	Tag	Etap.	Etappenbeschreibung
27.07.	1.	1.	Stuttgart – Esslingen-Berkheim
28.07.	2.	2.	Esslingen-Berkheim – Aichtal-Aich
29.07.	3.	3.	Aichtal-Aich – Tübingen
30.07.	4.	4.	Tübingen – Rottenburg am Neckar
31.07.	5.	5.	Rottenburg am Neckar – Hechingen
01.08.	6.	6.	Hechingen – Lochen / Balingen
02.08.	7.	7.	Lochen / Balingen – Beuron
03.08.	8.	8.	Beuron – Tuttlingen
04.08.	9.	9.	Tuttlingen – Stockach
05.08.	10.	10.	Stockach – Konstanz
06.08.	11.	-	Pause Konstanz
07.08.	12.	11.	(Konstanz – Amlikon) – Tobel (Schwabenweg)
08.08.	13.	12.	Tobel – (Fischenthal – Wald / Laupen)
09.08.	14.	13.	Laupen – Einsiedeln
10.08.	15.	14.	Einsiedeln – Schwyz
11.08.	16.	15.	Schwyz – (Brunnen – Buochs) – Stans
12.08.	17.	16.	Stans – Sachseln
13.08.	18.	17.	Sachseln – Brienzwiler
14.08.	19.	18.	Brienzwiler – Interlaken
15.08.	20.	19.	Interlaken – (Merligen – Thun) – Amsoldingen
16.08.	21.	20.	Amsoldingen – Rüeggisberg
17.08.	22.	21.	Rüeggisberg – Freiburg/Fribourg
18.08.	23.	-	Pause Freiburg
19.08.	24.	-	Pause Freiburg

Datum	Tag	Etap.	Etappenbeschreibung
20.08.	25.	22.	(Freiburg – Cottens) – Autigny – Les Chavannes-sous-Romont
21.08.	26.	23.	Les Chavannes-sous-Romont – Moudon
22.08.	27.	24.	Moudon – Lausanne
23.08.	28.	25.	Lausanne – (Saint-Sulpice – Genf)
24.08.	29.	26.	Genf – Beaumont (Via gebennensis)
25.08.	30.	27.	Beaumont – Chaumont
26.08.	31.	28.	Chaumont – Motz
27.08.	32.	29.	Motz – Yenne
28.08.	33.	30.	Yenne – Saint-Genix-sur-Guiers
29.08.	34.	31.	Saint-Genix-sur-Guiers – Valencogne
30.08.	35.	32.	Valencogne – La Frette
31.08.	36.	33.	La Frette – Revel-Tourdan
01.09.	37.	34.	Revel-Tourdan – Saint-Alban-du-Rhône
02.09.	38.	35.	Saint-Alban-du-Rhône – Saint-Julien-Molin-Molette
03.09.	39.	36.	Saint-Julien-Molin-Molette – Les Sétoux
04.09.	40.	37.	Les Sétoux – Tence
05.09.	41.	38.	Tence – Saint-Julien-Chapteuil
06.09.	42.	39.	Saint-Julien-Chapteuil – Le-Puy-en-Velay
07.09.	43.	-	Pause Le-Puy-en-Velay
08.09.	44.	40.	Le-Puy-en-Velay – Monistrol-d'Allier (Via podiensis)
09.09.	45.	41.	Monistrol-d'Allier – Le Falzet
10.09.	46.	42.	Le Falzet – Les Estrets
11.09.	47.	43.	Les Estres – Nasbinals
12.09.	48.	44.	Nasbinals – Saint-Chély-d'Aubrac
13.09.	49.	45.	Saint-Chély-d'Aubrac – Espalion
14.09.	50.	46.	Espalion – Golinhac

Datum	Tag	Etap.	Etappenbeschreibung
15.09.	51.	47.	Golinhac – Conques
16.09.	52.	48.	Conques – Livinhac-le-Haut
17.09.	53.	49.	Livinhac-le-Haut – Figeac
18.09.	54.	50.	Figeac – Cajarc
19.09.	55.	51.	Cajarc – Vaylats
20.09.	56.	52.	Vaylats – Cahors
21.09.	57.	53.	Cahors – Montcuq
22.09.	58.	54.	Montcuq – L'Auberge de l'Aube Nouvelle
23.09.	59.	55.	L'Auberge de l'Aube Nouvelle – (Malause – Bouillan)
24.09.	60.	56.	Bouillan – Miradoux
25.09.	61.	57.	Miradoux – (Marsolan – Castelnau-sur-l'Auvignon)
26.09.	62.	58.	Castelnau-sur-l'Auvignon – Montréal-du-Gers
27.09.	63.	59.	Montréal-du-Gers – Manciet
28.09.	64.	60.	Manciet – Aire-sur-l'Adour
29.09.	65.	61.	Aire-sur-l'Adour – Arzacq-Arraziguet
30.09.	66.	62.	Arzacq-Arraziguet – Arthez-de-Béarn
01.10.	67.	63.	Arthez-de-Béarn – Navarrenx
02.10.	68.	64.	Navarrenx – Behoteguya
03.10.	69.	65.	Behoteguya – Ostabat-Asme
04.10.	70.	66.	Ostabat-Asme – Saint-Jean-Pied-de-Port – Honto
05.10.	71.	67.	Honto – Roncesvalles (El Camino Francés)
06.10.	72.	68.	Roncesvalles – Larrasoaña
07.10.	73.	69.	Larrasoaña – Pamplona
08.10.	74.	70.	Pamplona – Cirauqui
09.10.	75.	71.	Cirauqui – Los Arcos

Datum	Tag	Etap.	Etappenbeschreibung
10.10.	76.	72.	Los Arcos – Logroño
11.10.	77.	73.	Logroño – Nájera
12.10.	78.	74.	Nájera – Santo Domingo de la Calzada
13.10.	79.	75.	Santo Domingo de la Calzada – Belorado
14.10.	80.	76.	Belorado – Atapuerca
15.10.	81.	77.	Atapuerca – Burgos – Hornillos del Camino
16.10.	82.	78.	Hornillos del Camino – Itero de la Vega
17.10.	83.	79.	Itero de la Vega – Carrión de los Condes
18.10.	84.	80.	Carrión de los Condes – Sahagún
19.10.	85.	81.	Sahagún – Mansilla de las Mulas
20.10.	86.	82.	Mansilla de las Mulas – León
21.10.	87.	83.	León – Hospital del Órbigo
22.10.	88.	84.	Hospital del Órbigo – Rabanal del Camino
23.10.	89.	85.	Rabanal del Camino – Ponferrada
24.10.	90.	86.	Ponferrada – Trabadelo
25.10.	91.	87.	Trabadelo – La Faba
26.10.	92.	88.	La Faba – Samos
27.10.	93.	89.	Samos – Portomarín
28.10.	94.	90.	Portomarín – Coto
29.10.	95.	91.	Coto – Arca do Pino
30.10.	96.	92.	Arca do Pino – Santiago de Compostela
31.10.			Santiago d. C.
01.11.			Santiago d. C., Allerheiligen
02.11.			Busfahrt nach Finisterre
03.11.			Heimfahrt
04.11.			Ankunft in Pfungstadt

Der Tag n+1, vor dem ich Angst hatte

„Freund, so du etwas bist, so bleib doch ja nicht stehn, man muss von einem Licht fort in das andere gehen."
Angelus Silesius

Der 7. Juli 2006 war für mich und meine Familie der Tag n: der Abschied vom Berufsleben mit einer großen Abschiedsfeier und der Gang in den „wohlverdienten" Ruhestand. Vor zehn Jahren hätte ich bei dem Gedanken, in Rente gehen zu dürfen, einen Luftsprung gemacht: endlich den vielen Beschäftigungen nachgehen zu können, für die ich immer so wenig Zeit hatte: Zeichnen, Malen, Batiken, Modelleisenbahnern, Tanzen, Bergsteigen, Lesen. Aber je näher der Tag n heranrückte, desto mulmiger wurde mir. Plötzlich fürchtete ich nichts mehr als den Tag n+1, den Tag danach!

Schon im auslaufenden Jahr 2005 begann ich, mir intensiv Gedanken über diesen Tag n+1 zu machen. Ich stellte mir vor, ich sitze am ersten Ruhestandstag zu Hause. Meine Bürosachen stehen und hängen noch überall herum. Ich fahre nicht zur Arbeit. Niemand will auch nur das Geringste von mir wissen, niemand ruft an. Ich habe keine Sekretärin, keine Mitarbeiter, keinen Fahrer, keinen Geschäftswagen, keine Aufgaben mehr. Dafür freut sich Ilse, meine Frau, dass ihr Mann nun endlich einmal Zeit für sie und für Gemeinsames hat und auf eine tüchtige Haushaltshilfe, die mit putzen, kochen, einkaufen und zur Hand gehen kann.

Das sah ich damals falsch: Ilse freute sich nicht auf eine „Haushaltshilfe", sondern auf einen Lebenspartner, der mit ihr den dritten Lebensabschnitt teilen, mit ihr durch dick und dünn gehen will. Sie wünschte sich, dass ich endlich Zeit für sie, für die Familie habe und jeglichen Stress – auch den selbsterzeugten – ablege.

Auf diese Situation war ich nicht vorbereitet. Ich war immer – wie Ilse sagt – ein 150-prozentiger Eisenbahner, und alles Private kam stets zu kurz – und das fast 40 Jahre lang. Ich habe einen guten Job gemacht und war mit meiner Karriere – Präsident der Bundesbahndirektion Stuttgart und nach der Bahnreform Konzernbevollmächtigter der Bahn für Baden-Württemberg – zufrieden.

Der Abschied fiel mir also schwer; denn wer oben auf der Erfolgsleiter steht, fällt tief! Mir war klar, dass der Tag n+1 nicht einfach so auf mich zukommen durfte. Ich brauchte eine Chance, mich in aller Ruhe vom bisherigen Berufsleben zu trennen und auf das Neue vorbereiten zu können. Ich musste zwischen Aufhören und Neuanfangen einen GEDANKENSTRICH schieben, etwas völlig anderes machen können, das Zeit bereithält für Gedanken, Ablenkung, Besinnung und Erholung. Nur was? Ich war schon bis auf 7500 Höhenmeter in den Bergen in den letzten Jahren vorgestoßen. Sollte ich wieder eine Bergexpedition machen? Aber die Berge schieden dieses Mal aus, da meine im Jahr 2005 beim Skifahren ausgerenkte Schulter im April 2006 operiert werden sollte und ich im Juli 2006, nach der Fußballweltmeisterschaft in Deutschland, bereits starten wollte; denn solange würde ich noch arbeiten, das hatte ich dem Vorstand der Bahn versprochen. Also musste mein GEDANKENSTRICH etwas anderes sein: vielleicht eine Weltreise oder eine Flachlandexpedition ohne große Schulterbelastungen, also am besten eine lange Wanderung.

In den Zeitungen las ich immer wieder Artikel über Jakobspilger, die sich aus fast allen Ländern dieser Erde auf den Weg zum Grab des Heiligen Jakobus in Santiago de Compostela machen. Anfangs stand ich der Pilgerei ziemlich skeptisch gegenüber. Die Pilger laufen fast alle ziemlich seltsam herum, mit Muscheln, Holzstöcken und großen Hüten. In den Berichten fielen mir auch die zum Teil schwülstigen Formulierungen auf, wie „Der Weg zum eigenen Ich" oder „Der Weg ist das Ziel" oder „Das Ziel ist der Weg". Irgendwo las ich sogar: „Das Ziel ist das Ziel." Vieles kam mir merkwürdig vor. Ich hatte zunächst Zweifel, ob diese Form des Übergangs von der Arbeit in den Rentenstand die richtige sei; denn ich glaube nicht, dass Jakobus in Santiago begraben liegt, weil die Spanier ihn erst im 9. Jahrhundert auf wundersame Weise dort „entdeckt" hatten. Warum sollte ich also ausgerechnet nach Santiago wandern? Für mich ist es auch völlig unwichtig, wo der Apostel seine letzte Ruhe gefunden hat. So gesehen kann ich auch überall hinlaufen und muss nicht der tollen „Marketingidee" der spanischen Kirche von vor rund 1000 Jahren folgen.

Ich fand aber die Idee einer langen Wanderung interessant. Sie müsste aber schon viel länger als vier Wochen dauern. Die Kontinente außerhalb Europas schieden als mögliche Ziele schon sehr früh aus, die Vorbereitungszeit wäre dafür zu kurz gewesen. Aber wohin sollte ich laufen? Und ganz allein durch die Einsamkeit?

Trotz anfänglicher Skepsis beschäftigte ich mich doch permanent mit dem Jakobsweg und nach Zeiten langer Überlegung entschied ich mich in Anlehnung an J.G. Seumes „Spaziergang nach Syrakus" für einen „Spaziergang nach Santiago de Compostela". Ich hoffte, auf diesem Weg vielen Menschen begegnen zu können, die vielleicht aus ähnlichen Motiven unterwegs sind, mit denen ich mich deshalb gut austauschen könnte. Ich beschloss folgerichtig, nicht nur durch Spanien zu pilgern – was ja die meisten Pilger machen – , sondern von Deutschland aus den Weg zu gehen. Ich hatte gelesen, dass ein „richtiger Pilger“ von seiner Haustür aus wandert. Ich wählte allerdings die Bürotür. Das schien mir für einen GEDANKENSTRICH zwischen Beruf und Ruhestand der richtigere Ausgangspunkt zu sein. Ich gewann Gefallen an dieser Dramaturgie, direkt vom Berufsumfeld, von meinem Bürostuhl aus, mich von meinen Mitarbeitern zu verabschieden und dann, unmittelbar folgend, das Riesenabenteuer zu beginnen. Das war die Symbolik, die mir für den Start meiner Pilgerreise gefiel. Ich überschlug grob: Von Stuttgart nach Santiago sind es etwa 2600 Kilometer. Für diese Strecke würde ich rund drei Monate benötigen, wenn ich jeden Tag etwa 25 Kilometer laufen würde. Dies müsste zu schaffen sein; schließlich haben andere das ja auch geschafft.

Wie ich es bei allen meinen Vorhaben stets tat, so bereitete ich mich auch diesmal gut vor. Ich trat der Fränkischen St. Jakobus-Gesellschaft Würzburg e. V. bei und bestellte einen Pilgerpass, den „Credencial del Peregrino“. In diesen lässt man sich in jedem Ort, in dem man übernachtet, einen Stempel hineindrücken, um in Santiago die „Compostela“, die Urkunde für erfolgreiches Pilgern, zu bekommen. Ich sammelte von nun an alles, was ich für die Reise gebrauchen konnte. Ich plante die gesamte Deutschlandroute bis ins Detail, den Weg, die Etappen, die Quartiere, die ich mir alle aus dem Internet heraussuchte und vereinbarte Übernachtungen in Privatquartieren und Gasthäusern. Für die Schweiz, Frankreich und Spanien kaufte ich mir Reiseführer vom Jakobsweg. Einen sehr guten Reiseführer vom spanischen Jakobsweg erhielt ich vom Spanischen Fremdenverkehrsamt in Frankfurt sogar gratis. In Frankreich kaufte ich mir auf der Wanderung noch eine GR 65-Wegbeschreibung mit gutem Kartenmaterial hinzu. Damit war ich optimal ausgerüstet. Dreimal würde ich in Deutschland bei Verwandten übernachten können: in Esslingen-Berkheim bei meiner Schwiegermutter, in Tuttlingen bei Rosmarie, Ilses Tante, und in Konstanz bei meinem Bruder Helfried. Ich kaufte mir für die deutschen Etappen die passenden topographischen Karten im Maßstab 1: 50 000, ergänzte meine ansonsten schon von den Bergtouren vorhandene Ausrüstung mit einer Ersatz-Trekkinghose und einem Paar neuer Wanderstiefel, da meine alten schon ziemlich abgelaufen und auch etwas zu klein waren. Ich wollte meine Zehennägel, die ich bei meinen beiden letzten Bergexpeditionen eingebüßt hatte, nicht wieder verlieren. Ich absolvierte mit den neuen Schuhen einige Male in der Sommerhitze 2006 Wanderungen über 20 Kilometer. Und wie vor allen meinen bisherigen Expeditionen legte ich mir auch diesmal während der Wander-Generalproben wieder alle die Verletzungen zu, die ich mir auch während meines Pilgerausflugs hätte zulegen können: Zuerst bekam ich in meinen neuen Schuhen Blasen. 14 Tage quälte mich eine Knochenhautentzündung am rechten Schienbein, weil mir eine Schienbeingeldbörse während des Wandertrainings in den Schuh gerutscht war und hier ständig drückte, was ich aber als „harter" Wanderer nicht ernst nahm. Auch litt ich unter einem Tennisarm, obwohl ich nicht Tennis spiele. Aber falsches Krafttraining ersetzt jeden falsch geführten Tennisschläger, wenn es unbedingt sein muss. Und während meiner letzten Wanderung von Pfungstadt über Gernsheim durch die Rheinaue bekam ich auf der rund 35 Kilometer langen Wegstrecke bei 35°C im Schatten fast einen Hitzschlag und Hitzeekzeme an Beinen und Brust. Meine Sekretärin konnte ein Grinsen nicht unterdrücken, wenn ich regelmäßig montags mit neuen Verletzungen im Büro auftauchte. Sie kannte das von meinen früheren Expeditionsvorbereitungen. Aber ich sagte mir: Lieber vorher Erfahrungen sammeln als später böse Überraschungen erleben.

Sobald in meinem Bekanntenkreis bekannt wurde, auf was ich mich nach meiner Verabschiedung vom Berufsleben einlassen wollte, bekam ich viele gute Ratschläge und auch gut gemeinte Kommentare. Meine Verwandten hielten sich da schon eher zurück. „Ja, willst du wirklich.....", waren vorsichtige Andeutungen. Sie kennen mich und wissen, dass ich nicht mehr von einem Vorhaben abzubringen bin, wenn ich mich einmal dafür entschieden habe. Schwieriger war es schon, Ilse von dem Unterfangen zu überzeugen. Sie war überhaupt nicht begeistert (um es ganz milde auszudrücken!).

Sie war nicht begeistert von der Vorstellung, die ersten drei Monate meines Ruhestandes allein verbringen zu müssen und schon wieder einen langen Alleingang ihres Mannes mittragen zu sollen. Sie zu überzeugen gelang mir nicht, aber sie hat es schließlich mit wehem Herzen und der Hoffnung, dass eine Pilgerreise auch etwas Gutes bewirken kann, akzeptiert.

Auch bekam ich viel Literatur ausgeliehen oder geschenkt, damit ich mich auf mein Abenteuer auch gut vorbereiten konnte. Zweimal las ich den Roman „Iacobus" von Matilde Asensi, indem ein Hospitaliter das Rätsel um die Schätze des verbotenen Templerordens lösen soll, der sich in seiner Blütezeit auch um den Schutz der Jakobspilger kümmerte. Ich fand das Werk nicht nur spannend, sondern im Hinblick auf die Städte und deren Sakralbauten am Pilgerweg auch sehr informativ. Sehr lehrreich war auch das Buch mit dem simplen Titel „Unterwegs nach Santiago" von Pierre Barret und Jean-Noël Gurgand mit seinen historischen Abhandlungen zur Religions-, Kultur und Sittengeschichte der Santiago-Wallfahrt. Das Buch „Auf dem Jakobsweg – Tagebuch einer Pilgerreise nach Santiago de Compostela“ von Paulo Coelho bekam ich geschenkt, es flog aber neben anderen Bildbänden und -bändchen nach dem Studium gleich in den Papierkorb, weil ich mit dem Inhalt nichts anfangen konnte.

Ein Heftchen ist diesem Schicksal allerdings entkommen: „Eine Reise weit zu mir“ von Carmen Rohrbach, einer Wissenschafts- und Reisejournalistin, die für ihr wirklich gutes Heftchen nur einen weniger guten Titel gewählt hat. Dieses Heft bekam ich von meiner Verwandten Rosmarie aus Tuttlingen geschenkt, die liebend gerne selbst pilgern würde, wenn sie körperlich dazu noch in der Lage wäre und die mich bei meinen Vorbereitungen in ganz liebevoller Weise in Gedanken und in Taten begleitet hat. In knappen, floskelfreien Sätzen gelingt es Carmen Rohrbach viel besser, den angehenden Pilger an das Projekt heranzuführen, als die vielen anderen dicken Bildbände oder Schilderungen, die man zuhauf in Buchgeschäften findet.

Zur weiteren Vorbereitung habe ich dreimal bei meiner Würzburger Jakobusgesellschaft am Pilgergottesdienst mit anschließendem „Pilger-Tratsch“ teilgenommen. Nach dieser intensiven Beschäftigung mit der Pilgermaterie, war mir klar, dass Pilgern etwas anderes als eine Trekking-Tour ist; dass man sich dem Leben und den Menschen am Weg nicht entziehen kann, obwohl ich mir noch nicht so richtig vorstellen konnte, wie diese Vereinnahmung des Pilgers durch den Weg aussieht.

Mit Weihbischof Dr. Johannes Kreidler, Rottenburg am Neckar, vereinbarte ich für den 30. Juli einen Termin für den Empfang des Pilgersegens. Ich kaufte mir eine kleine Reisebibel, bastelte mir einen Rosenkranz aus Plastikschnur, Holzperlen und Stein-

kreuz, nähte mir eine kleine Jakobsmuschel an den Pilgerhut, ließ mir einen Pilgerstab exakt nach den Abmessungen eines auf einem mittelalterlichen Gemälde dargestellten Stabes des Jakobus drechseln und brannte meinen Erstkommunionspruch, den ich zufällig im Frühjahr des Jahres 2006 wiederentdeckte, in den Stab hinein:
„Stern, nach dem ich schaue,
Fels, auf dem ich steh,
Führer, dem ich traue,
Stab, an dem ich geh,
Brot, von dem ich lebe,
Quell, an dem ich ruh,
Ziel, nach dem ich strebe,
Alles, Herr, bist du!“
Ich fand, dass mein alter Kommunionspruch aus dem Jahr 1950 mein Vorhaben nicht besser hätte beschreiben können und empfand dessen Wiederentdeckung während meiner Vorbereitungen als einen passenden Zufall. „Mit *dem* Ding willst du rumlaufen?“, fragte Ilse. Zugegeben, jetzt sah ich so aus wie die, die ich noch vor wenigen Wochen belächelt hatte. Ich erkannte mich selbst nicht mehr. Aber so ist das immer bei mir: Ich will alles richtig machen. „Nimm doch deine Teleskop-Wanderstöcke mit“, setzte sie nach. Doch das wollte ich nicht. Nein, wenn ich schon auf eine Pilgerreise gehe, dann brauche ich richtige Pilgerutensilien, dachte ich.

Unaufhörlich rückte der magische Tag n näher, dann war er tatsächlich da, der 7. Juli 2006 mit dem totalen „Machtverlust“. Und die ganze Welt bemühte sich, mir den psychischen Untergang so angenehm wie möglich zu gestalten. Der Abschied, der mir gegeben wurde, hatte mich zutiefst bewegt und bleibt mir unvergessen im Gedächtnis. Der Chef der Deutschen Bahn AG, Hartmut Mehdorn, und der Innen- und Verkehrsminister von Baden-Württemberg, Heribert Rech, würdigten meine Arbeit bei der Bahn und im Land. Aber meine Sorgen über ein „Leben danach“ blieben, ja sie wurden eher noch größer.

Doch am Tag n+1 versank ich keineswegs in tiefe Depression, sondern ich stürzte mich auf die letzten Vorbereitungen für meine Pilgerwanderung. Der Starttermin für meine Wanderung musste Freitag, der 27. Juli sein, weil ich am 30. Juli in Rottenburg den Pilgersegen bekommen sollte und ich bis dahin vier Etappen zurücklegen müsste. Mit den Vorbereitungen war ich ja auch noch nicht fertig: Der Rucksack musste noch gepackt werden. Das war eine nicht einfache Herausforderung. So ein Luxusmensch wie ich braucht natürlich vieles für unterwegs. Da las ich die unterschiedlichsten Tipps: Maximal zehn Prozent des eigenen Körpergewichts sollte der Rucksack schwer sein. Oder: Maximal elf Kilogramm – ohne Verpflegung. Zehn Prozent meines Körpergewichts wären bei mir etwa acht Kilogramm. Meine erste Packaktion brachte aber das Doppelte, nämlich 16 Kilogramm auf die Waage. Dabei war ich mir aber sicher, dass ich nur das Allernötigste verstaut hatte. Aber mir war auch klar: Mit einem so schweren Rucksack würde ich den Erfolg meiner Wanderung aufs Spiel setzen. Ich breitete den ganzen Rucksackinhalt auf dem Boden aus und fragte mich bei jedem Teil, ob ich es denn unbedingt brauche. Ich sortierte einiges aus, aber nach dieser Rucksack-Razzia zeigte die Waage immer noch mehr als 14 Kilogramm an. Zuviel. Ich leerte den Inhalt abermals aus und holte dieses Mal Ilse zu Hilfe. Ihr kritischer Blick förderte wieder einige „Luxusgüter“ an die Luft. Und dann sagte ich basta, fertig. Ich wollte gar nicht mehr wissen, wie viele Kilos ich schultern musste. Ich wog meinen Rucksack daher auch nicht mehr, sondern hatte die glorreiche Idee – auch zur Entlastung meiner operierten Schulter –, mir einen Kofferrolli mitzunehmen und auf Asphaltstraßen meinen Rucksack hinter mir herzuziehen. Alles hat seine Vor- und Nachteile. Der Vorteil war, dass ich auf Straßen von der Last befreit war; der Nachteil aber, dass ich auf Wegen ein Kilo mehr schleppen musste; denn soviel wog mein Rolli. Ich entschied mich dennoch für ihn.

Mein Sohn Thomas hielt sich mit Bemerkungen sehr zurück. Er ist Psychologe und wird sich über seinen Vater seine Gedanken gemacht haben, behielt aber seine Meinung diskret für sich.
Mein Sohn Thilo mailte mir noch am 24. Juli aus Schwäbisch Hall: „... und Du bist Dir immer noch sicher, dass das Spaß macht? ...“ Ich war mir sicher, dass es ein ungewöhnliches Abenteuer werden würde.
Meine Vorbereitungen waren abgeschlossen. Der 27. Juli konnte kommen.

Die Verabschiedung aus dem Berufsleben

von links nach rechts: Minister Heribert Rech, Hartmut Mehdorn, Peter Schnell, Staatssekretärin Karin Roth, Werner Klingberg

Foto: Ralf Kranert, Deutsche Bahn AG

Nach der Verabschiedung wurde der Rucksack gepackt

Die Wurmlinger Kapelle

Die Kapelle

Droben stehet die Kapelle
Schauet still ins Tal hinab
Drunten singt bei Wies‘ und Quelle
Froh und hell der Hirtenknab‘ ...

Ludwig Uhland

Mein Gott, auf was habe ich mich da eingelassen

„Woher kommen die höchsten Berge? So fragte ich einst. Da lernte ich, dass sie aus dem Meere kommen. Dies Zeugnis ist in ihr Gestein geschrieben und in die Wände ihrer Gipfel. **Aus dem Tiefsten muss das Höchste zu seiner Höhe kommen.**"
Friedrich Nietzsche, Also sprach Zarathustra

Donnerstag, 27. Juli, 1. Etappe, Stuttgart – Esslingen-Berkheim

Es ist Donnerstag, der 27. Juli 2006. In Anbetracht, dass heute ein ungewöhnlicher Tag ist, bin ich auf der Fahrt nach Stuttgart relativ schweigsam und gefasst. Gegen acht Uhr erreichen wir mit dem Auto meinen Arbeitsplatz (Ich muss mich daran gewöhnen zu sagen: meinen *ehemaligen* Arbeitsplatz!) in Stuttgart. Ich schnappe mir meinen Rucksack, steige aus, und Ilse fährt weiter bis Esslingen-Berkheim zu ihrer Mutter. Meine früheren Mitarbeiter hatten meine vorgeschlagene Abschiedsinszenierung freudig befürwortet und mir ein opulentes Frühstück zubereitet. Die letzten Tage waren extrem heiß gewesen und auch heute sind wieder 35°C im Schatten angesagt, sodass wir an diesem Morgen auf der Dachterrasse Platz nehmen können. Mein Nachfolger, Werner Klingberg, brutzelt für uns Omelett in der Pfanne, und ich genieße es, ein letztes Mal im altvertrauten Kreis zu sitzen und zu frühstücken. Wir quatschen über alles, über mein Projekt, über die Bahn, über Gott und die Welt. Werner Klingberg drückt mir den ersten Stempel in den Pilgerpass, der den Startpunkt meiner Pilgerwanderung dokumentiert. Schließlich mache ich mich für den Abschied fertig, schnüre mir meine Schuhe, als sich plötzlich alle in einer Reihe formieren und den Song: „Dieser

Weg“ von Xavier Naidoo für mich singen. Ich bin zutiefst gerührt, das hatte ich nicht erwartet. Mit wehen Gefühlen mache ich mich auf den Weg. Gegen elf Uhr – viel zu spät, wie mir die bereits hoch aufgestiegene Sonne zeigt – breche ich auf. Ein harter Kern begleitet mich noch ein Stückchen, dann ist es soweit: Ich bin mit meinem Rolli allein auf Stuttgarts Straßen.

Ein komisches Gefühl beschleicht mich. In meinen Gedanken frage ich mich, ob ich mich nicht übernommen habe und hoffe, dass alles irgendwie gut gehen wird. Ich stelle mir die rund 2600 Kilometer vor, die ich ohne Erfahrung zu bewältigen habe. In dem Buch „Unterwegs nach Santiago“ hatte ich gelesen, dass man – grob geschätzt – 1 100 000 Schritte für 1000 Kilometer benötigt. Bei meinen 2600 Kilometern wären das also knapp drei Millionen Schritte! Mein Gott, auf was habe ich mich da eingelassen! Ich mache mir Mut. „Ich habe schon vieles geleistet; ich werde auch dieses Projekt meistern“, muntere ich mich selber auf. In Stuttgart-Hedelfingen brennt bei 35°C die Sonne vom Himmel und ich habe keine Chance ihr auszuweichen. Es gibt keine Wirtschaft rechts und links der Straße, nicht einmal ein Schattenplätzchen. Was dann zunächst wie ein schöner Neckar-Uferweg aussieht, entpuppt sich bald als ein mit Gestrüpp überwucherter Buschweg. Mein Stock kommt bereits auf der ersten Etappe zum Einsatz: Ich dresche auf das Gestrüpp ein und bahne mir den Weg, bis er vor Esslingen an einer Schleuse zu Ende ist. Kein Schild hatte im Vorfeld auf das drohende Ende hingewiesen. Ich bin sauer, quere eine Obdachlosensiedlung, die die Stadt Esslingen geschickt zwischen B10 und Neckar eingerichtet hat, und finde dann tatsächlich den Jakobsweg, der aus Rothenburg o.d.T. kommend, hier in Esslingen auf dem Alicensteg über den Neckar und die B10, weiter über Rottenburg am Neckar bis nach Konstanz führt. Als ich am frühen Nachmittag bei Ilses Mutter in

Esslingen-Berkheim, wo auch Ilse mich bereits erwartet, ankomme, habe ich Hitzeausschläge an den Beinen und verbreite schlechte Laune, die mir meine Schwiegermutter allerdings mit meinem traditionellen Wunschessen, Wurstsalat und Rote Grütze, schnell zu vertreiben weiß.

Freitag, 28. Juli bis Sonntag, 30. Juli, 2. bis 4. Etappe, Esslingen-Berkheim – Rottenburg am Neckar

Wie immer habe ich bei meiner Schwiegermutter auf der guten alten Sprungfedermatratze bestens geschlafen. Am frühen Morgen breche ich nach dem Frühstück auf und muss mich nun als letztes von Ilse und Mutter trennen. Wir drücken uns noch einmal, dann bin ich wirklich allein.

An den Folgetagen kreisen meine Gedanken nur um zwei Themen: um meine Gesundheit und um den richtigen Weg. Wenn mich irgendwo etwas zwackt, mache ich mir sogleich Sorgen: Bekomme ich eine Erkältung? Hält meine linke Schulter den Rucksack aus? Bekomme ich Blasen an den Füßen? Schmerzen meine Knie? Was macht mein Hitzeausschlag? Hinzu kommt noch, dass ich mich fast jeden Tag – hauptsächlich in den Wäldern – verlaufe. Liegt das wirklich nur an der miserablen Wegweisung oder auch an meiner Unsicherheit? Ich halte ständig nach Wegweisern Ausschau, die manchmal gänzlich fehlen und verpasse dabei die Schönheiten der Natur, die sich allerdings bei 35°C auch nicht so verlockend darstellen. Unterwegs bin ich ziemlich verkrampft. Ich verfranse mich vor Denkendorf, in Hardt und hinter Altenried in den Wäldern. Mein Kompass zeigt mir zumindest die grobe Richtung an und mein Stock schlägt sich durch das Dickicht. In Altenried treffe ich einen Bauern, den ich nach dem Weg frage: „Nach Santiago? Na, das sind ja noch ein paar

Tage hin!“, sagt er. Ich denke, wenn ich so weitermache, komme ich da nie an.
Die Protestanten im pietistischen Württemberg können mit mir wenig anfangen. Die Verkäuferinnen und Kellnerinnen schauen mich erst einmal von oben bis unten kritisch an, wenn ich ihren Laden oder ihre Wirtschaft betrete, bevor sie mich fragen, was ich wünsche (Wenn mich männliches Personal bedient hätte, wäre das sicher nicht anders gewesen!). Sie denken wahrscheinlich, dass ich ein Obdachloser bin und mit so einem Menschen will man lieber nichts zu tun haben. Man geht auf Distanz und ist vorsichtig. Für mich ist es eine völlig neue, auch bittere Erfahrung, so behandelt zu werden. In Denkendorf auf den Fildern frage ich im Rathaus nach dem Jakobsweg. Aber niemand kennt ihn, obwohl er, wie ich später entdecke, unmittelbar am Rathaus vorbeiführt! „Ein Kollege kennt den Jakobsweg, aber der ist heute leider nicht da“, sagt mir eine freundliche Dame, die mir gerne geholfen hätte. Ich fühle mich hier in der Gegend wie ein Fremdkörper. Beruhigend zu wissen, dass „peregrinus (Pilger)“ ursprünglich für „Fremder“ stand.
Die sehr freundliche Frau des evangelischen Pfarrers der Albanuskirche in **Aichtal-Aich**, die ich abends am Ende meiner zweiten Etappe aufsuche, will mir das notwendige Pfarreisiegel nicht in meinen Pilgerausweis stempeln: „Das ist nur für Dokumente da“, sagt sie. Ich erkläre ihr, dass mein Pilgerpass ein offizielles Dokument sei, ausgestellt von der Kathedrale in Santiago de Compostela und von allen Pilgervereinigungen und dass ein Pilger diese Siegel benötigt. Sie hat offensichtlich noch keinen Pilgerpass gesehen und ist sehr zurückhaltend. Schließlich stempelt sie mir den Pass doch mit dem Siegel, aber nicht gerne, und deshalb gelingt ihr auch nur ein halber Stempelabdruck.

Das protestantische Württemberg verliert sich hinter **Tübingen** im Wald und nach dem Wald betrete ich katholisches Land (vor Napoleon: Österreichische Lande). Zuerst grüßt mich die Wurmlinger Kapelle, die jeder Schwabe von dem Gedicht von Ludwig Uhland kennt („Droben stehet die Kapelle ..."), dann nehme ich an der Sonntagsmesse in Wurmlingen teil. Hier in der Gemeinde kennen sie schon eher die Jakobspilger; zumindest haben sie schon davon gehört. Einige wünschen mir einen guten Weg. In **Rottenburg am Neckar**, dem Ziel meiner vierten Etappe, treffe ich auf eine sehr nette Wirtin mit ihrem Mann, die mir für die Übernachtung einen „Sonderpreis für Pilger" machen und mit denen ich am nächsten Morgen am Küchentisch frühstücken darf. Am Abend bin ich etwas nervös: Weihbischof Dr. Johannes Kreidler erteilt mir den Pilgersegen in seiner Hauskapelle und ich empfinde diesen als ein großes Geschenk und wünsche mir mehr Gelassenheit, mehr innere Ruhe, mehr Demut; denn im Augenblick beherrschen mich Unruhe, Ungewissheit und gelegentlich Ärger.

Montag, 31 Juli, 5. Etappe,
Rottenburg am Neckar - Hechingen

Die Wanderungen verlaufen auch in den nächsten Tagen nicht so, wie ich es mir vorgestellt habe. Die Hitze setzt mir zu. Mittlerweile hasse ich alle Wälder, weil ich mich dort regelmäßig verlaufe. Am fünften Tag endet gegen elf Uhr wieder einmal ein Waldweg in einem undurchdringlichen Brombeerdickicht. Ich finde keinen Anhaltspunkt für einen Ausweg. Ich hatte mich für zwölf Uhr mit der Geschäftsführung der Hohenzollerischen Landesbahn AG zum Mittagessen in Hechingen verabredet. Und nun stehe ich im „Urwald", der ausgerechnet Höllstein heißt, und weiß nicht, wie ich weiterkommen soll. Ich gerate in Panik und

Wut. Ich frage mich, ob ich zum Wandern unfähig bin oder ob die Wegweisung so bescheuert ist. Ich schlage wahllos mit dem Stock auf das Brombeerdickicht ein. Plötzlich traue ich meinen Augen nicht. Ich muss lange hinsehen, bis ich die Wirklichkeit erfasse: Ich sehe einen Bindfaden (Nähfaden!!) mitten im Dickicht, der fein gespannt ist und sich durch den Busch zieht. Man muss sich das einmal vorstellen! In einem riesigen Wald, wo ich ganz zufällig irgendwo im Dickicht stehe, spannt sich ein Nähfaden wie eine Erscheinung aus dem Jenseits. Ich weiß nicht, wie lange ich auf den Faden gestarrt habe, aber irgendwann fange ich an zu denken. Wenn dieser Faden von Menschenhand gezogen worden ist, muss er auch zu einem Weg führen. Mit dem Kompass entscheide ich mich für die hoffentlich richtige der beiden möglichen Richtungen und schlage mich mit dem Stock dem Bindfaden entlang durch das Dickicht. Und tatsächlich: Nach einer halben Stunde Kampf mit den Brombeerbüschen stehe ich auf einer kleinen Lichtung, wo der Faden endet. Von hier führt ein Weg aus dem Wald hinaus. Ein Wunder oder was?? Dass ich in diesem Wald ausgerechnet bei diesem Bindfaden gelandet bin, empfinde ich allerdings als einen fast übernatürlichen Zufall. War er von Jägern als Wegweiser zu einem Hochstand gespannt worden? Ich habe keine Ahnung und werde es nie erfahren. Ich nehme mir vor, nie mehr einen Wald zu betreten. Mein Bedarf ist ein für alle Mal gedeckt. Auf direktem Weg laufe ich nach Dettingen, dann auf einem Radweg nach Bodelshausen, wo mich dann der Geschäftsführer der Hohenzollerischen Landesbahn, Bernhard Strobel, mit dem Pkw abholt. Während des Mittagessens mit den beiden Geschäftsführern Hans Joachim Disch und Bernhard Strobel in **Hechingen** unterhalten wir uns ausgiebig über mein Projekt und fachsimpeln über die Eisenbahn. Anschließend lasse ich mir als Souvenir einen Stempel der Hohenzollerischen Landesbahn in meinen Pass drücken, verabschiede mich von meinen früheren Geschäftspartnern und suche den „Bären", mein Quartier in Hechingen auf. Drei Schwestern führen hier den Betrieb. Eigentlich haben sie heute Ruhetag. Aber für einen Pilger machen sie eine Ausnahme. „Kommen Sie herein", empfängt mich eine der drei Schwestern, „bin ich froh, dass Sie da sind. Wissen Sie, ich glaub' an so was. Bin ich froh." Ich bekomme im Bären gleich einen Kaffee und mein Zimmer, wo ich mich einrichte. Dann laufe ich zur Kirche St. Jakobus, hole mir im Pfarrsekretariat den Passstempel und lasse die schöne Kirche auf mich einwirken, während es draußen in Strömen regnet.

Dienstag, 1. August, 6. Etappe,
Hechingen – Lochen / Balingen

An diesem Morgen erhalte ich im Bären nicht nur die Rechnung, sondern auch einen Zettel mit dem Text: „WIR wünschen „Gesegneten Weg" und bitten um's Gebet! Wir alle!" Die Bitte „Priez pour nous à Compostelle" (Betet für uns in Compostela), gaben und geben die französischen Familienangehörigen den Pilgern seit Jahrhunderten mit auf den Weg. Offensichtlich kennt man diesen Pilgerbrauch auch in Deutschland. Da ich nicht weiß, wie viele mir noch diese Bitte vortragen werden, und damit ich in Santiago auch niemanden vergesse, lege ich mir vorsichtshalber schon einmal eine Liste mit Fürbitten-Wünschen an.

Ich wandere auf der Zollernstraße, dann auf dem Hohenzollernweg direkt über Bisingen, Engstlatt nach Balingen. In der evangelischen Stadtkirche (ich befinde mich wieder im ehemals protestantischen Herzogtum Württemberg) laden Jakobusbilder und eine Jakobus-Halbfigur zum Besuch ein. Anschließend kämpfe ich mich durch das Straßengewirr der Stadt und schultere hinter Weilstetten meinen Rucksack, den ich bisher per Rolli hinter mir hergezogen habe. Es geht den Berg hinauf bis zur Jugendherberge **Lochen-Balingen**, die von einer Herbergsmutter, die alles im Griff hat, geleitet wird und die für gutes Essen und Ordnung zu sorgen weiß.

Mittwoch, 2. August, 7. Etappe, Lochen / Balingen - Beuron

Das Frühstück ist hervorragend, Müsli, Brötchen, Butter, Marmelade, Kaffee mit Milch, alles was ich so brauche. Ich trinke die ganze Kanne Kaffee aus. Für ein Zweibettzimmer, in dem ich alleine geschlafen habe und den ganzen Service zahle ich 22 Euro. Das ist sehr, sehr preiswert! Bis nach Tieringen geht es flott; ich laufe mit meinem Rolli auf der Landstraße und meide die Wälder. Ich komme nach Oberdigisheim, das wunderschön im Tal der Oberen Bära eingebettet liegt, mit seiner evangelischen Johanneskirche und nach Unterdigisheim mit der katholischen Kirche St. Maria, in der ein schönes Ölbild von Jakobus hängt (Zwischen beiden Orten verläuft wieder einmal die Konfessionsgrenze zwischen dem früheren Württemberg und den Österreichischen Landen, was man an den vielen Kreuzen und Marienfiguren in Unterdigisheim erkennt. Der Südwesten Deutschlands war vor Napoleon ein politischer Flickenteppich!). Überhaupt macht sich seit Hechingen auf Schritt und Tritt der alte Pilgerweg bemerkbar. Jakobus ist hier in fast allen Gemeinden präsent.

Auf meinem weiteren Weg nach Beuron komme ich durch Nusplingen. Hier will ich mir die alte Friedhofskirche St. Peter und Paul mit dem Apostelfries (der heilige Jakobus im Kreise der Apostel) und die alte Wandinschrift „S IACOBVS MAIOR" ansehen. Ich gehe also zum Pfarramt. Dort sagt man mir, dass die Kapelle der Stadt gehört und ich deshalb zum Rathaus gehen müsse. Im Rathaus schickt man mich zur Sekretärin des Bürgermeisters. Ihr berichte ich, dass ich ein Pilger sei, nach Santiago de

Compostela laufe und deshalb hier in Nusplingen unbedingt den Jakobus sehen muss, sonst sei meine Pilgerreise nur halb so viel wert. Sie geht zum Chef und lächelt, als sie wieder herauskommt. „Der Chef kommt gleich", sagt sie. Und der Chef kommt nach einer kleinen Weile, nimmt den Schlüssel für die Kapelle und lädt mich zu einer Besichtigung ein. Soviel Entgegenkommen hatte ich wirklich nicht erwartet. Aber die Kapelle, ein Schatz, ist normalerweise verschlossen. Die Sekretärin ist auch ein Schatz, denke ich; denn schließlich weiß ich, dass der Weg zum Chef nur über die Sekretärin führt! Bürgermeister Kühlwein fährt mit mir zur Kapelle und führt mich eine Stunde lang durch das sehenswerte Kirchlein, das nicht nur den Apostelfries, wie ich vermutete, sondern weitere Schätze besitzt: Wandmalereien aus gotischer Zeit und aus der Renaissancezeit, eine gut erhaltene und bemalte Holzkassettendecke aus dem 17. Jahrhundert, einen Hochaltarschrein mit spätgotischen Skulpturen, eine seltene Glockenaufhängung, deren Konstruktion Leonardo da Vinci entworfen hatte und 54 Steinkistengräber aus alemannischer Zeit, die bei den 1996 begonnenen Restaurationsarbeiten entdeckt wurden. Ich darf fotografieren und halte den Apostelfries im Bilde fest. Ich bedanke mich für soviel Freundlichkeit und Pilgerverständnis und verabschiede mich.

Am späten Nachmittag erreiche ich mit inzwischen schmerzenden Füßen das Kloster **Beuron**. Mein Klosteraufenthalt ist alles andere als inspirativ. Ich hatte mir vorgestellt, dass die Brüder sich der Pilger annehmen. Der Gastpater, der mir mein Zimmer zeigt und mich in die Regeln des Hauses, die jeder zu beachten habe, einweist, ist so schnell weg, wie er kam. Die Gäste im Kloster sind mir unsympathisch. Ein Schweizer, der jedes Jahr kommt, spielt sich als Alleinunterhalter auf, zwei andere hören ihm zu, von denen sich einer immer wieder in seinen ungepflegten Haaren

Nusplingen, St. Peter und Paul

Nusplingen, St. Peter und Paul
Apostelfries

kratzt. Zwei Frauen schauen permanent und wortlos auf ihren Teller oder demutsvoll auf den Fußboden. Ich frage mich, was ich hier eigentlich soll. Am nächsten Morgen hole ich mir beim Gastpater meinen Stempel. Dieser will gar nicht wissen, wohin ich laufe, empfiehlt mir aber eine Spende von 30 Euro, „die erwünscht ist".

Ich war damals schon etwas ungerecht. Ich hätte mich bei Tisch doch einmischen können, dann hätte es keinen Alleinunterhalter gegeben. Was soll der arme Schweizer denn machen, wenn alle anderen, einschließlich ich, schweigen? Somit hatte ich auch kein Recht, mich über die seltsame Stimmung bei Tisch zu beklagen. Vielleicht wäre es mir gelungen, mit mehr Freundlichkeit eine gute Stimmung herbeizuführen. Aber ich weiß schon, wie ich damals am Tisch saß: missmutig. Deshalb hatte mich in dieser Runde auch niemand beachtet.
Auf der anderen Seite hätten mir ein paar freundliche und persönliche Worte des Gastpaters sehr gut getan!

Donnerstag, 3. August, 8. Etappe, Beuron - Tuttlingen

Als ich das Kloster Beuron am achten Tag meiner Wanderung verlasse, regnet es heftig. Unten am Bahnhof warten einige Radfahrer gerade auf einen Zug Richtung Tuttlingen, der in wenigen Minuten eintreffen wird. Ich spiele einige Augenblicke mit dem Gedanken, mich einfach in den trockenen Zug zu setzen und nach Tuttlingen zu fahren. Ich würde in „meinen" Zügen fahren und müsste nicht einmal etwas bezahlen. Aber ich halte der Versuchung stand und gehe im Regen weiter. Es geht bergauf, so dass ich anfange zu schwitzen. Es dauert nicht lange, bis ich außen und innen nass bin. Hitze und Regen wechseln sich ab und setzen mir zu. Ich bin auf dem Weg zu Ilses Tante Rosmarie aus Tuttlingen, wo ich im strömenden Regen ankomme. Nicht nur, dass ich in **Tuttlingen** einen schönen Stempel von der Nendinger Pfarrgemeinde St. Petrus und Jakobus Maior bekomme, nein, Rosmarie umsorgt mich wie einen Sohn, wäscht und trocknet meine Sachen und deckt einen Tisch mit allem, was sie aufbieten kann. Ich bekomme u.a. meine Leibspeise Griesbrei mit Zucker und Zimt! Und sie entdeckt, dass mein Kommunionspruch auf meinem Stock ein evangelisches Kirchenlied ist (ich befinde mich im letzten Zipfel des früheren protestantischen Herzogtums Württemberg), das ihr verstorbener Mann und Ilses Onkel Willy gerne gesungen hat. Sie spielt es mir auf dem Klavier vor und reißt – schwuppdiwupp – die Seite mit dem Lied aus ihrem Gesangbuch heraus und gibt sie mir. Da ist die Nächstenliebe aber mit ihr durchgegangen! Ich bin mehr entsetzt, als freudig erregt. Ich schreibe mir die Noten ab und gebe ihr die Seite wieder zurück, damit sie dem Gesangbuch nicht verloren geht. Bei soviel Zu- und Hinwendung müsste ich eigentlich innerlich entspannt weiterlaufen können. Ich bemerke aber an mir, dass ich unruhig bin. Im Kopf bin ich schon auf dem Weg. Die Verlauferei in den letzten Tagen hinterlässt Spuren. Deshalb frage ich auch Rosmarie, wie ich aus Tuttlingen heraus weiter Richtung Stockach laufen kann. Zufällig kommt eine Nachbarin hereingeschneit. Rosmarie stellt mich ihr vor und wir besprechen zu dritt, wie ich wieder auf den Weg komme. Als aber in den Erklärungen Unsicherheit aufkommt, packt mich die Nachbarin in ihr Auto und wir fahren die Strecke durch die Stadt ab. Mir fällt ein Stein vom Herzen und ich bin für die Hilfe der Tuttlingerin dankbar.

Freitag, 4. August, 9. Etappe, Tuttlingen - Stockach

Am Morgen beim Frühstück bei Rosmarie sitze ich wieder vor einem üppig gedeckten Tisch. Und was mache ich unruhiger

Geist? Mir fällt nichts Besseres ein, als mir das erste Brötchen reinzuhauen noch bevor Rosmarie das Tischgebet gesprochen hat. Wenigstens schäme ich mich ein wenig. Aber ich rutsche schon ganz unruhig auf meinem Stuhl hin und her. Ich muss weiter, wer weiß, was mir alles noch passieren kann. Da muss man früh auf den Beinen sein! Nach dem opulenten Frühstück verabschieden wir uns. Rosmarie drückt mir noch einen „Reisesegen" in Deutsch, Französisch und Spanisch in die Hand und schon bin ich weg. Nach **Stockach** komme ich trockenen Fußes, finde wieder nette Wirtsleute in einem Privatquartier, esse in einem Restaurant Matjesfilet zu Abend und erlebe nach heftigen, kurzen Schauern die Ankunft des Dauerregens. Ich spurte zurück in die Herberge; denn ich hatte meinen Anorak nicht mitgenommen.

Samstag, 5. August, 10. Etappe, Stockach - Konstanz

Es regnet die Nacht durch und auch die zehnte Etappe nach Konstanz bleibt total verregnet. Mein bewährter Expeditionsanorak und meine GoreTex-Hose sind wasserdicht. Aber bergauf, bei warmen Temperaturen, schwitze ich und da kommen auch diese Textilien nicht nach, die Körperdämpfe nach außen zu transportieren. Ich werde langsam aber sicher auch von innen nass. Bei warmen Temperaturen ist das erträglich, aber bei kühlem Wetter fängt man sofort an zu frieren, wenn man sich zuwenig bewegt.
Nach etwa 30 Kilometern erreiche ich Meersburg, setze über den Bodensee und kehre bei meinem Bruder Helfried und meiner Schwägerin Christa in **Konstanz** ein. Deutschland und ich sind geschafft! Das ist Grund genug, einen Tag lang auszuruhen. Auch diese beiden lieben Menschen versorgen mich wie einen ausgemergelten, halbverhungerten Heimkehrer. Das Schlimme ist, dass ich mich nicht zurücklehne und genieße (Das Pilgerleben ist

hart!), nein, ich bin so verkrampft, dass ich die Zuwendung gar nicht erwidern kann. Rein sachlich gibt es keinen Grund. Vielleicht ist es das blöde Wetter, vielleicht sind es meine Bedenken, die Ungewissheit über das, was mich im Ausland erwartet, die mir zusetzen.

Sonntag, 6. August, Ruhetag, Konstanz

Ich bemühe mich, zu entspannen und auszuruhen. Christa und Helfried fahren mit mir in die Stadt und zeigen mir die Sehenswürdigkeiten von Konstanz. Wir gehen in die Messe und ich hole mir im Münster den Pilgerstempel. Wir steigen den Kirchturm hinauf und betrachten die Stadt. Im historisch geprägten Inselhotel, einem früheren Kloster, essen wir zu Mittag. Heute blickt die Sonne immer wieder zwischen den Wolken hindurch. Auf dem Münsterplatz steht ein Schild: 2340 Kilometer bis Santiago de Compostela! Das Schild hebt nicht gerade meine Stimmung. Aber die Zahl stimmt sowieso nicht, sondern nur so ungefähr.
In der zweiten Nacht in Konstanz werde ich jede Stunde wach und höre draußen den Regen prasseln und meine Stimmung sinkt tiefer und tiefer.

Montag, 7. August, 11. Etappe, (Konstanz – Amlikon) – Tobel

Mein Bruder fährt mit mir am Tag des Aufbruchs zuerst in die Stadt, weil ich noch einen Handy-Vertrag abschließen will, bevor ich ins Ausland komme, fährt mich dann über Kreuzlingen nach Amlikon und setzt mich dort auf dem „Schwabenweg“ – so heißt der Jakobsweg hier – ab, damit ich nicht zu spät am Ziel ankomme. Ich laufe Richtung Tobel weiter und treffe die ersten Jakobspilger! Ein Ulmer Studentenpärchen, das durch die Schweiz nach Frankreich bis zu seinen Verwandten irgendwo in Frankreich laufen will. Auch ich bin ihre erste Pilgerbekanntschaft. Klar, dass wir ein Stück gemeinsam laufen: bis Affeltrangen, dann trennen sich unsere Wege, weil die beiden nicht in Tobel übernachten. Mir fällt auf, dass der Jakobsweg in der Schweiz hervorragend ausgeschildert ist. Hier verlaufe ich mich nicht; hier kann man sich gar nicht verlaufen! Das ist kein Vergleich zu Deutschland. Noch etwas ist bemerkenswert: Hier in der Nordschweiz gibt es keinen Stempel in den Pilgerpass, sondern eine Klebemarke, die man wie die „Treueherzen" von Tengelmann einfach von einer Folie abzieht und in den Pass klebt. Die Schweizer rationalisieren doch wirklich alles! Meine Wirtin in Tobel ist supernett, wäscht mir meine Unterwäsche, klebt mir die Stempelmarke in den Pass und tischt mir ein tolles Frühstück auf.

Dienstag, 8. August, 12. Etappe,
Tobel- (Fischenthal - Wald / Laupen)

Von Tobel geht es heute, am 13. Tag, zum Hörnli. Dort hoch oben auf dem Berg will ich übernachten. Die Schweizer, die ich unterwegs treffe, sehen mir an, dass ich keiner von ihnen bin. Alle grüßen mich mit dem original Schweizer Gruß „Guten Morgen", und ich erwidere mit dem original hochdeutschen „Griaß Godd" und so verstehen wir uns hervorragend. Die Schweizer sind allesamt freundlich, helfen, wo sie nur können, sind lieb aber teuer. Als ich gegen 14 Uhr am Berggasthof Hörnli ankomme, steht ein großes Schild an der Tür: „Vom 2. August bis 21. August Betriebsruhe". Ich bin zur Zeit von Beruf ja Wanderer und so laufe ich bis Steg weiter, wo sich im Hotel ebenfalls niemand meldet. Ich könnte auch bei einem Bauern im Stroh schlafen, aber am verabredeten Treffpunkt findet sich kein Familienmitglied ein, sodass ich nach Fischenthal weiterziehe. Ich gehe bereits auf dem Zahnfleisch. Auch in Fischenthal hat der Gasthof Betriebsferien; wahrscheinlich hat die ganze Schweiz im August

Betriebsferien und nur ich weiß das nicht. Im Gemeindezentrum sagt man mir, dass es erst in der Ortschaft Wald wieder Quartiere gibt. Da Wald aber abseits des Jakobsweges liegt, erlaube ich mir, mit dem Zug dorthin zu fahren. Auch in Wald finde ich nichts. Da besinne ich mich auf die Kirche, die immer in der größten Not helfen soll und steuere das Pfarrsekretariat an. Dort sitzt eine freundliche Frau, die mir einen unattraktiven Stempel in meinen Pass drückt (bis hierher sind die rationellen Klebemarken noch nicht vorgedrungen!), aber das ist mir im Augenblick egal. Ich will nur noch ein Bett. Ich bin fertig. Ich werde diesen Ort heute nicht mehr verlassen! Die Pfarrsekretärin ist die Inkarnation der christlichen Nächstenliebe und sieht keine andere Möglichkeit, als mich mit zu ihr nach Hause zu nehmen. Dort, in **Laupen**, berichtet das Ehepaar beim Abendessen von seinem sozialen Engagement in Indien, wo die beiden die Hilfe zur Selbsthilfe beim Wiederaufbau von durch Naturkatastrophen zerstörten Dörfern mitorganisieren und begleiten. Ich bewundere dieses Ehepaar, das neben dem Beruf so intensiv ehrenamtlich tätig ist. Auch will das Ehepaar kein Geld von mir, nicht von einem Pilger. Ich nehme diese Einladung im Namen meiner kaputten Füße gerne an und schlafe im ehemaligen Kinderzimmer selig ein.

Mittwoch, 9. August, 13. Etappe, Laupen - Einsiedeln

Die Wirtsleute servieren mir ein hervorragendes Frühstück, beschreiben mir die Route bis zum Schwabenweg und verabschieden mich mit guten Wünschen. Heute geht es durch die schöne Stadt Rapperswil, über einen hölzernen Steg über den Zürichsee, hoch zum Etzelpass, am Geburtshaus des berühmten Paracelsus vorbei, über die Teufelsbrücke, am Sihlsee vorbei nach **Einsiedeln.** Gegenüber dem berühmten Kloster ziehe ich in das Pilgerhotel St. Josef ein. Meine Füße schmerzen und abends humple ich durch den Ort, um den wichtigsten Proviant einzukaufen. Da es anfängt zu regnen, verkrieche ich mich auf mein Zimmer.

Donnerstag, 10. August, 14. Etappe, Einsiedeln - Schwyz

Meine Füße sind glücklicherweise morgens meistens wieder einigermaßen erholt, sodass ich meine geplanten langen Etappen auch durchziehen kann. Ich gehe heute morgen erst einmal ins Kloster, wo ich mir bei der freundlichen Klostersekretärin den Pilgerstempel besorge. Der anwesende Benediktinermönch würdigt mich keines Blickes. Das scheint wohl, so denke ich, in diesen Orden Sitte zu sein. Der Pilgerweg führt über die 1400 Meter hohe Passhöhe Haggenegg. Von hier aus hat man einen wunderschönen Ausblick auf Schwyz, auf den Lauerzer See und auf den Vierwaldstätter See mit der Stadt Brunnen. „Wunderschön" zumindest bei schönem Wetter; aber heute regnet es oder besser gesagt: Es schüttet immer wieder vom Himmel. Vorbei geht es am Kleinen und Großen Mythen nach **Schwyz.** In der Barockkirche St. Martin finde ich, völlig durchnässt, ein trockenes Plätzchen. Ich bleibe heute in Schwyz. Für 58 Schweizer Franken ziehe ich in den einfach ausgestatteten „Hirschen" ein, zusammen mit einem Wanderer, der von Genua kommend nach Hause, nach Pforzheim, auf dem europäischen Fernwanderweg E1 läuft. Er hat kaputte Schuhe, sodass er bei diesem Wetter nasse Füße hat. Aber der abgehärtete Bursche will sich partout keine neuen kaufen. Bis Pforzheim müssen sie „vollends heben", sagt er.

Freitag, 11. August, 15. Etappe,
Schwyz – (Brunnen – Buochs) - Stans

Auch am 16. Tag, auf der Etappe Schwyz – Stans, regnet es weiter. Meine psychische Verfassung schwächelt. Ich hadere mit der Welt, mit dem schlechten Wetter. Ich fühle mich einfach nicht gut. Ich wandere nach Brunnen am Vierwaldstätter See. Dort nehme ich ein Schiff, fahre nach Buochs und laufe von dort weiter nach **Stans**. Im Hotel Linde versuche ich meine nassen Sachen zu trocknen. Ich weiß, dass meine Schuhe in dem ungeheizten Zimmer feucht bleiben, auch wenn ich sie mit Zeitungspapier zweimal ausstopfe. Das schlägt auf mein Gemüt. Ich lese, dass in Galicien die Wälder brennen. Das Wetter ist nicht mehr normal. Frustriert gehe ich um 21 Uhr schlafen. Es regnet die ganze Nacht ...

Samstag, 12. August, 16. Etappe, Stans - Sachseln
... und es regnet auch am Morgen in Strömen. Ich steige am 17. Tag in die klammfeuchten Schuhe und laufe weiter nach Sachseln. Von der Landschaft sehe ich nicht viel. Historisch wertvolle Gebäude lasse ich rechts und links des Weges liegen. Ich kann keinen guten Gedanken fassen. Ich weiß nicht, was alles noch passieren muss, bis ich mich selbst zum Idioten erkläre! Mit den taifungeschädigten Menschen in China oder mit den vom Waldbrand betroffenen Menschen in Galicien muss man Mitleid empfinden, nicht aber mit mir, weil ich die ganze Sch.... freiwillig mache!! Ich bin mit Wut und Trauer erfüllt *(wortwörtlicher Tagebucheintrag!)*. Papst Johannes Paul I. sagte, wer nicht leidet, kann auch nicht heilig werden. Aber ich bin nicht losgezogen, um heilig zu werden. Ich wollte einen guten Übergang in mein Rentnerdasein schaffen. Ich koche. Das hier ist kein GEDANKENSTRICH, das ist Masochismus!

Hier muss ich im Nachhinein den Bericht erläutern. In der Rückschau betrachtet, konzentrierte ich mich nur auf die negativen Erlebnisse und erging mich in Selbstmitleid. Zugegeben, ich hatte Pech mit dem Wetter. Von den ersten 17 Etappen waren nur drei angenehm zum Wandern. Die restlichen bescherten mir entweder große Hitze oder Regen. Ich hatte mir die Pilgerei anders – einfacher – vorgestellt. Ich meinte wohl, wenn ich losziehe, würde alle Welt für eine mir angenehme Pilgerschaft sorgen: der liebe Gott und die Menschen am Weg. Statt meine konstruktiven Kräfte zu mobilisieren, war ich im Kopf nur mit dem Wetter, meinen Füßen, dem Wäsche- und Schuhtrocknen beschäftigt. Ich war verstockt, bockig und wütend. Wenn ein Pilger mit sich und dem Weg im Einklang ist, wenn der Kopf im Frieden mit seiner Umwelt läuft, verrichten auch die Füße die erforderliche mechanische Arbeit. Das Problem waren aber bei mir nicht die Füße, auch wenn sie sich bei langen Etappen beschwerten, sondern der Kopf, der den Füßen im Weg war. Aber mein Schicksal war offensichtlich das Richtige zur richtigen Zeit. Man muss erst einmal die Widrigkeiten einer langen Wanderung durchlitten haben, um zu verstehen, dass man da selbst wieder herauskommen, dass man sein Schicksal selbst in die Hand nehmen muss!

Irgendwie schien ich in meinem Innersten schon begriffen zu haben, dass mit mir selbst etwas nicht stimmt. In der Klosterkirche in Fischingen, auf dem Weg von Tobel nach Wald, schrieb ich der Heiligen Idda die Bitte in das ausliegende Buch, mir doch die Kraft für den langen Weg zu geben, wo sie doch in ihrem schweren Leben die Kraft für einen eigenen Weg gefunden hatte. Das war ein kleiner Lichtblick.

Alle – oder fast alle – Pilger haben irgendwann ihren Tiefpunkt. Das ist wohl ein Gesetz des Pilgerweges, so er lang genug ist. Jean-Noël Gurgand, der 1977 von Paris aus den Weg gegangen war, schrieb in sein Tagebuch: „Freitag, 22. April. Heute abend Bourges. Ich bemerke mit Schrecken, nicht mehr weiter zu schauen als bis an die Spitzen meiner Schuhe. ... Pierre leidet an Sehnenzerrung; ich selber habe überall Blasen und dazu noch

Krämpfe in der Fußsohle. Immer noch frage ich mich, was ich denn eigentlich mit der ganzen Sache zu tun habe. Vielleicht werde ich erst am Ziel unserer Wanderung die Gründe verstehen, die mich dazu trieben. Aber nein! Ich habe nie geglaubt, dass erst das Ziel dem Weg, erst der Tod dem Leben seinen Sinn gibt. Ich weiß nur eines: Ich werde bis zum Ende durchhalten."

Kurz vor Sachseln steige ich in den Ranft hinab, in die tiefe Schlucht des Flusses Melchaa. Die heftigen Regenfälle der letzten Zeit haben hier ihre Spuren hinterlassen. Die Melchaa hat ihr Pilgerweg-Brückchen weggespült und die Schweizer haben mit drei oben flachgebeilten Baumstämmen ein Provisorium geschaffen. Auch der Uferweg auf der anderen Seite war unter Wasser geraten, sodass ich mich am Hang entlang hangeln muss, um zu den Ranftkapellen des Heiligen Nikolaus von der Flue, genannt Bruder Klaus, zu kommen. Da es ununterbrochen regnet, bin ich froh in beiden Ranftkapellen für kurze Zeit ein Dach über dem Kopf zu haben. Hier also wirkte einst der Heilige. Ich studiere seinen Lebenszyklus an der Wand, sehe, dass er als Kind nicht mit anderen Kindern spielen wollte, sondern statt dessen in die Kirche ging um zu beten, dass er seine Frau und seine zehn Kinder verließ, um als Eremit an der Schlucht zu leben. Ich finde zumindest diese beiden Taten nicht nachahmenswert. Aber er wäre ja nicht heilig, wenn er nicht auch viele gute Dinge getan hätte. Oben auf der Höhe gehe ich noch an seinem Wohnhaus bzw. dem seiner Familie und an dem ganzen Touristenrummel mit Andenkenbuden und Hotels vorbei. Von hier oben geht es bergab nach **Sachseln** am Sarner See. Ich bin innen wie außen wieder einmal klatschnass und steuere erst die Kirche St. Theodul an, um mir den Stempel zu holen. Zufällig betrete ich zusammen mit einer Frau, die vier Kerzen mitbringt, die Kirche. Ich frage sie, wo ich den Stempel bekommen kann, und sie nimmt mich mit in ihren Devotionalienladen schräg gegenüber und stempelt im Auftrag der Kirche meinen Pass. Da habe ich doch wieder Glück gehabt; denn heute ist Samstag und der Laden ist eigentlich geschlossen. Auch das Pfarramt ist zu. Dann gibt sie mir noch eine Rosenkranzplakette mit Bruder Klaus, nachdem sie meinen Stock und meinen selbstgebastelten Rosenkranz bewundert hat.

Hier verheimliche ich etwas für mich ganz Typisches: Die Devotionalienhändlerin hatte mir eine einfache Aluminiumplakette schenken wollen. Was mache ich: Statt sie dankbar anzunehmen, wollte ich natürlich eine bessere! Da gab es noch eine für vier Euro 40, die ich dann für zwei Euro erstand. „Heiligs Blechle!", wird die Frau auf Schweizer-Deutsch gedacht haben, „Dem ist auch nichts gut genug."

Im Hotel „Bahnhof" in Sachseln kehre ich ein. Aber das „Bahnhofsmanagement" ist hier im Gegensatz zur Liebenswürdigkeit der Bahnhofsmanager bei der Deutschen Bahn alles andere als freundlich. Eigentlich müsste jeder kapieren, dass ich ein großes Interesse daran habe, meine Schuhe über Nacht trocken zu bekommen. Also frage ich, ob das Management mir die Schuhe irgendwo im Haus trocknen kann. Es kann leider nicht! Und es kann mir leider auch kein Papier zum Ausstopfen geben! Tief enttäuscht gehe ich abends in die Vorsonntagsmesse in St. Theodul. Dort döse ich meistens vor mich hin. Aber wie ich so hindöse, beobachte ich rechts oben über dem Altar eine Heiligenfigur, vielleicht einen Pilger, weil er einen Stock trägt, vielleicht sogar Jakobus oder Bruder Klaus, wer weiß. Er macht den Eindruck, als wolle er mir sagen: „Nimm deinen Stock wie ich und kämpfe es durch!!" Meinem Schwager Rainer klage ich an diesem Abend mein „Leid“ per SMS. Er schreibt zurück: „Nun mach mal halblang ...“ Über den Heiligen, der mich ermuntert hat, und über die „Ermahnung“ meines Schwagers denke ich lange nach.

Sonntag, 13. August, 17. Etappe, Sachseln - Brienzwiler

Von Sachseln aus muss ich heute, am 18. Tag, den Brünigpass nach Brienzwiler überqueren. Es regnet schon am Morgen in Strömen und hinter dem Sarner See geht es bergauf zum Lungener See. Ich bin innen und außen nass, als ich in Obsee am Ende des Lungener Sees ankomme. Ich will in meinem Reiseführer den Aufstieg zum Brünigpass nachlesen und gehe in die Beatus-Kapelle, die die katholischen Schweizer erbaut hatten, weil die protestantischen Berner die Katholiken nach der Reformation nicht zur Beatushöhle am Thuner See wallfahren ließen. Als dann Wasser vom Anorak in meinen Reiseführer tropft, sind meine Nerven wieder einmal am Ende. Ich schimpfe in der Kapelle wie ein Rohrspatz über das Wetter und mein Schicksal und ärgere mich grün und blau. Darüber hinaus beginne ich zu frieren. Ich muss weiterlaufen, wenn ich nicht frieren will. So gesehen ist es gut, dass der Brünigpass noch vor mir liegt! Ich bin heute der einzige Mensch, der sich auf Wegen, Straßen und Plätzen zeigt. Bei dem Wetter geht nicht einmal ein Hund vor die Tür! Der Aufstieg ist sehr schön, soweit ich das aus meiner Kapuze heraus beurteilen kann. Ich laufe an Wasserfällen vorbei, an der Felsenge Letzi, die während der Glaubenskriege für die Verteidigung der katholischen Schweiz gegen die protestantischen Berner von großer Bedeutung war. Irgendwo unterwegs hatte ich vor wenigen Tagen an einer Hütte gelesen: „Öffne die Augen, alles ist schön!“ Das kann ich zwar heute bei dem liederlichen Wetter nicht bestätigen und es stimmt auch nicht in dieser Absolutheit, aber der Spruch motiviert. Der Pilgerweg, schon von den Römern benutzt, ist stellenweise mit Steinen eingefasst und von Spurrillen gezeichnet . Hier sind schon viele Menschen in vielen Jahrhunderten durchgewandert. Im Nebel erreiche ich die Passhöhe. Ich fliehe in das Höhenrestaurant und bin so nass, dass ich dort eine Riesenpfütze hinterlasse. Auch mein Sitzplatz wird nass, nachdem ich dort eine Weile sitze. Die Bedienung macht gute Miene zum bösen Spiel, starrt immer wieder auf die Pfütze, sagt aber nichts und bedient mich ganz freundlich. Ich bestelle eine heiße Suppe, weil ich friere, bekomme aber nur eine lauwarme. Sie wärmt mich nicht auf und so muss ich schnell wieder aufbrechen, damit ich wenigstens vom Laufen warm werde. Der Abstieg vom Pass ist anfangs steil und beschwerlich, überall liegen Steine herum und die Wurzeln sind nass und rutschig. In dieser Einsamkeit – heute ist kein Mensch unterwegs – kann ich mir nicht leisten auszurutschen oder mich zu verletzen. In dieser Situation lerne ich meinen Stock richtig schätzen. Mit ihm taste ich mich vorsichtig vorwärts, und ich stelle fest, dass die Länge des Stockes und die Anordnung der beiden Knoten optimal ist. Auch die Spitze hält alle Belastungen aus. Der mir unbekannte Maler des mittelalterlichen Jakobusbildes, von dem ich den Stock kopiert habe, kannte sich aus! Er wusste, wie ein optimal funktionierender Stock beschaffen sein muss. Bei nicht mehr als 12°C erreiche ich den schönen Ort **Brienzwiler.** Dass er schön ist, entgeht mir auch bei diesem Wetter nicht. Seit Einsiedeln schmerzen nach langen Etappen meine Füße. Auch heute wieder und ich bin froh, dass ich im Hotel Bären bei einer hilfsbereiten Wirtin, die gleich mit mir schimpft, weil ich bei diesem Wetter alleine den Pass hinuntergestiegen bin, einkehren kann. „Ich hätte Sie doch oben am Pass mit dem Auto abgeholt, wenn Sie angerufen hätten“, sagt die Frau. Woher soll ich wissen, dass die Frau so hilfsbereit ist? Das Zimmer, das ich beziehe, ist kalt und nicht beheizbar.

Die Wirtin verschwindet wenigstens mit meinen Schuhen, um sie irgendwo im Haus zu trocknen. Meine Kamera und mein digitales Diktiergerät sind feucht beschlagen, die Hüllen nass. Ich stelle mich unter die heiße Dusche und wärme mich auf. Vor 14 Tagen habe ich meine Füße in eiskaltes Wasser gehalten, heute kann das Wasser nicht heiß genug sein. Mit dem Fleecehemd krieche ich in den Schlafsack und lasse meinen Gedanken freien Lauf. Heute musste ich, trotz meiner verbalen Ausfälle in der Beatuskapelle, immer wieder an den Gernsheimer Christus denken, einem 1997 von Unbekannten zerstörten Korpus, an dem ich bei meinen Trainingswanderungen zu Hause immer wieder vorbeigekommen bin.

Die Gemeinde hatte ihn nach seiner Zerstörung nicht wieder hergestellt oder durch einen neuen ersetzt, sondern ihn in christlicher Einstellung so gelassen, wie er ist und folgende Zeilen darunter befestigt: „Christus hat keine Hände, nur unsere Hände, um seine Arbeit heute zu tun. Er hat keine Füße, nur unsere Füße, um Menschen auf seinen Weg zu führen."

Ich, der schon 7000er bestiegen hat, muss doch wohl in der Lage sein, auch unter miesen Bedingungen eine Wanderung zu meistern, auch wenn man von der besonders schönen Landschaft, wie es im Führer steht, wenig sieht. Ich muss etwas in mir ändern. Wenn ich nur auf die Schwierigkeiten, die Hindernisse starre, verliere ich mein Pilgerziel – meinen GEDANKENSTRICH – aus den Augen!

Ich kannte natürlich mein Pilgerziel. Ich tat mich nur mit dem Weg dahin schwer. Ich meine mit meinem inneren Weg, der

Der Gernsheimer Christus

äußere ist bis auf wenige Ausnahmen hier in der soliden Schweiz-ja bestens gekennzeichnet. Ich hatte mich immer noch nicht in die Pilgerei hineinfallen lassen, locker und gelöst. Ich dachte noch verkrampft in Vorurteilen und negativ. Aber ich fing an, auch die schönen Dinge wahrzunehmen, dankbar zu sein. Ich erkannte, dass die Erfahrung, ganz tief im Schlamm zu liegen, sehr wichtig für einen Pilger ist. Dabei schlief ich doch immer noch in soliden, wenn auch einfachen, Schweizer Gasthäusern. Für einen Pilger wie ein König! Die ganz einfachen, zum Teil sogar schmutzigen Pilgerherbergen des Jakobsweges kannte ich ja noch nicht. Wie sangen doch meine früheren Mitarbeiter in Stuttgart zum Abschied?: „Dein Weg wird kein leichter sein ..."

Montag, 14. August, 18. Etappe, Brienzwiler - Interlaken

Meine gewaschene Wäsche ist in der Nacht nicht mehr trocken geworden. Ich stopfe sie in einen Müllsack, um sie heute Abend weiter zu trocknen. Beim Frühstück klagt die Mutter der Wirtin über das Wetter und über die Katastrophen, die immer häufiger die Alpengemeinden heimsuchen. Sachseln sei Ende der 90er Jahre und Brienz 2005 von reißenden Wasserströmen stark betroffen worden. Bei 9°C starte ich. Ich bin gut eingepackt und glaube fast an ein Wunder: Es regnet nicht!! Kurz hinter Brienzwiler erreiche ich den Brienzer See mit der Stadt Brienz. Ich will auf das andere Ufer nach Giessbach mit dem Schiff übersetzen, um am südlichen Ufer an Iseltwald vorbei nach Interlaken zu wandern. In der Zeit bis zur Abfahrt des Schiffes schaue ich mir Brienz an. Ich stehe nach einigen Minuten an der Verwüstungsschneise von 2005 und ich kann mir die Wucht des Baches nicht vorstellen, die acht Häuser mitgerissen und viele andere beschädigt hat. Ein Mann sagt mir, dass alles ohne Vorwarnung innerhalb von 30 Minuten passiert sei. Eine breite Schneise zieht sich noch heute durch den Ort und mittendurch fließt trotz des unaufhörlichen Regens ein harmloses Bächlein. Ich lasse mich aufrütteln. Hier ahne ich das Leid der Anwohner. Nie wieder Hader mit der Witterung, mit einem lächerlichen Regen, sage ich mir. Mein Kopf muss die Realitäten wieder objektiver wahrnehmen! Auf der anderen Uferseite besichtige ich aber nicht die Wasserfälle in Giessbach – Wasser habe ich genug gesehen – sondern laufe am wunderschönen Ufer des Brienzer Sees weiter nach Interlaken. Ich freue mich an den schönen Blumen, dem Schwalbenwurzenzian, den Glockenblümchen, den Farnen, den Moosen am Fels, über die kleine Wasserfälle rinnen. Ich gehe entspannt unter den schweren Wolken, die drohend am Himmel vorbeiziehen. In **Interlaken** sehe ich nichts von Mönch, Eiger oder Jungfrau. Die Berge verbergen sich vor mir in dichten Wolken. Aber es ist heute ein trockener Tag und so setze ich mich in Interlaken in ein Straßencafé und mir wird bewusst, dass ich seit Tagen endlich draußen wieder Menschen sehe. Selbst die Spatzen setzen sich auf den Nachbartisch und warten auf die Krümel der Gäste. In einem einfachen Hotel übernachte ich, will mir aber noch vorher einen Stempel in der katholischen Kirche holen. Ich treffe aber dort auf eine evangelische Kirche und bemerke, dass beide Kirchen dicht nebeneinander stehen. Da kann Ökumene reifen und leben.

Dienstag, 15. August, 19. Etappe,
Interlaken – (Merligen – Thun) - Amsoldingen

Am 20. Tag geht es zum Thuner See. Mein Weg führt diesmal am nördlichen Ufer entlang, weil dort in der Beatushöhle der Heilige Beatus, der Bonifatius der Schweiz, begraben liegt. Die Beatushöhle ist eine Tropfsteinhöhle, die nicht mit Stalaktiten und Stalagmiten glänzt, sondern mit beeindruckenden Wasserfällen, Flüssen, Bächen und Seen im Berg. Ich gehe am Grab des Heiligen vorbei 860 Meter in den Berg hinein. Es ist mucksmäuschenstill in den Gängen, bis plötzlich das Wasser mit Getöse aus den Spalten brodelt, um irgendwo wieder im Berg zu verschwinden und an anderer Stelle wieder in das Höhlensystem einzutreten. Auf einer Bank – es scheint inzwischen die Sonne – vespert ein Wanderer, der mich gleich in ein Gespräch verwickeln will und mit mir weitergehen möchte. Ich sage ihm, dass ich mich beeilen muss, wenn ich mein Tagesziel noch erreichen will und schlage ihm vor, mich doch einzuholen. Daran glaube ich zwar nicht; denn mein Schritt ist kein lahmer, aber der Wanderkollege nimmt mich beim Wort. Er hat im Nu sein Brot verstaut, sein Hemd angezogen und läuft plötzlich neben mir. Er fängt sofort an zu erzählen, dass er für den Jakobsweg trainiere, um dann nach Freiburg/Fribourg zu pilgern. Das verstehe ich nicht; denn bis Freiburg sind es nur noch zwei Etappen. Auch was er sonst noch von Geistheilern und Wundern erzählt, verstehe ich nicht. Und so verabschiede ich mich, als ich in Merligen ein Schiff an der Anlegestelle liegen sehe. Das Schiff fährt nach Thun. Dort komme ich zu früh an, um dort zu übernachten; also wandere ich durch Thun hindurch und weiter nach **Amsoldingen**, einem kleinen Ort dahinter. Ich laufe wieder einmal auf der Landstraße mit dem Rolli, direkt bis zum Gasthaus Kreuz, nachdem ich in der aufgerüsteten Schweiz vor Amsoldingen heil an einer wilden Schießerei auf einem Truppenübungsplatz vorbeigekommen bin. Nachdem ich mich in einem Dorflädchen mit Käse, Yoghurt und Brot eingedeckt habe, gehe ich in das Pfarramt der wunderschönen romanischen Kirche St. Mauritius, um mir einen Stempel geben zu lassen. Die Frau des Pfarrers sagt mir, dass ich den Pilgerstempel in der Kirche finden werde. So ist es! „Jakobsweg Amsoldingen" drücke ich mir in den Pass und bleibe noch eine Zeit lang in der Kirche sitzen. Dieser Kirchenraum ist schlicht, wie die Calvinisten, eine Perle romanischer Gestaltung. Ich genieße die Ruhe und freue mich über den trockenen Tag. Heute ist Mariä Himmelfahrt. Auch wenn dieses Fest hier nicht gefeiert wird, so ist der 20. Tag heute für mich ein schöner Tag gewesen. Als ich die Kirche in gelöster Stimmung verlasse, sehe ich wieder die Frau des Pfarrers mit ihren Kindern. Ich sage ihr, dass Amsoldingen eine wunderschöne Kirche hat. Sie freut sich darüber und bedankt sich.

Das Stempeln des Pilgerpasses ist ein beim Pilgern dazugehöriger Brauch, der Hunderte Jahre alt ist. Man lässt sich den Pass immer am Etappenziel stempeln. Man erhält diesen Stempel an den verschiedensten Orten: in Herbergen, Kirchen (in einigen Kirchen, wie in Amsoldingen, liegen die Stempel aus), Pfarrsekretariaten, Klöstern, Touristen-Informationen und Rathäusern. Meist erledigt der Pilger diese Formalität gleich, wenn er am Etappenziel ankommt. In Santiago erhält der Pilger dann bei Vorlage des Passes die „Compostela", die Urkunde, die ausweist, dass der Pilger erfolgreich angekommen ist.

Mittwoch, 16. August, 20. Etappe,
Amsoldingen - Rüeggisberg

Beim Frühstück, das bisher opulenteste in einem Landgasthaus, unterhalte ich mich angeregt mit der Wirtin über die Schweiz, Gott und die Welt. Von einer Schweizerin etwas über das Leben in der Schweiz, über die politische Lage zu erfahren, ist sehr interessant. Ich verabschiede mich und gehe noch einmal in die Kirche. Ich will den Tag in dieser wunderschönen Kirche beginnen, mich von ihr inspirieren lassen. Anschließend starte ich nach Rüeggisberg, laufe durch eine reizvolle grüne Moränenlandschaft mit blumengeschmückten Bauernhäusern. Wie auch schon in Amsoldingen wird in Wattenwil „Bed and Breakfast" angeboten.

Ich habe diese Übernachtungsmöglichkeit mit Frühstück noch nicht genutzt. Sie ist in diesen Orten neu, sie steht noch nicht in meinem Reiseführer. Von weitem leuchtet mir in **Rüeggisberg** die Schrift „zum Bären“ von den Dachziegeln entgegen. In diesem Gasthaus bleibe ich; es ist nun schon der dritte „Bär“ auf meinem Pilgerweg. Ich begegne wieder einer sehr netten Wirtin! Sie fragt mich gleich, ob ich Wäsche zum Waschen habe. Darüber freue ich mich wie ein Kind, das einen langersehnten Wunsch erfüllt bekommt. Ich bekomme ein Gästebuch am Abend überreicht und ich schreibe u.a. hinein: „... Man lernt auf dem Weg durch unbekanntes Land für jede liebe Geste dankbar zu sein!“ Ich hätte auch schreiben können: „Wenn man ganz unten angekommen ist, lernt man für jede liebe Geste dankbar zu sein!“ Wie ich dem Reiseführer entnommen habe, gibt es in Rüeggisberg noch eine Ruine eines Cluniazenserklosters. Ich schaue mir die Reste an und gehe in ein privates Museum, wo ich wieder einen Stempel in Selbstbedienung erhalte und erfahre, wie die Cluniazenser (ähnlich den Augustinern und ZisterzienserInnen) früher die Pilger am Jakobsweg betreut haben: Sie haben die Pilgerfüße gewaschen, den Pilgern zu essen und zu trinken und ihnen einen Dinar mit auf den Weg gegeben. Wo sind diese Mönche heute? Wer behandelt meine so geplagten schmerzenden Pilgerfüße? Wenn ich da an Beuron und Einsiedeln denke! Als ich das Museum und die Klosterreste verlasse, hält gerade ein Bus mit Schweizer Touristen, die sich ebenfalls – theoretisch bestens vorbereitet – das Kloster bzw. dessen Reste ansehen wollen. Sie wissen, dass hier der Jakobsweg vorbeiführt und die Pilger im Kloster Aufnahme fanden. Als sie mich sehen, sind sie im höchsten Glück. Ein leibhaftiger Pilger! „Was, ein richtiger Pilger?“ Dann stehen sie um mich herum, wollen wissen, woher ich komme, wohin ich gehe. „Bis nach Santiago?“ Sie wollen wissen, was ich so esse, was ich im

Rucksack mit mir herumschleppe, wie schwer mein Rucksack ist usw. Ich bin für sie eine Sensation. Sie stellen Fragen wie Schüler, die über ihren Ausflug einen Aufsatz schreiben müssen. Dass die Schweizer Gruppe mir und der Pilgerei soviel Interesse entgegenbringt, überrascht mich und freut mich zugleich.

Heute Abend denke ich angesichts meiner schmerzenden Fersen über meinen bisherigen Pilgerweg nach. Von einem GEDANKENSTRICH spüre ich wenig. Ich komme weder dazu, mir Gedanken über den neuen Lebensabschnitt zu machen, noch führt mich der Weg in andere Gedankenwelten, einmal davon abgesehen, dass ich immer wieder an Ilse, an meine Familie, aber auch an meinen früheren Job denke. Bisher habe ich mich im wesentlichen mit den menschlichen Grundbedürfnissen beschäftigt: Finde ich die Wegweiser? Habe ich zu essen? Finde ich ein Dach über dem Kopf? Wie erreiche ich ein Wandern ohne Fußschmerzen? Wie bekomme ich meine Kleidung getrocknet? Für andere Gedanken ist mein Kopf nicht frei. Außer Ilse rufe ich niemanden an, auch nicht mein früheres Büro. Ich will mich ja abnabeln. Aber ich freue mich über jede SMS, die mir das Büro schickt und ich beantworte diese auch spontan.

Donnerstag, 17. August, 21. Etappe,
Rüeggisberg – Freiburg/Fribourg

Heute, der 17. August, ist ein besonderer Tag. Ich laufe zwar eine lange Strecke, aber ich laufe nach Freiburg/Fribourg und treffe mich dort mit Ilse! Die Wirtin hat mir noch für den langen Tag Brot und Käse mit auf den Weg gegeben. Es ist doch komisch: Billig war das Gasthaus nicht. Trotzdem ist mir hier das Herz aufgegangen, weil die Wirtin freundlich und hilfsbereit war. Kurz hinter Rüeggisberg verlaufe ich mich. Hier ist die Wegweisung nicht gut. Gut eine Stunde verplempere ich auf Abwegen und die Einheimischen können mir den richtigen Weg nur schwer erklären. Auf einer Straße finde ich wieder Anschluss an den Pilgerweg und wandere hinter Schwarzenburg, dem Zentrum des kleinen Schwarzenburger Landes, auf alten Römerwegen. Sie sind gepflastert, zum Teil aus dem Fels gehauen, mit Trittstufen auf dem talseitigen Felsrücken ausgestattet, die die Fuhrleute nutzten, um enge Stellen zu umgehen.

Kurz vor Tafers läuft plötzlich ein Pilger neben mir, den ich schon mit einer Begleiterin im Hotel St. Josef in Einsiedeln gesehen habe. Er läuft alleine. Ich frage ihn – Karl heißt er – nach seiner Begleiterin; schließlich bin ich neugierig. Karl ist von Memmingen aus unterwegs und läuft „nur" bis Genf, doch seine Begleiterin hat leider ihre Wanderung schon beenden müssen. Das sind Pilgerschicksale! Für Tage verbunden und wieder getrennt. Wir kommen durch Tafers. Hier muss man laut Führer unbedingt die Jakobskapelle auf dem Friedhof besichtigen. An der Außenfassade ist nämlich das Galgenwunder bildlich dargestellt, das in Utrecht, in Aachen, in Toulouse, in Sto. Domingo de la Calzada, in Belorado, in Barcelos, aber auch hier in Tafers stattgefunden hat und das jeder Pilger kennen muss! Und da es noch Leute geben soll, die das „Wunder" nicht kennen, erzähle ich es kurz:

Ein deutsches Ehepaar aus Xanten pilgert mit seinem Sohn 1417 nach Santiago de Compostela. Unterwegs in einer Herberge in den oben zitierten Städten verliebt sich die junge Magd in den Sohn, der aber, keusch und fromm wie er ist, das Angebot, mit ihr ins Bett zu steigen, ablehnt. Aus Wut über diese Verweigerungshaltung schmuggelt sie einen Silberbecher in seinen Rucksack und zeigt nach dem Aufbruch der Pilgerfamilie einen Diebstahl an. Der Sohn wird ergriffen und zum Tode durch Erhängen verurteilt. Bevor die Eltern die Reise fortsetzen, kommen sie zum Galgen zurück und finden ihren Sohn noch lebend vor. Er sagt, dass der Heilige Dominikus (Santo Domingo de la Calzada) ihn heben würde und ihm nichts fehle. Die Eltern gehen zum Richter, der sich gerade im Wirtshaus anschickt, einen gebratenen Hahn und eine gebratene Henne zu verspeisen und erzählen ihm das Erlebte, worauf dieser mit Selbstsicherheit erklärt, dass der Sohn so tot sei wie die zwei Vögel auf seinem Teller. In diesem Augenblick kräht der Hahn und das Pärchen fliegt vom Teller weg auf und davon. Der Richter erkennt die Unschuld des Sohnes, vernimmt die gestehende Magd, nimmt den Sohn vom Galgen herunter und lässt dafür die Magd aufhängen.

In den einzelnen Orten variiert die Geschichte etwas. Die früheste Version stammt aus dem Jahr 1020. Einmal hilft der Heilige Dominikus, ein anderes Mal der Heilige Jakobus selbst. Manchmal laufen nur Vater und Sohn, manchmal nur das Ehepaar. Auch ist nicht immer die verliebte Magd mit dabei, aber der Kern der Geschichte ist immer der gleiche: Irgendeiner hängt unschuldig am Galgen und wird vom Heiligen Dominikus oder Jakobus gehalten.

Die realistischen Szenen an der Jakobskapelle fotografiere ich, schaue mir noch die Kapelle an und laufe mit Karl weiter nach Freiburg. Mir schmerzen meine Füße, ich wünsche mir weichere Schuhe. Ich würde gerne eine Cola trinken; denn es ist heute sonnig und heiß, bekomme aber nirgends eine. In dieser Verfassung laufe ich völlig kaputt, humpelnd, unterzuckert, dehydriert, aber schon etwas demütiger als in den Wochen davor, in **Freiburg/Fribourg** ein. Obwohl ich psychisch wie auch physisch ziemlich fertig bin, habe ich nie ernsthaft erwogen, meine Wanderung abzubrechen. Aufgeben war und ist nicht meine Sache.

„Zuerst geht es über eine Treppe der Stadtmauer entlang, an den Wehrtürmen vorbei, in das Loch hinunter", erklärt uns ein Freiburger den Weg durch die Stadt, „dann über die Bernbrücke *(Anm.: Hier befindet sich die Sprachgrenze)* und drüben wieder den Berg hinauf." Oben verabschiede ich mich von Karl, der zur Jugendherberge ganz in der Nähe des Bahnhofs eilt, und komme um 17.30 Uhr am Bahnhof an, trinke die heißersehnte Cola, dann zwei Glas Bier und warte bis 18.25 Uhr unten in der Unterführung am Aufgang zum Bahnsteig, von dem Ilse herunterkommen muss. Der Zug trifft pünktlich ein und dann fallen wir uns glücklich in die Arme und gehen gemeinsam – ich stark humpelnd – in das bestellte Hotel gleich in der Nähe.

Ilse wunderte sich, dass ich sie nicht oben auf dem Bahnsteig erwartet hatte. Ich bot ihr einen jammervollen Anblick. Sie konnte zunächst mit meinem Zustand wenig anfangen, sie war irritiert. Sie hatte ja mein Projekt nie befürwortet und hatte dem GEDANKENSTRICH nur zugestimmt, weil sie sich dadurch einen besseren Übergang in den Ruhestand erhoffte. Und nun stand sie vor einem menschlichen „Wrack", das nicht einmal mehr richtig gehen konnte. Wie sollte das Projekt weitergehen, dachte sie sich. Ich stand ja erst am Anfang meiner Wanderung! Aber eine fürsorgende Frau überspielt solche Gedanken, ich bemerkte von ihren Sorgen nichts und so bereiteten wir uns am Abend auf zwei „Urlaubstage" in Freiburg vor.

Ilse richtet mich auf

„Man muss die Musik des Lebens hören. Die meisten hören nur die Dissonanzen."
Theodor Fontane

Freitag, 18. August, Samstag, 19. August, zwei Ruhetage in Freiburg/Fribourg

Ich hatte in meinem Zustand große Sehnsucht nach Ilse, nach einer persönlichen Zuwendung, nach einem Zusammensein mit ihr und wir verbrachten zwei wunderschöne Tage in Freiburg. Die Sonne half uns dabei; denn sie schien dauerhaft an einem wolkenlosen Himmel.

Das Tagebuch schweigt an diesen zwei Tagen, der Aufenthalt in Freiburg war ja auch im eigentlichen Sinne kein Pilgern! Soviel sei aber berichtet: Ilse gelang es, mich wieder „auf die Beine zu stellen". Ilse kam – wie viele Ereignisse auf meinem bisherigen Pilgerweg – exakt zum richtigen Zeitpunkt, obwohl wir unser Treffen schon lange vorher geplant hatten. Ich fühlte mich nach diesen zwei Tagen innerlich wie äußerlich wieder so hergestellt, dass ich voll Zuversicht den weiteren Weg antreten konnte. Ich war wieder gehfähig, auch wenn ich am dritten Tag immer noch nicht unbeschwert auftreten konnte.

Ein Ereignis in diesem Urlaub verdient erwähnt zu werden: Am Abend des ersten Tages beschlossen wir, am nächsten Morgen weiche, dämpfende Einlegesohlen für meine offensichtlich zu harten Schuhe einzukaufen. Wir machten uns nach dem Frühstück des nächsten Tages gleich auf den Weg und standen – auch für Ilse ein merkwürdiger Zufall – nach wenigen Metern vor einem Geschäft für „bequeme Schuhe". Dort bekam ich weiche, mit Leder abgedeckte, Schaumgummi-Einlegesohlen, die exakt passten und ein wohltuendes neues „Gehgefühl" erzeugten. Dies war wieder einmal eine Lösung zum exakt richtigen Zeitpunkt. Ich war erleichtert, und die Hoffnung, eine Chance zu haben, mit den neuen Sohlen meine Fersenprobleme zu lösen, trugen wesentlich zu meinem aufkommenden Optimismus bei.

Sonntag, 20. August, 22. Etappe, (Freiburg/Fribourg – Cottens) – Autigny – Les Chavannes-sous-Romont

Als ich mich heute Morgen von der Waagerechten in die Senkrechte erhebe, stelle ich fest, dass meine Füße einen erstaunlich guten Eindruck machen. Ilse und ich hatten unseren Abschied schon gestern geplant. Ihr Zug fährt heute 9.30 Uhr Richtung Heimat und ich möchte weiter bis nach Romont wandern. Da ich aber auch meine Füße schonen will, werde ich ebenfalls ein Stückchen Zug fahren, bis Cottens. Wir frühstücken zusammen, packen unsere Sachen und angesichts meiner nach Entlastung schreienden Füße leichtere ich meinen Rucksack. Ich prüfe jedes Teil, ob ich es schon benutzt habe oder wirklich noch brauchen werde und trenne mich von rund einem Kilo Gewicht, das Ilse für mich mit nach Hause nimmt. Wir gehen zum Bahnhof, ins Reisezentrum, und hier trenne ich mich noch einmal von einem Stück Gepäck: von meinem Rolli. Ein Rad ist schon beschädigt und eine Schweißnaht gerissen. Ich lasse ihn einfach stehen. Vielleicht habe ich gerade eine Hürde genommen und mich von einem Ersatzsystem meiner Wanderschaft, einem Rückfallsystem, getrennt. Ich werde von nun an mein „Päckchen" tragen. Insgesamt etwa zwei Kilo lasse ich in Freiburg zurück. „Erleichtert" werde ich einen neuen Pilgerabschnitt beginnen. Ich bin Ilse für die Freiburger Tage sehr, sehr dankbar.

Ob die Entscheidung, einen Rolli zu verwenden, richtig war, ist schwer abzuschätzen, weil ich einige Fehler gemacht hatte. Vier Faktoren spielen bei der Beurteilung dieser Frage eine Rolle: das Gesamtgewicht auf dem Rücken (auf unwegsamen Gelände muss man den Rolli tragen!), die Qualität der Schuhe (was die Dämpfung auf dem Asphalt betrifft), der Anteil der Straßen am Gesamtweg und die Qualität des Rolli.
Man kann sich durchaus für einen Rolli entscheiden, wenn das Gesamtgewicht auf dem Rücken 15% des Körpergewichtes nicht überschreitet. Dies ist ein Wert, der auf Erfahrungen vieler Pilger basiert. Wenn es viele asphaltierte Straßen und Wege gibt und man auf Straßen laufen will, ist der Rolli eine große Hilfe. Aber: die Schuhe müssen eine gute Dämpfung besitzen, damit die Füße geschont werden, und die Qualität des Rollis muss solide sein, weil die tägliche Belastung für das Gerät doch enorm ist. Bei mir stimmten diese Bedingungen nicht: Das Gesamtgewicht war zu hoch, die Schuhe zu hart und die Qualität des Rollis mäßig. Kurz vor Freiburg stellte er seine Funktion fast ein.

Mit dem Rolli im Regen über die Alb

Britta bringt den Heiligen Geist mit

„Und sie sagten zueinander: Brannte uns nicht das Herz in der Brust, als er unterwegs mit uns redete und uns den Sinn der Schrift erschloß?"
Luk 24,32

Mein Zug fährt um neun Uhr. Der Abschied fällt schwer. Ich bin einerseits traurig, weil die zwei Tage so schnell dahingeronnen sind, aber auch froh, weil mich meine Füße wieder tragen und ich mich so gut erholt habe. Der Zug fährt ab, wir winken, bis wir uns nicht mehr sehen. Nach 15 Minuten bin ich in Cottens. Eine Straße führt direkt nach Autigny. Das Wetter ist durchwachsen: der Himmel teils blau, teils schwarz bei heftigem Wind. In Autigny treffe ich wieder auf den Jakobsweg und hinter Autigny auf einen heftigen Regenschauer. Aber es bleibt ein Schauer; denn der Himmel wird wieder hell. Gegen Mittag komme ich noch vor Romont in **Les Chavannes-sous-Romont** an der seit 1268 bestehenden Zisterzienserinnen-Abtei „La Fille-Dieu" vorbei. Ich staune darüber; denn auf einem Handzettel meiner Jakobsgesellschaft lese ich, dass man das Kloster über eine Abzweigung erreicht. Es liegt aber direkt am Jakobsweg! Ich setze mich auf eine Bank, dem Kloster gegenüber, genieße die Mittagssonne und überlege, was ich machen soll: gleich hier bleiben oder bis Romont weiterlaufen? Ich entscheide mich bei Brot, Käse, Tomate und Wasser hier zu bleiben und klingle nach der Mahlzeit an der Klosterpforte mit der Tafel „Accueil" (Empfang). Eine ältere, freundliche Nonne öffnet. Ich sage mein französisches Sprüchlein auf, dass ich ein pèlerin de St. Jacques (Jakobspilger) sei und gerne hier im Kloster übernachten möchte. Die Schwester bringt mich in den Innenhof zu einer Bank, auf der ich warten muss, bis die Gastschwester kommt. Die trifft auch sogleich ein und zeigt mir das Zimmer, die Dusche, das WC, die Kapelle zum Beten und das Klosterprogramm: 17 Uhr Vesper, 17.45 Uhr Abendessen, 19.10 Uhr Komplet, 7.10 Uhr Messe, vorher oder nachher Frühstück in Selbstbedienung. Ich bezahle gleich meine 30 Schweizer Franken – ohne Bettwäsche – und bekomme auch einen Stempel in meinen Pilgerpass. Um 17 Uhr gehe ich also in die Vesper. Die Abteikirche beeindruckt auf den ersten Blick durch die auf Holzpfeilern abgestützte Holzdecke und den modernen, sehr gut passenden Glasfenstern. Heute ist St. Bernhard und die Vesper dauert deshalb länger, weil das Allerheiligste mit feierlichem „Tantum ergo" ausgesetzt wird. Beim Verlassen der Kirche laufe ich an der Bank im Innenhof vorbei, auf der eine Pilgerin sitzt und fragt: „Sind Sie beim Kloster angestellt?" Sie sitzt wohl schon lange da und wartet auf die Gastschwester, die wie die anderen Schwestern beim Tantum ergo dabei war, aber nun auch gleich herbeieilt und sie versorgt. Beim Abendessen treffen wir uns wieder. Britta – so heißt sie – humpelt auch ein wenig. Nach sieben Tagen Jakobsweg hatte sie in Freiburg einen Tag Rast eingelegt, um die wunderschöne Stadt zu besichtigen und den Beinen ein wenig Erholung zu gönnen. Die Strecke Rüeggisberg – Freiburg hat es wohl in sich. Wir gehen zusammen ins Komplet und die Schwestern singen wunderschöne, melodische Verse. Sie singen sich in unsere Herzen. Wir spüren, dass Gottesdienst mit allen Sinnen erlebt werden kann. Dann geht das Herz leichter auf und gute Gedanken breiten sich aus. Alles fließt. Es ist wie Pfingsten. Nach dem Abendessen verabrede ich mich mit Britta für den nächsten Morgen zum Frühstück und zur anschließenden Messe. „Ich war schon lange nicht mehr in der Messe", sagt sie, was immer sie unter „lange" versteht. Wir beschließen auch, zusammen nach Moudon, vielleicht auch weiter zu laufen.

Montag, 21. August, 23. Etappe,
Les Chavannes-sous-Romont - Moudon

In der Messe spüre ich, dass Britta eine gläubige Christin ist, und beim Friedensgruß habe das Gefühl, dass wir gut ein Stückchen zusammen laufen können. Wir verabschieden uns nach der Messe von den Schwestern und treten gemeinsam unseren Weg nach Moudon an. Der heutige Weg ist wenig abwechslungsreich bis auf die Stadt Romont auf dem Hügel mit ihren Befestigungsanlagen gleich hinter dem Kloster. Er dauert auch nicht lange: dreieinhalb Stunden, zuerst hinauf auf eine Hügelkette, über Curtilles durch Wiesen und vorbei an Feldern, entlang der Broye bis nach **Moudon** und das bei sonnigem Wetter. Heute ist „lundi" (Montag) und da ist das „office du tourisme fermé" (Touristen-Information geschlossen)! Die beiden Hotels der Stadt sind uns zu teuer, und da wir neben der Kirche St.-Etienne stehen, wollen wir uns erst einmal den Stempel holen. Aber die Kirche ist zu und weit und breit kein Pfarramt zu sehen. Wir fragen die Leute: Niemand weiß etwas. Wir fragen in den Geschäften: Niemand weiß etwas. Ich frage eine Frau, die gerade ihren Hauseingang kehrt. Sie lässt ihren Besen stehen und eilt im Walking-Tempo um die Kirche herum, fragt die Leute, fragt in den Geschäften und wir immer hinterher, bis wir drei schließlich an der Touristen-Information ankommen und die Frau feststellt, dass „lundi fermé" ist. Das wissen wir schon. Wir bedanken uns bei der lieben Frau und wollen nun bei der Polizei nachfragen. Dort treffen wir einen ganz freundlichen jungen Beamten, der erst einmal herumtelefoniert, dann mit uns auf die Straße bis zur nächsten Kreuzung geht und uns das Hotel de ville (Rathaus) zeigt. Es liegt ganz in der Nähe und dort, sagt er, bekommen wir unseren Stempel. Die Freundlichkeit der Menschen hier in Moudon ist nicht mehr zu überbieten!

Nun geht es an die Zimmersuche. Wir brauchen ein Privatquartier. Die Adresse in meiner Quartierliste erweist sich als falsch. Wir gehen daraufhin in einen Buchladen und fragen den Besitzer, ob er wisse, wo man in Moudon nächtigen könne. „Bei mir können Sie übernachten“, sagt er und spricht auch noch Deutsch! Wir könnten die Rucksäcke erst einmal bei ihm abstellen, sollten um 16 Uhr wiederkommen, dann würde er mit uns zu seinem Haus fahren. Abendessen gäbe es bei ihm auch. Wir staunen nicht schlecht über die schnelle Lösung unseres Problems und sind glücklich über soviel Glück und Hilfsbereitschaft! Als wir zur vereinbarten Zeit wieder im Laden stehen, liegen zwei weitere Rucksäcke auf dem Boden, und nach wenigen Minuten steht ein Schweizer Ehepaar in der Tür, das Britta schon kennt, und das im Schaufenster der Touristen-Information – was wir offensichtlich übersehen haben – drei Adressen vorgefunden hat: die beiden Hotels und unseren Buchladenbesitzer. Da gibt es in der Stadt zig Geschäfte und Britta und ich gehen ausgerechnet in *das* Geschäft hinein, das eine Herberge für uns vorhält. Wenn das kein Zufall ist! Am Abend sitzen wir zu viert (das Schweizer Ehepaar kommt aus der Nähe von Bern) am reichlich gedeckten Tisch des Buchladenbesitzers und haben einen unterhaltsamen Abend. Wir erzählen von unseren Pilgermotiven. Britta lief bisher den Jakobsweg in kurzen Etappen, dieses Jahr von Brunnen bis Genf, beabsichtigt aber, zukünftig erheblich längere Abschnitte zu gehen. Das Schweizer Paar hat seine Metzgerei verpachtet, will einen neuen Lebensabschnitt beginnen und schiebt als Übergang eine Pilgerreise nach Santiago dazwischen. Ich finde mich in diesem Motiv wieder und offensichtlich ist es weiter verbreitet als ich dachte. Die Unterkunft ist optimal, beste sanitäre Anlagen, und gutes Essen. Nach den Tagebucheinträgen kriechen wir in die Betten und freuen uns über den gelungenen Tag.

Dienstag, 22. August, 24. Etappe, Moudon - Lausanne

Am 27. Tag meiner Wanderschaft gibt es um sieben Uhr ein reichhaltiges Frühstück beim Buchhändler. Wir wollen heute zu viert nach Lausanne am Genfer See laufen. Es nieselt als wir Moudon verlassen. Gegen elf Uhr kommt aber die Sonne heraus und es wird eine schöne, kurzweilige Wanderung zu viert. Hinter Montpreveyres laufen wir auf einem wunderbaren Waldwanderweg, abseits des Jakobsweges. Am Stadtrand von Lausanne verabschiedet sich das Schweizer Paar, um in einem guten Restaurant Mittag zu essen. Britta und ich suchen uns im Park eine sonnige Bank, packen unsere Vorräte aus und vespern bei Mutter Natur. In **Lausanne** wählen wir das „Lausanne Guesthouse & Backpacker" als Quartier aus. Wir buchen und gehen dann in die Kathedrale, um den Pilgerstempel zu holen und machen uns dann frisch für den restlichen Tag. Am Genfer See lassen wir uns in die Stühle eines Strandrestaurants fallen, bringen unsere Tagebücher auf den neuesten Stand und essen dann gegen Abend Crêpes, ich mit Waadt'scher Wurst. Ich habe bisher von Britta nicht viel erfahren. Wir haben unterwegs nicht viel geredet, auch gestern nicht, als wir nur zu zweit waren. Ich weiß nicht warum, aber mir kommt es so vor, dass wir uns auch ohne zu reden gut verstehen. Aber heute Abend frage ich sie aus. Ich bin neugierig. Britta, 45 Jahre alt, erzählt, wie sie in einem atheistischen Umfeld im Osten Deutschlands zum katholischen Glauben übertrat und noch vor dem Mauerfall nach Augsburg ausreiste. Auf mich macht sie einen sehr gläubigen Eindruck, macht sich aber ihre eigenen Gedanken, hält mit Recht kritische Distanz zu einigen Kirchenpositionen. Vielleicht sind Spätbekehrte so, denke ich. Vielleicht erlebt sie das Leben als Christin viel intensiver als ich bisher. Mir hat sich nie die Frage gestellt, ob ich als Christ leben will oder nicht. Ich war es einfach und bin es geblieben. Brittas

Vorbild ist ihre Namenspatronin, die Heilige Birgitta von Schweden, Patronin Europas, die 1341 zusammen mit ihrem Mann nach Santiago pilgerte und nach dem Tod ihres Mannes den Erlöserorden, heute Birgittenorden, gründete.
Britta beeindruckt mich durch ihren festen Willen, ihre Bodenständigkeit und eine klare, treffsichere Sprache.
Das Angenehme bei unserer gemeinsamen Wanderung ist, dass sie in etwa meine Laufgeschwindigkeit hat – zumindest im Augenblick. Man weiß ja nie, zu welcher Hochform der andere aufläuft, wenn er wieder im Vollbesitz seiner Kräfte ist, oder einfacher gesagt: wenn die Füße wieder fit sind. Und man weiß auch nie, wie lange man sich gegenseitig erträgt.

Mittwoch, 23. August, 25. Etappe,
Lausanne – (St.-Sulpice – Genf)

Britta und ich waren uns gestern Abend schnell einig, dass wir keine Großstadtwanderungen am Genfer See entlang veranstalten, sondern mit dem Schiff nach Genf übersetzen wollen. Das Wetter ist heute Morgen traumhaft schön: Sonne, blauer Himmel, ein Geschenk für den letzten gemeinsamen Tag. Pünktlich um sieben Uhr sind wir startbereit; Frühstück gibt es keines im Guesthouse. Wir werden es uns unterwegs besorgen müssen. Wir laufen zum Genfer See und dort weiter nach Saint-Sulpice zur Schiffsanlegestelle. Ein weiteres Geschenk heute morgen ist, eine Gastwirtschaft gleich an der Anlegestelle zu finden, in der wir in der Morgensonne sitzend gemütlich frühstücken. Wir haben noch viel Zeit. Das Schiff fährt erst in drei Stunden. Unser Berner Pilgerpärchen kommt vorbei und wir trinken zusammen Cola. Wir sind alle bei dem herrlichen Wetter gut drauf, und unsere Schweizer haben einen eisernen Willen; sie wollen bis Genf laufen, wissen aber noch nicht, wieweit sie heute kommen werden.

Wir gehen nach dem Frühstück zur Schiffsanlegestelle, setzen uns auf die großen Ufersteine in die Sonne und lauschen dem Plätschern des Wassers. Britta hebt ein glitzerndes Steinchen auf und fragt mich, was da glitzert. Ich antworte „Glimmer", und sie gibt es mir mit dem Wunsch, dass es mich auf meiner ganzen Pilgerreise begleiten möge. Ich bin verlegen. Bei Britta habe ich immer das Gefühl, der Heilige Geist läuft mit. Das Schiff kommt, es ist ein Schaufelraddampfer. Wir räkeln uns wie im Urlaub auf dem „Sonnendeck", genießen den schönen Sonnentag – und reden eigentlich nichts.

Etwa um 14 Uhr erreicht unser Schaufelraddampfer **Genf**. Wir gehen zur Touristen-Information, von hier aus werden wir zur deutschsprachigen Bonifatiusgemeinde geschickt. Dort laufen aber extrem seltsame Aussteigertypen herum, sodass wir lieber weiter zur Jugendherberge gehen, um dort Quartier zu beziehen. Den Pilgerstempel haben wir uns schon auf dem Weg zur Bonifatiusgemeinde geholt, so dass wir uns nach der Tagebucharbeit auf einen schönen Abend freuen können. Wir begeben uns zum Raclette-Essen in die Altstadt, wo wir auch ein ansprechendes Lokal finden. Wir sitzen im Freien und freuen uns über den niedrigen Preis auf der Karte. Wir bestellen den Käse und die Kartoffeln und zwei Gläser Bier und staunen nicht schlecht, als uns der Wirt jeweils nur einen Teller mit einem Käseportiönchen und zwei Kartöffelchen bringt und wissen nun auch, warum der Preis so verschwinglich ist. Wir lassen uns aber die gute Laune nicht verderben und unseren letzten Tag gemütlich ausklingen. Es ist nicht nur der letzte Abend mit Britta, sondern auch der letzte in der Schweiz. Britta ist am Ziel ihrer diesjährigen Pilgerreise angelangt. Sie wird sich noch zwei Tage in Genf aufhalten und dann zu ihrem Mann nach Venedig fahren.

Auf dem Weg nach Genf

Meine Fersen spüre ich nach den leichten Etappen so gut wie nicht mehr!

Donnerstag, 24. August, 26. Etappe, Genf - Beaumont

Die Nacht in der Jugendherberge ist die Hölle. Gegen 22 Uhr fängt der Bettnachbar an, seine Reisetasche mit Geraschel sämtlicher Plastiktüten umzuräumen. Gegen 23 Uhr kommt noch ein weiterer Gast, der, was den Lärm angeht, auch keine Rücksicht nimmt. Ein anderer muss schon um vier Uhr aus dem Bett, weil er zum Flughafen will. Da ich alles live miterlebe, kann ich natürlich kaum schlafen. Dennoch sitze ich pünktlich um sieben Uhr am Frühstückstisch und Britta lässt auch nicht lange auf sich warten. Sie erzählt, dass es bei ihr heute Nacht auch nicht viel besser war, weil irgendeine Bettnachbarin gegen Mitternacht mit Südafrika telefonieren musste. Britta sagt mir, dass sie mich noch ein Stück begleiten werde, worüber ich mich sehr freue. Um acht Uhr schultere ich meinen Rucksack und wir gehen durch die Innenstadt, kommen an der Kathedrale St.-Pierre vorbei, die heute Morgen noch geschlossen ist und erreichen den Park der Universität. Hier verabschieden wir uns. Ehe ich es verstehe, zeichnet sie mir ein Kreuz auf die Stirn und sagt: "Ich verabschiede mich von Dir auf meine Art“. Wir umarmen uns, sie wünscht mir einen guten Weg und dann laufe ich Richtung Frankreich weiter.

Die „Erscheinung Britta“ ist verschwunden.

Kirchenfenster in Frangy (28. Etappe)

Ich gehe einfach mit Martin

„... Ein Zufall nur? Vielleicht auch mehr – Und was ist Zufall anders als der rohe Stein, der Leben annimmt unter Bildners Hand? **Den Zufall gibt die Vorsehung** – zum Zwecke muß ihn der Mensch gestalten ..."
Der Marquis von Posa in Don Carlos, dritter Akt, neunter Auftritt
Friedrich von Schiller

Mit dem Wanderführer in der Hand und der Lesebrille auf der Nase laufe ich aus Genf hinaus. Und wie freundlich die Menschen sind! Die Apothekerin erkundigt sich, wohin ich laufe, ein junger Mann von etwa 25 Jahren wünscht mir einen „bon chemin" (guten Weg). Ich habe mir für heute eine kurze Etappe vorgenommen. Es sind nur etwa 16 Kilometer bis Beaumont. Immerhin betrete ich heute französischen Boden. Und wer weiß, wie dort die Wegweisung aussieht. Ein Deutscher hat da schließlich so seine Vorurteile! Ich bin schon etwas unruhig. In Saconnex empfängt mich ein Gewitter, das aber nach einer Viertelstunde wieder aufhört. Ich komme an einer ehemaligen Malteser-Pilgerherberge vorbei, der „Ancienne Commanderie de Compesières" mit einer romanischen Kirche, die z.Z. renoviert wird und eine wertvolle Holzkassettendecke aus dem Jahr 1270 enthält. Die verantwortlichen Bauleute diskutieren gerade mit den Bauherren in der Kirche und ich frage ungeniert einen von ihnen, wo der Jakobsweg weitergeht. Er erklärt mir alles haarklein und auch, wo ich einen Pilgerstempel bekomme, den ich aber nicht brauche, weil ich hier nicht übernachten will. Heute, am 24. August, auf meiner 26. Etappe, überschreite ich um 10.45 Uhr den Bach L'Aranda Rau und damit auch ganz unspektakulär die schweizerisch-französische Grenze. Ich maile dieses Ereignis in alle Welt. Der erste, der mir antwortet, ist mein Sohn Thilo: „Na dann parle

français mal schön. Als Starthilfe, damit Du nicht verhungerst: Je voudrais une baguette" (ich hätte gern ein Baguette). Danke Thilo! Das sind doch Traumkinder, die so um ihren Vater besorgt sind!
Die Franzosen sind offensichtlich genauso präzise wie die Schweizer. Die Hinweisschilder für den GR 65, den Fernwanderweg, der fast bis León in Spanien führt, und die Wegweisung für den Jakobsweg (beide Wege sind identisch) lassen keine Wünsche offen. Zusätzlich kreuzen die Franzosen auch noch Wege aus, die man nicht laufen soll, z.B. an Gabelungen. Da kann sich Deutschland wirklich eine Scheibe abschneiden. Seit Genf laufe ich auf der Via gebennensis, wie die Franzosen ihren Jakobsweg bis Le Puy-en-Velay nennen. Kurz vor Beaumont eröffnet sich noch einmal eine herrliche Sicht auf Genf und den Genfer See mit seiner Fontaine. Am frühen Nachmittag erreiche ich in **Beaumont** den Gîte d'Étape (Etappenherberge) La Fromagerie. An der Tür hängt ein Zettel, dass der Pilger sich selber einrichten soll. Es ist niemand da. Also suche ich mir ein Bett im Obergeschoss aus, mache mir einen Kaffee und esse erst einmal etwas von meiner Tagesration. Dann strebe ich zum Pfarrbüro, wo mir ein Mann öffnet und mir sagt, dass der Pfarrer nicht erreichbar ist. Ich sage ihm, dass ich nur einen Stempel haben will. Daraufhin lässt er mich stehen, rennt ins Nebenzimmer und sagt mir dann, dass der Pfarrer gleich kommt. Wir sind in Frankreich! Hier hält man Siesta wie in Spanien, denke ich. Der Pfarrer kommt verschlafen um die Ecke und ich folge ihm in sein unaufgeräumtes Büro. Dann drückt er mir den ersten französischen Stempel in den Pass. Er kennt Stuttgart. Das macht ihn mir sympathisch. Ich eile gleich wieder zurück zur Herberge, damit der Pfarrer seinen wohlverdienten Schlaf fortsetzen kann. Nach etwa eineinhalb Stunden geht die Tür auf und ein ebenfalls älterer Pilger betritt

den Aufenthaltsraum des Gîte. Außer „Guten Tag“ sagt er nichts. Er schweigt richtig, nicht so wie Britta. Die hat ja viel gesagt, obwohl sie nicht gesprochen hat. Ich breche das Schweigen, indem ich ihm mitteile, dass ich mir jetzt einen Kaffee koche und ihn frage, ob er auch einen mittrinken möchte. Er tut es, und damit ist das Eis gebrochen. Vor mir sitzt also Martin, ein Westfale aus Medebach bei Winterberg. Er hat heute seinen ersten Pilgerwandertag, da er in Genf gestartet ist. Kein Wunder, dass man am Ende der ersten Etappe keine Purzelbäume schlägt. Aber: Er ist letztes Jahr den Camino Francés in Spanien gelaufen, hat also reichlich Pilgererfahrung! Gegen 20 Uhr taucht die Herbergsmutter auf, eine freundliche norwegische, deutschsprechende Wirtin, die uns eine gute Suppe, Brot, Käse, Salat und Bier auftischt. Dann zahle ich für alles, einschließlich Frühstück, 24 Euro 50! Ich bin platt. Da kann sich aber diesmal die Schweiz eine Scheibe abschneiden. Nein, zwei Scheiben; denn in der Schweiz hätte ich mindestens das Doppelte bezahlt. Um halb elf Uhr legen wir uns schlafen.

Um vier Uhr werde ich hellwach. Mir schießt es unvermittelt durch den Kopf: Die Emmausjünger! Was sagten sie? „Brannte uns nicht das Herz in der Brust, als er unterwegs mit uns redete und uns den Sinn der Schrift erschloss?“ Genau das war es: dieses Brennen! Mir brannte in St. Sulpice und beim Abschied von Britta die Brust wie den Emmausjüngern. Ich denke lange über diese Zusammenhänge nach. Ich lese Lukas 24,25-35 rauf und runter, dann schlafe ich wieder ein.

Georg Moser, früherer Bischof der Diözese Rottenburg-Stuttgart, beschrieb solche spirituellen Momente wie folgt: „In andächtigem Schweigen erlauschen wir den Flügelschlag des Heiligen Geistes.“

Ich würde das zwar nüchterner formulieren, aber mich spricht dieses Bild dennoch an; denn an der Seite der gläubigen, schweigenden Britta fühlte ich zumindest einen Hauch des Heiligen Geistes. Es heißt doch auch im Neuen Testament: „Wo zwei oder drei in meinem Namen versammelt sind, da bin ich mitten unter ihnen“ (Mt 18,20). Je länger ich darüber nachdachte und je mehr Abstand ich gewann, desto sicherer wurde ich in meiner Einschätzung.

Ich glaube, meine seelische Aufgeschlossenheit für Britta war auch darauf zurückzuführen, dass ich nach meinem „Durchhänger“ in Deutschland und der Schweiz und aufgrund der kontaktarmen Wanderung bis Freiburg/Fribourg sehr empfänglich für persönliche Zuwendungen war. Jedes freundliche Wort der Wirtinnen, vor allem den Kurzurlaub mit Ilse hatte ich dankend aufgesogen. Nun begleitete mich ein religiös geprägter Mensch. Britta war eine ganz normale Pilgerin, aber ihre freundliche, innere Ausstrahlung hatten in mir, in meiner damaligen Verfassung, ein dankbares „Opfer“ gefunden.

Freitag, 25. August, 27. Etappe, Beaumont - Chaumont

Ich kann nicht mehr lange ausschlafen; denn mit Martin zu pilgern heißt früh aufstehen. Wir hatten gestern Abend nicht ausdrücklich darüber gesprochen, aber mir ist klar, ich gehe einfach mit Martin. Und umgekehrt denkt Martin das wohl auch. Und da ich mich mit meinem Basisfranzösisch ganz gut verständigen kann, bin ich für Martin, der kein Französisch spricht, auch eine willkommene Hilfe. Wir starten am Morgen um acht Uhr ganz selbstverständlich gemeinsam und haben uns ebenfalls ganz selbstverständlich in Chaumont im Gîte telefonisch ein Quartier bestellt. Der Himmel ist fast blau, aber das Thermometer zeigt nur 11°C an. Viertel vor elf Uhr sehen wir ein letztes Mal Genf

und den Genfer See. Wir bleiben stehen. Martin betrachtet den Ort, wo er gestartet ist, und ich betrachte den Ort, wo ich den Heiligen Geist gespürt habe. So unterschiedlich können Sichtweisen beim Betrachten ein und desselben Gegenstandes sein! Im Dorf Chez Gresat machen wir Vesperpause und ein Bauer will uns unbedingt beherbergen, Essen und Trinken verkaufen und einen Stempel geben. In jedem Dorf wollen uns die Menschen abstempeln, aber das verträgt der begrenzte Platz in meinem Pass nicht. Unterwegs besuchen wir jede Kirche für eine kurze Zeit der Einkehr. Martin ist ein gläubiger Mensch.
Mir fällt auf, dass uns auf allen Wegen ein weißes Kreuz auf rotem Grund begleitet, in Stadtwappen, auf Kreuzen, an Wegweisern und an Häusern.

Ich befand mich im alten Stammland Savoyen, das erst 1860 von Piemont-Sardinien an Frankreich abgetreten wurde und dieses Kreuz in seinem Wappen trug. Auch die beiden heutigen Départements Savoyen und Obersavoyen tragen das weiße Kreuz auf rotem Feld im Wappen.

Als wir am Nachmittag das mittelalterliche Dorf **Chaumont** erreichen und unseren Gîte betreten, traue ich meinen Augen nicht: Wir nächtigen in einer Bruchbude, ohne Warmwasser, schmuddelig, finster. Für sieben Euro kalt kann man auch nicht viel erwarten. Aber ich hätte ja gerne 15 Euro für etwas mehr Komfort bezahlt. Den Hinweis „einfach“ im Führer muss ich mir gut merken, er ist untertrieben. Am Abend gibt's beim Gîte-Eigentümer im Restaurant außer dem Stempel auch etwas zu essen: ein Pilgermenü. Es gibt Salat, Fleisch, Beilagen, Käse, Nachtisch, Espresso und eine Karaffe Rotwein, alles für 15 Euro. Martin weiht mich in seine Pilgerregel Nr. 1 ein: „Man kann als Pilger nicht alles gleichzeitig haben." Heute sind das Bett und die sanitären Anlagen schlecht, dafür essen wir wie ein König. Man zahlt wenig Geld und man ist mit dem zufrieden, was man dafür erhält. Man freut sich, wenn die Menschen freundlich sind, wenn an einem Tag das Essen gut ist, am nächsten das Bett und am darauffolgenden die sanitäre Anlage. Heute hat die Sonne geschienen, da kann man kurz auch eine kalte Dusche verkraften. Die Wäsche konnten wir waschen und sie war am Abend wieder trocken. Was wollen wir mehr?

Als ich im Restaurant meine Zeche bezahlen will und der Inhalt des transparenten Faches in der Geldbörse durch das Netz schimmert, sehe ich, dass das Glimmersteinchen von Britta die Form einer Schuhsohle hat. Ich denke an Brittas Worte: „Es soll dich auf deinem Weg nach Santiago begleiten." Ich staune nicht schlecht! Ich frage mich, was hier eigentlich vorgeht. Ich fange an, über viele Ereignisse und Zufälle – auch in ihren zeitlichen Zusammenhängen – nachzudenken.

Samstag, 26. August, 28. Etappe, Chaumont - Motz

Trotz des geringen Komforts in der „Herberge" von Chaumont habe ich gut geschlafen, aber mit dem Schlafen habe ich ja nie ein Problem. Selbst auf 6800 Metern Höhe im Hochlager drei des 7500 Meter hohen Mustagh Ata habe ich geschlafen wie ein Bär. Der gute Schlaf ist immer meine Rettung. Mit dem Frühstück sieht es heute Morgen nicht gut aus. Ich trinke den Tee, den Martin gekocht hat, esse nur etwas Brot, um nicht zu verhungern, weil ich Wurst und Käse früh morgens nicht essen mag. Es ist ein herrlicher Tag, die Sonne scheint am blauen Himmel.

In diesen Tagen vor 45 Jahren habe ich Ilse kennen gelernt, im Urlaub auf dem Peterle-Bauernhof in Kärnten. Die Berliner Mauer war gerade gebaut worden und Ilse besaß ein kleines Transistorradio, aus dem eine Reporterstimme aus Berlin krächzte und die neuesten Informationen mitteilte. Da sie kaum zu verstehen war, mussten wir unsere Köpfe zusammenstecken und unsere Ohren dicht an das Gerät drücken. So entstand die zwingende Notwendigkeit für ein liebes Tête-à-tête. Wir waren schon damals gute Staatsbürger!
Martin und ich laufen gut zusammen. Martin hat ungefähr die gleiche Laufgeschwindigkeit. Da wir jeder Kirche einen Besuch abstatten, stellen wir auch fest, dass hier in der savoyischen Region fast alle Kirchen gleich aussehen: ausgehendes neunzehntes Jahrhundert, mit kitschigen Figuren, wie den lächelnden Sankt Jean Marie Veanney, Pfarrer von Ars, und die Heilige Thérèse mit ihren schönen roten Wangen und den Rosen und dem Kreuz in den Händen. Auch die Kirchenfenster sind nahezu überall gleich gestaltet. Meist sind es Darstellungen von Heiligen, die zum Himmel aufschauen oder den Blick demütig zum Boden senken und mit reichverzierten Gewändern glänzen. Die Künstler haben bei ihrer Arbeit ihre ganze künstlerische Inspiration in die Gestaltung der Heiligenscheine gelegt. Ich mache es mir zum Hobby, in jeder Kirche die Heiligenscheine zu studieren. Es gibt eine Ausnahme: die Kirche in Frangy besitzt ein modernes Kirchenfenster. Dargestellt ist eine Pilgermuschel über drei dahinziehenden Pilgern. Dieses Fenster besticht durch seine Farben und Formen. Wir kommen durch die Stadt Seyssel an der Rhône und erreichen auf der Höhe abseits der Rhône um 14.30 Uhr Motz, wo uns ein moderner Gîte erwartet. Jeder von uns bekommt ein eigenes Schlafplätzchen, die Dusche ist blitzsauber; es ist ein Gîte zum Wohlfühlen. Am Abend nehmen wir unser Pilgermenü ein. Für 20

Euro ein ganz einfaches Essen ohne Getränke. Wir werden gerade satt. Martin hatte gestern recht mit seiner Pilgerregel Nr. 1. Heute ist es genau umgekehrt wie gestern: tolle Betten, aber eine schlechte Mahlzeit. Beim Abendessen lernen wir uns besser kennen. Martin ist ganz Westfale, also kein Mann der vielen Worte, ein Mann ohne Schnörkel. Er ist 69 Jahre alt und war in seinem Beruf Konstrukteur für technische Kunststoff-Formteile und zuletzt verantwortlich für die Produktentwicklung in einem mittelständischen Betrieb. Seine Frau kommt aus der Landwirtschaft und deshalb leben sie heute in einem „viel zu großen Haus", wie er sagt, mit einem riesigen Garten, der den beiden viel Arbeit abverlangt. Wenn Martin etwas sagt, sollte man immer gut zuhören, weil seine Erklärungen Hand und Fuß haben. Heute Abend erzählt er von seiner Spanienpilgerei. Als ich das Buch von Hape Kerkeling erwähne, wird er zornig. Nein, der habe mit seiner Hotel-Tour keine Pilgererfahrungen machen können! Hape Kerkeling weiß nicht, wie schön es in den einfachen Herbergen sein kann, welch herrliche Abende man mit freundlichen Herbergsleuten dort erleben kann.

Ich beobachte an mir, dass ich nicht mehr so oft an die Bahn denke. Ich glaube, ich fange an, mich umzuorientieren. Es ist mir nicht mehr so wichtig, die neuesten Informationen aus dem Büro zu erfahren. In der letzten Nacht hatte ich geträumt, dass mein Nachfolger an meinem Schreibtisch sitzt, ich davor, und zwischen uns liegt ein unüberwindlicher Teich mit Tieren und Pflanzen. Mein Nachfolger arbeitet und ich kann nur zuschauen. Ein blöder Traum. Aber auch blöde Träume haben einen Sinn. Dieser will mir doch sagen: Begreife doch! Du kommst nicht mehr an deinen Arbeitsplatz zurück!

Immer gut geführt: In La Frette

Mittagspause mit Martin

Sonntag, 27. August, 29. Etappe, Motz – Yenne

Motz ist ein teures Pflaster! 46 Euro müssen wir heute morgen nach dem Frühstück hinblättern. Eine halbe Flasche Wein eingerechnet. Das erinnert mich an die Schweiz. Vielleicht finanziert Motz damit auch sein Rathaus, das neben dem Gîte im gleichen modernen Baustil erbaut wurde. Wir wandern heute zur Rhône hinunter, dann auf schönen Wald- und Wiesenwegen der Rhône entlang bis Chanaz, einem mondänen Ort, wo die großen Motorjachten anlegen und die Eigentümer sich in den Restaurants verlieren oder auf der Uferpromenade spazieren. Dieser Ort ist uns zumindest im Augenblick seinem Wesen nach fremd. Auch vermerkt mein Führer, dass Pilger hier nicht sonderlich willkommen sind. Ob das verallgemeinert werden kann? In der Bäckerei, wo ich mir ein Pfauenauge kaufe, ist man ganz normal freundlich. Wir testen es nicht weiter, sondern gehen nach einer kurzen Pause weiter bis Montagnin, wo wir übernachten wollen, aber feststellen müssen, dass die Herberge Le Moulin „fermé (geschlossen)" ist, wie es scheint für immer. So müssen wir noch drei Stunden bis Yenne weiterlaufen. Am Rhôneufer hatten wir heute ein deutsches Pilgerehepaar getroffen, das dort gerade „Andacht" halten wollte, wie es sagte. In Jongieux-le-Haut sehen wir in der Kirche dieses Pilgerpaar in der ersten Reihe sitzen und Kirchenlieder singen. Da staunen die Franzosen, die sich im hinteren Teil aufhalten. Ich staune auch nicht schlecht, vor allem, weil Martin sich einfach in eine Bank setzt und mitsingt! Ich kenne das Kirchenlied nicht, es ist in den süddeutschen Diözesen nicht bekannt. Auch treffen wir unterwegs ein anderes Ehepaar, das wir schon gestern Abend im Restaurant in Motz gesehen haben. Die beiden „wollen hier in der Gegend nur herumwandern, weil wir hier noch nicht waren". Sie erzählen uns von ihrer schönen Pilgerei auf dem Camino Francés vor einiger Zeit in Spanien. Nun

wollen sie wenigstens noch einige französische Etappen vor Le Puy-en-Velay kennenlernen.
Vor Yenne müssen wir noch auf einem steilen, schmalen und steinigen Waldweg bergab laufen. Da zeigt Martin, was in ihm steckt. Er läuft super hinunter, schnell trippelnd, trittsicher. Bei so viel Elan sind wir schon gegen 17 Uhr in **Yenne**. Heute Abend gibt es im Hotel-Restaurant Le Fer à Cheval beim Pilgermenü soviel zu essen, dass Martin und ich uns kaum mehr bewegen können. Aber unsere Füße erlauben uns nach dem heutigen Gewaltmarsch von etwa 35 Kilometern nicht, noch einmal zur Verdauung um den Häuserblock herumzulaufen.

Ein Thema beschäftigt mich heute sehr intensiv, gärt aber schon einige Tage in meinem Inneren: Es sind die merkwürdigen Zufälle, die sich auf meiner bisherigen Pilgerreise ereignet haben und deren Reihenfolge. Zufälle sind ja nichts Besonderes. Normalerweise registriert man die täglichen Zufälle nicht oder vergisst sie wieder. Die ganz gewichtigen Zufälle ereignen sich aber – statistisch gesehen – ganz, ganz selten. Aber in meinem Fall ist es eine Fülle von Zufällen, die auffällig ist und durch meinen Kopf schwirrt. Allein schon der bisherige Ablauf meiner Reise ist merkwürdig: Zuerst bin ich in der Schweiz nach drei Wochen schlechtestem Wetter fast ein seelisches Wrack mit kaputten Füßen. Dann kommt, als ich den Tiefstpunkt durchschritten hatte, Ilse und richtet mich wieder auf. Als ich nun aufnahmefähig war, kam Britta mit dem Heiligen Geist. Seelisch aufgerüstet laufe ich mit Martin und lerne das Einmaleins der einfachen Pilgerei, der Demut, kennen. Diese Reihung ist wie aus dem Drehbuch eines Hollywood-Schinkens. Man mag davon träumen, aber man glaubt nicht, es zu erleben. Das Treffen mit Ilse hatten wir lange vorher für Freiburg vereinbart; dass ich aber genau am Tag meines Eintreffens in Freiburg nicht mehr gehfähig war, zwei Tage Urlaub mit Ilse machen konnte und diese zwei Tage ausgereicht haben, um mich wieder aufzurichten, ist merkwürdig. Dass wir sofort einen Laden für „bequeme Schuhe“ entdeckten, fand sogar Ilse bemerkenswert. Dass ich mit Britta zusammentraf, lag daran, dass sie einen Tag in Freiburg pausierte, um sich die schöne Stadt anzusehen, dass sie im Kloster Fille-Dieux die einzige Mitpilgerin war und dass ich aus einer Laune heraus doch nicht weiter nach Romont lief, sondern im Kloster bei den Nonnen einkehrte. Wir mussten uns also miteinander beschäftigen. Es waren die drei letzten Tage von Britta, also ein Schlussakkord, eine gemeinsame Zeit, die nicht bis zum Abwinken in die Länge gezogen werden konnte. Es ist mehr als seltsam, dass das Steinchen von Britta die Form einer Schuhsohle hat. Was soll ich davon halten? Alles Zufälle? Ich hatte Schuhsohlenprobleme, habe mir durch zu harte Schuhe Fersenschmerzen eingehandelt. „Es soll dich auf deinem Weg nach Santiago begleiten“, sagte sie und sie hatte bei der Übergabe das Steinchen nicht als Schuhsohle erkannt; ich auch nicht, sondern erst in Chaumont. Auch das sofortige Auffinden des einzigen Quartierbesitzers in Moudon, des Buchhändlers, ist merkwürdig. Und wie soll ich das „Bindfadenwunder“ von Ditzingen einordnen? Und die Pfarrsekretärin von Wald, die mir in der allerletzten Not half, ein Bett für die Nacht zu bekommen? Per Zufall fand ich vor meiner Pilgerreise meinen Erstkommunionspruch wieder, dessen Text exakt meine Pilgerreise darstellt, so als hätte der Spruch fast 60 Jahre geschlummert, um mich nun zu begleiten!

Vielleicht hat sich ja in Bezug auf diese Zufälle überhaupt nichts geändert und nur mein Empfinden ist anders geworden. Ich bin mir unsicher, ich weiß es nicht. Ich spreche Martin darauf an. Ich muss unbedingt mit einem Menschen darüber reden, der mich nicht gleich auslacht. Martin bleibt ziemlich ungerührt. In seiner trockenen, westfälischen Art sagt er mir, dass es diese Zufälle nicht gibt, dass hier andere Kräfte am Werk seien. Er erlebe das auch. Ich habe diese Antwort so eindeutig nicht erwartet. Seine Pilgerregel Nr. 2: „Es gibt für den Pilger immer eine Lösung." So einfach ist das also. Ich sage mir: In der Chaostheorie wird gezeigt, dass ein scheinbares Chaos mit seinen scheinbaren Zufällen Teil einer höheren Ordnung sein kann, was im Übrigen auch schon Georg Christoph Lichtenberg im auslaufenden 18. Jahrhundert erkannte. Und hatte mir nicht Rosmarie den Bibelvers mit auf den Weg gegeben: „Des Menschen Herz plant seinen Weg, der Herr jedoch lenkt seinen Schritt", Sprüche 16,9? Wenn Gott alles vermag, warum sollen diese Geschehnisse nicht Teil eines höheren Ordnungsprinzips sein? Werden Pilger geführt, so wie es Rosmaries Bibelvers ausdrückt?

Es ist wirklich seltsam, dass solche Zufälle auch von anderen Pilgern beobachtet werden. In Hape Kerkelings Buch „Ich bin dann mal weg" schildert der gestürzte Seppi: „Tagelang sehe ich niemanden und dann falle ich hin und da ist eine deutsche Krankenschwester mit Erste-Hilfe-Ausrüstung." Als in der Großstadt León am Rande einer normalerweise pilgerfreien Zone mehrere Bekannte von Hape Kerkeling zur selben Zeit am selben Ort auftauchen, meint er: „Diese Zufälle sind jetzt wirklich schier unglaublich!"
Jeder kann sich seine eigenen Gedanken darüber machen und davon halten was er will. Aber ist es nicht merkwürdig, dass viele Pilger von diesen Zufällen berichten?

Bevor ich einschlafe, denke ich an meinen Bergfreund Wolfgang, dessen Todestag sich heute, am 27. August 2006 zum dritten

Mal jährt. Wir hatten uns bei unserer Bergtour auf den Aconcagua nicht über religiöse oder spirituelle Themen unterhalten. Aber ich kann mir vorstellen, dass ihn eine solche „Dauerwanderung“ über etwa drei Monate auch gereizt hätte.

Montag, 28. August, 30. Etappe,
Yenne – Saint-Genix-sur-Guiers

Als ich heute Morgen mit Martin starten will, suche ich vergebens meinen Anorak. Er ist weg. Ich überlege und erinnere mich daran, dass ich ihn vorgestern Abend in der Herberge an einen Haken gehängt habe. Der Wirt vom Hotel ruft in Motz an und tatsächlich: Er hängt noch in Motz am Haken. Ich bestelle ein Taxi, fahre hin, nehme das gute Stück in Empfang und fahre schnellstens wieder zurück. 50 Euro hat die einstündige Fahrt und meine Vergesslichkeit gekostet.

Martin hat auf mich gewartet und mit dem Weg von Yenne zur Chapelle de Pignieux vor **Saint-Genix-sur-Guiers** (denn hier liegt die Herberge) leisten wir uns heute eine normale, eine etwa 25 Kilometer lange Etappe. Es geht auf dieser meiner 30. Etappe bergauf und bergab. Im Dorf Grésin hängt an der Kirche ein Zettel, dass der Pilger zwischen neun und elf Uhr Kaffee und eine Kleinigkeit zu essen und auch eine Unterkunft bekommen kann. Das berührt uns sehr und steht auch nicht im Führer. Soviel Hilfsbereitschaft muss erwähnt werden! Aber leider ist die Zeit schon abgelaufen, der übriggebliebene Kaffee kalt; denn es ist etwa halb zwei am Nachmittag. Gegen 15 Uhr erreichen wir unser Privatquartier, wo wir wieder bestens versorgt werden. Wir bekommen Wein so viel wir wollen und reichlich zu essen. Das Andachts- und Gesangspilgerpaar hat heute einen anderen Weg eingeschlagen, nur um in einem Kloster übernachten zu können.

Wir werden es nicht mehr wiedersehen. Pilgerbekanntschaften kommen und gehen.

Dienstag, 29. August, 31. Etappe, Saint-Genix-sur-Guiers - Valencogne

Mit der 31. Etappe verlassen wir die Rhône und wandern durch eine wenig aufregende Landschaft. Wir kommen nach **Valencogne** zu einer Familie am Place de Mairie. Hier sind wir beide ganz familiär eingebunden. Wir essen zusammen in der Wohnküche; d.h. mit den Eltern, während sich der 16-jährige Sohn mit einem Freund in der Küche holt, was ihm schmeckt. Der Abend ist schön, aber anstrengend; denn ich muss ausdauernd Französisch sprechen. Ich frage die beiden, warum fast alle Kirchen hier in der Region aus dem auslaufenden 19. Jahrhundert stammen. Die Wirtin sagt, dass die Französische Revolution hier gewütet habe. Die Revolutionäre haben wohl alles Kirchliche niedergemacht und es wird dann im 19. Jahrhundert eine Aktion zum Wiederaufbau gegeben haben, denke ich. Wie in vielen französischen Privatquartieren wartet nach Unterkunft und Essen das Gästebuch des Hauses auf ein paar Dankesworte des Pilgers. Martin überlässt das immer großzügig mir! Die Wirtsleute reservieren noch am Abend für uns in La Frette, dem nächsten Etappenziel, ein Quartier. So können wir am nächsten Tag unbeschwert weiterlaufen.

Mittwoch, 30. August, 32. Etappe, Valencogne – La Frette

Das Frühstück ist prima, der Abschied herzlich. Die Temperatur ist angenehm, der Wald- und Wiesenboden weich, was gut für unsere Füße ist. In Le Grand-Lemps sehen wir die Kirche Saint-Jean-Baptiste, die sich in der Innenraumgestaltung deutlich von den bisherigen Einheitsstil-Kirchen des 19. Jahrhunderts unterscheidet. Eine geschmackvolle Ausmalung, eine Holzvertäfelung in der Apsis geben der Kirche ein wärmeres Inneres. Auch die Fenster sind kunstvoller gestaltet. Am Nachmittag erreichen wir **La Frette.** Mitten im Städtchen – bis hierhin sind wir überwiegend schweigend entweder hintereinander oder nebeneinander hergelaufen – stellen wir fest, dass wir weder Namen, Adresse, noch Telefonnummer von unseren Wirtsleuten kennen. Auch im Führer gibt es keinen Hinweis auf das Quartier. Und genau in diesem Augenblick spricht uns eine Frau an und fragt uns, ob wir Peter und Martin seien. Mir verschlägt es die Sprache. Sie sagt, dass sie Françoise sei, unsere Wirtin. Wir sollten schon einmal da und da hingehen, sie müsse im Ort noch etwas einkaufen und käme gleich nach. Für Martin war auch dieser Vorfall nichts Außergewöhnliches. Für ihn war klar, dass diese oder eine andere Lösung kommen musste. Man brauche sich da keine Sorgen machen. Martin ist in dieser Hinsicht schon ein reiferer Pilger als ich. Er ist immer die Ruhe selbst. Aber ich bin ja lernfähig! Für mich ist ab heute nichts mehr unmöglich.

Ich wurde Schritt für Schritt lockerer, entspannter und gelassener. Ich sage bewusst nicht „locker, entspannt und gelassen"! Der Veränderungsprozess ist ein langwieriger. Aber ich fing an, immer nur in einen Tag hinein zu laufen. Ich machte mir immer weniger Sorgen um das Übermorgen.

In La Frette leben wir wieder wie in einem Paradies. Françoise und ihr Partner Gérard sind die lebende Nächstenliebe. Im Innenhof werden wir empfangen, bekommen erst einmal ein Bier oder einen herrlichen selbstgemachten Rotwein des Hauses von der Traube „Baco Noir". Wir beziehen unsere Zimmer, machen uns frisch, können im Innenhof unsere Wäsche waschen und in der

Sonne trocknen und unsere Schuhe putzen. Françoise spricht so gut Deutsch wie ich Französisch. Auf diese Weise können wir uns glänzend unterhalten. Sie gibt uns den Schlüssel für die Kirche, die wir uns noch schnell vor dem Abend ansehen. Es gibt ein Super-Abendessen! Und ihr Partner Gérard ist ein Supertalent. Er stellt Honig her, Pasteten, Wurst, züchtet Pilze, kocht vorzüglich, und das ist sicherlich noch nicht alles, was er kann.
Françoise sagt, mein Rucksack ist zu schwer. Sie hat noch keinen Pilger gesehen, der einen so schweren Rucksack getragen hat. Da muss ich wohl noch einmal kritische Analysen über Notwendiges und Nichtnotwendiges durchführen.

Die herzlichen Empfänge bei den französischen Wirtsleuten der privaten Gîtes hatten mich tief beeindruckt. Mit ganz wenigen Ausnahmen erlebte ich dies Tag für Tag. Man erreicht nach 25 oder 30 Kilometern – vor allen Dingen an heißen Tagen – ausgelaugt das Etappenziel und trifft auf fremde Menschen. Diese bitten den Pilger einzutreten, den Rucksack abzustellen und die Schuhe auszuziehen (was eine Wohltat ist!). Dann bieten sie ihm ein erfrischendes Getränk an und unterhalten sich mit ihm. Wenn der Pilger sich etwas erholt hat, bekommt er sein Bett und die sanitären Anlagen gezeigt und kann sich einrichten. In den privaten Gîtes gibt es dann auch noch ein sehr kommunikatives und in der Regel hervorragendes Abendessen. Diese Herzlichkeit geht nicht spurlos an einem vorüber! Irgendwann fing ich an, mir Gedanken zu machen, wie ich mich im Leben verhalte. Bin ich gegenüber Fremden auch so gastfreundlich? Habe ich Vorurteile? Wie praktiziere ich christliche Nächstenliebe? Geht sie nicht häufig in den emotionalen Strudeln einfach den Bach hinunter?

Donnerstag, 31. August, 33. Etappe,
La Frette – Revel-Tourdan

Am Morgen des 31. August reserviert Françoise im Hotel- Bar-Restaurant in Revel-Tourdan ein Zimmer für uns, während Gérard bereits einen Rollbraten zubereitet. Martins Kreislauf kommt heute Morgen nicht richtig in Schwung, sodass ich Gérard frage, ob er uns ein Stückchen mit dem Auto fahren kann, weil wir sonst heute 30 Kilometer laufen müssen. Das erledigt der freundliche Mensch nach dem guten Frühstück, einem herzlichen Abschied von Francoise und einem Familienfoto von uns allen prompt. Er setzt uns in Gillonnay ab. Wir laufen auf einer wenig interessanten Route, aber unter einem blauen Himmel über La Côte-Saint-André mit der Kirche Saint-André aus dem elften Jahrhundert und dem Dorf Faramans zu einer Bar in **Revel-Tourdan**, wo wir übernachten und wo auch das Ehepaar von Motz eintrifft. Dort breite ich, nachdem wir uns geduscht und die Wäsche gewaschen haben, meinen Rucksackinhalt aus und bringe schätzungsweise zwei Kilogramm zusammen, die ich in einem Beutel verstaue und nach Hause schicken werde.

Vielleicht waren die anderen Pilger schlauer oder haben das, was man ihnen vorher erzählt hatte, konsequenter befolgt als ich. Die Dinge, die ich nach Hause geschickt hatte, waren Sachen, die einem erst auf den zweiten Blick überflüssig vorkommen: zum Beispiel ein kleines Nagelnessessär mit Feile, Scherchen und Pinzette. Aber genau dieses enthält mein auch mein Mini-Schweizer-Messer, das ich ebenfalls dabei hatte. Ich verabschiedete mich u.a. von Gurten, einem Feuerzeug, einem Flaschenöffner, einem Wanderstockteller, einem Sitzkissen, der zweiten Lesebrille, einer Mütze, einem T-Shirt, kurzum von vielen Dingen, die ganz nützlich sind, die ich aber bis dahin nicht gebraucht hatte. Notfalls hätte ich mir diese Dinge ja auch unterwegs kaufen oder ausleihen können. Darüber hinaus hatte ich mich inzwischen an das einfache Pilgerleben gewöhnt.

Freitag, 1. September, 34. Etappe, Revel-Tourdan – Saint-Alban-du-Rhône

Das Frühstück bei Monsieur war in Ordnung. Gemäß der Pilgerregel von Martin kann man nicht alles gleichzeitig haben; so haben wir die Besitzerin der Bar, nicht zu Gesicht bekommen. Schon vor acht Uhr brechen wir heute nach Saint-Alban-du-Rhône auf; denn mehr als 30 Kilometer sind zu laufen. Unterwegs kreuzen wir die TGV-Strecke Lyon - Marseille, und ich bin erstaunt, in welch kurzen Abständen (etwa fünf Minuten) hier die Züge fahren. Vor Auberives-sur-Varèze kommen wir an Obstplantagen vorbei und genießen reife Pfirsiche und Äpfel. Wir sammeln sie vom Boden auf, pflücken sie und schlagen uns den Bauch voll. Aus den sonnenwarmen, reifen Pfirsichen fließt der Saft, es ist herrlich. Gegen Mittag zeigt das Thermometer 29°C an; angenehm ist der böige Wind, der für Abkühlung sorgt. In Auberives gehe ich zur Post und schicke tatsächlich sage und schreibe zwei Kilo Nichtnotwendiges heim. Mit den Fertigpäckchen der französischen Post geht das Verpacken im Handumdrehen. Ich genieße meinen leichteren Rucksack. Am frühen Abend erreichen wir unser Ziel in **Saint-Alban-du-Rhône** und landen in einem feinen Anwesen mit Villa, einem großen Grundstück mit Swimmingpool oberhalb der Rhône. Zum Empfang gibt es bei dem heißen Wetter erst einmal ein kaltes Bier, das wir dankbar genießen. Der Eigentümer des schönen Anwesens ist wie der Bürgermeister des Ortes Mitglied der Jakobsfreunde und war vor seiner Pensionierung Kapitän bei der Kriegsmarine. Das Ehepaar hat vier Kinder und zehn Enkel, und da die Familie weit verstreut lebt, nehmen die beiden Rentner Pilger auf und haben neben einem guten Werk auch Abwechslung im Haus. Das Abendessen ist wieder bestens, der Wein auch. Wir leben in Frankreich hervorragend!

Ich beobachte an mir, dass sich in den letzten Wochen meiner Pilgerreise meine Sinne geschärft haben. Während ich noch in der Schweiz meinen Blick fast nur in die Ferne richtete (Wo ist mein nächster Wegweiser?), so entdecke ich nun die Nähe, das Detail, die Schönheit der Natur. Ich empfinde die Farben intensiver als früher; das Gelb der Blumen ist gelber und das Blau blauer. Ich bleibe stehen und schaue mir die Blumen, das Moos, die Flechten, die Pilze am Wegesrand an. Ich erlebe intensiv die Morgendämmerung, den Verlauf des Tages. Ich genieße die Stille in den Kirchen, die Besinnung, die Geborgenheit, auch den Schutz, wenn es draußen regnet. Ich empfinde den Lärm der Städte quälend, vor allem den Autolärm. Die Nase ist empfindlicher geworden. Städte stinken! Ich erlebe gut und böse viel intensiver. Die meiste Werbung ist schon auf den ersten Blick furchtbar verlogen und abstoßend. Ich leide, wenn mir unfreundliche Menschen begegnen, umgekehrt bin ich innerlich tief bewegt, wenn mir Gutes widerfährt. Warum ich das gerade jetzt erzähle? Hier in Saint-Alban-du-Rhône übernachten in einem Zimmer außer Martin und mir auch noch das Motz'sche Pilgerpaar. Diese beiden Leute fallen mir furchtbar auf den Wecker. Er belehrt ständig, „doziert, als wenn alle anderen nichts wüssten“ (Originalton von Martin). Die beiden haben auch herausgefunden, dass man „hier sowieso nicht richtig pilgern kann, sondern nur in Spanien“.

Samstag, 2. September, 35. Etappe, Saint-Alban-du-Rhône – Saint-Julien-Molin-Molette

Ich habe mich bemüht, den gestrigen Abend, die Nacht und den Morgen mit dem Ehepaar ganz einträchtig zu verbringen, aber Martin und ich gehen heute lieber unseren eigenen Weg. Der leichtere Rucksack wird heute meinen Füßen gut tun. Frankreichs Obstanbau bietet wieder kostenlos reife Äpfel an. Drei esse ich sofort, drei nehme ich mit. „Ist das in Ordnung?", frage ich mich beim Weiterlaufen. Eigentlich nicht so richtig. Gibt es die Pilgerregel, dass man, wenn man Hunger hat, Äpfel nehmen darf? Aber dann muss man nicht gleich drei zusätzlich in die Tasche stecken. Ich gehe pilgern und nicht hamstern!

An dieser Stelle drängt sich die Frage auf: Von was lebt ein Pilger? Das Frühstück in den Herbergen ist meist sehr einfach. In den kommunalen Herbergen gibt es meistens nichts zu essen, weder morgens noch abends. Manchmal findet man aber eine Küche oder Kochgelegenheit vor, sodass man sich ein Abendessen selbst zubereiten kann. Tagsüber verzehren die Pilger in der Regel ihren eingekauften Proviant. Bei mir gab es mittags auf der gesamten Pilgerreise: Brot, einen Apfel, zwei Tomaten, ein Stück Käse, Wasser. Zusätzlich ein Joghurt, wenn ich es im Einzelbecher kaufen konnte. In fast allen privaten Herbergen bekommt man ein Abendessen. Dieses ist nicht nur gut, sondern auch sehr kommunikativ; denn man sitzt mit den Herbergsleuten am Tisch und erzählt. Hier lernen sich Pilger näher kennen. Man tauscht Erfahrungen aus und manchmal wird ein solcher Abend zu einem richtigen Fest. Gibt es in der Herberge nichts zu essen, bieten Gastwirte ein preiswertes Pilgermenü an. Und in der Regel reicht der Rotwein immer für einen schönen unterhaltsamen Abend!

Schon gegen halb drei Uhr erreichen wir unser heutiges Ziel **Saint-Julien-Molin-Molette**, wo wir uns auf einem Campingplatz angemeldet haben. Die Orte haben hier zauberhafte Namen. Schon, wenn man sie ausspricht, z.B.: „Saint-Julien-Molin-Molette", spürt man das Edle, Feine. Die Franzosen sind eben feine Menschen, aber nicht immer. Die Revoluzzer, die die Kirchen und Klöster niedergebrannt haben, waren es nicht!
Da es heute sehr heiß ist, trinken wir in einer Bar im Freien erst einmal eine Cola. Dort treffen wir wieder auf das Motz'sche Ehepaar. Sie fahren morgen nach Motz zurück, wo sie ja ihr Auto abgestellt haben. Sie streiten sich. Sie werden sich nicht einig, wer was falsch gemacht hat. Irgendwann trotten sie davon. Schade, wie ihre Pilger-Kurzetappe endet. Mir schneidet sich dieses Erlebnis ins Herz. Ich werde es nicht vergessen und mich hoffentlich daran erinnern, wenn ich wieder einmal in Versuchung geraten werde ... Gott sei Dank gehe ich noch zwei Monate! Ich glaube immer mehr, dass man lange gehen muss. Man braucht Zeit für einen erfolgreichen GEDANKENSTRICH!
Martin und ich laufen zum Campingplatz und warten auf den Platzwart, der uns dann unseren Wohnwagen zuteilt. Wir haben nicht nur ein eigenes Zimmer, nein, wir haben heute ein eigenes Häuschen im Grünen! Am Abend essen wir das Eingekaufte, ich leiste mir sogar ein kleines Rotweinfläschchen. Um 21 Uhr liegen wir glücklich und zufrieden im Bett.

Sonntag, 3. September, 36. Etappe,
Saint-Julien-Molin-Molette – Les Sétoux

Die Nacht war lang und ruhig, wir stehen früh auf.
Heute Nacht habe ich wieder von der Bahn geträumt: Meine frühere Sekretärin und die Pressechefin des Stuttgarter Büros sitzen auf dem Boden und sortieren meine zurückgelassenen

Akten neu. Mir wurde sehr anschaulich vorgeführt, dass man das Geschäft auch anders managen kann, als ich es getan hatte. Meine „Unentbehrlichkeit“ gibt es nicht!
Der Campingplatz belebt sich. Die Leute kaufen frische Brötchen für das Frühstück oder gehen mit dem Hund Gassi oder joggen, walken oder atmen einfach nur frische Luft ein. Martin schlägt beim Frühstück vor, zwölf Kilometer mit dem Taxi zu fahren, damit er übermorgen in Le Puy sein kann, wo seine Frau auf ihn wartet. Aber von dieser Idee bin ich ganz und gar nicht begeistert. Wir einigen uns schließlich darauf weiterzulaufen. Der Himmel ist heute Morgen blau und es ist schon 18°C warm. Es geht von 500 Metern auf 1200 Meter hoch bei einer Weglänge von 25 Kilometern, das ist gut zu schaffen. Wir laufen nach etwa sieben Kilometern auf einer ehemaligen Eisenbahnstrecke mit Brücken und Tunneln, über einen großen „Viaduc de la Poulette“ von 1882, und am ehemaligen Bahnhof von Saint-Sauveur-en-Rue vorbei. Kein Wunder, dass die Eisenbahnstrecke hier tot ist. Sie verläuft durch keinen Ort. Saint-Sauveur liegt jenseits des Tales. Die Bahnreisenden mussten früher den Berg runter ins Tal und dann wieder hoch. Wer hat dazu schon Lust? Da war das Auto doch eine Erlösung! Im folgenden Wald treffen wir die drei Franzosen, die aus einem Ort in der Nähe von Genf kommen. Wir sind ihnen ab und zu schon begegnet. Es sind lustige Typen und übernachten heute im selben Gîte. Der Lange ist in der Gruppe der „Chef de cuisine“ (Küchenchef), sie ist die Madame Directeur, wie der Lange meint, und der dritte macht den „Chef de faire la vaisselle“ (Chef für das Geschirrspülen). Sie haben immer einen Witz parat. Um 14.30 Uhr erreichen wir den höchsten Punkt unserer Tagestour mit einer herrlichen Aussicht auf das vor uns liegende Vulkangebirge am Horizont, auf das wir morgen und übermorgen zuwandern. Kurz darauf sind wir in dem uralten

Dorf Les Sétoux. Der Gîte ist modern und sauber, das Abendessen gut ...

Montag, 4. September, 37. Etappe, Les Sétoux - Tence

... aber das Frühstück mäßig. Macht nichts, Hauptsache ich bekomme einen Kaffee. Heute gibt es wieder eine normale Etappe mit 25 Kilometern bis Tence. Aber vorher kommen wir noch in das kleine Städtchen Montfaucon-en-Velay mit der Kapelle Notre-Dame und der sehenswerten Sammlung von zwölf Gemälden des Flamen Abel Grimmer aus dem Jahre 1592. Wer diese Kunstepoche liebt, kommt in Montfaucon auf seine Kosten. Die zwölf Tafeln, die wie Kreuzwegtafeln an den Seitenwänden der Kapelle hängen, stellen jeweils eine flämische Landschaft in einem der zwölf Monate mit einer Begebenheit aus dem Leben Christi dar.

Am Nachmittag kommen wir in **Tence** an und lassen uns im französischen Landgasthaus Hôtel Restaurant La Chatague nieder. Mutter ruft an. Sie hat sich offensichtlich von Ilse meine Telefonnummer geben lassen. Sie fragt mich, wie es mir geht. Ich sage, dass ich an sie denke und dass es mir gut geht. Sie ist doch die liebste Schwiegermutter, die es gibt. Am Abend gibt es ein Pilgermenü, das so üppig ist, dass ich fast platze. In der Schweiz habe ich abgenommen. Hier, glaube ich, nehme ich wieder zu. Aber mich plagt abends der Durst, wenn es tagsüber heiß war.

Dienstag, 5. September, 38. Etappe,
Tence – Saint-Julien-Chapteuil

Zur Zeit ist es jeden Morgen gegen neun Uhr bereits 18°C warm. Aber heute ist der Himmel bedeckt, dann wird es vielleicht nicht ganz so heiß und wir erleben einen der schönsten Wege. Wir nähern uns den beiden Vulkankegeln Suc du Mounier und Pic du

Lizieux. Wir steigen auf den höchsten Punkt der Via gebennensis, des Gebirgszuges Massif du Meygal, der fast 1300 Meter hoch liegt und eine wunderbare Aussicht auf die Vulkanlandschaft bietet. Wir laufen an der schönen Stadt Queyrières, deren Häuser graue Dächer haben, die sich in die Säulenbasalt-Wand im Hintergrund sehr schön einpassen, vorbei zur Stadt **Saint-Julien-Chapteuil** mit der beeindruckenden Kirche Saint Julien. Die Wolken haben sich unterwegs verzogen und es herrschen wieder über 30°C. Der Gîte steht offen, wir beziehen das Zimmer, das uns am besten gefällt. Dann kommt die Routine: Duschen, Wäsche waschen, Tagebuch schreiben. Wir befinden uns in einem Flügel eines Schulgebäudes. Im anderen werden gerade die Kinder einer Ganztagesschule auf den Nachhauseweg geschickt. Es ist 18 Uhr in einem 1800-Seelendorf. Bei der Touristen-Information holen wir uns den Pilgerstempel. Dann fangen wir eine in der Stadt umherirrende Pilgerin ein und vermitteln ihr ein Bett in unserer Herberge. Ich gehe noch schnell in die Kirche Saint-Julien, zünde eine Kerze an und schreibe der „Maria de chemins“ (Maria der Wege) eine Danksagung für den bisherigen erfolgreichen Weg in das ausliegende Buch. Am Abend essen Martin und ich eine Pizza bei einer Flasche Rotwein und beschließen unsere 14-tägige gemeinsame Pilgertour. Martin erwartet in Le Puy seine Frau, mit der er dann zusammen nach Saint-Jean-Pied-de-Port laufen will. Morgen wandern wir also ein letztes Mal gemeinsam nach Le Puy-en-Velay, dann werden sich unsere Wege trennen.

Mittwoch, 6. September, 39. Etappe,
Saint-Julien-Chapteuil – Le Puy-en-Velay

Von der Pilgerin hören wir heute Morgen nichts mehr, sehen sie aber noch mit einem Höllentempo davoneilen. Sie hätte sich wenigstens bedanken können; denn wir haben ihr nicht nur ein

Bett vermittelt, sondern ein Bett zum Nulltarif, weil sich gestern Abend, bevor sie kam, der Verwalter schon in den Feierabend verabschiedet hatte. Frühstück gibt es heute keines. Ich würge mir ein Stück Brot mit Käse runter, dann ziehen wir los. Das war ein großer Fehler. Ich brauche morgens einen Kaffee und hätte mich unterwegs nach einem umsehen müssen. Aber Martin hat es eilig, bzw. ich habe mich um ein Frühstück nicht gekümmert. Der Kreislauf streikt. Ich komme nicht in die Gänge. Dazu prasselt eine fast unerträgliche Hitze auf uns nieder. Wir laufen etwa um elf Uhr über die alte Brücke „Pont des Chartreux", die die Loire überquert. Wir sind in **Le Puy-en-Velay**, aber noch lange nicht am Ziel. Eineinhalb Stunden benötigen wir noch bei Hitze, Gestank und Lärm bis zum Kloster der Franziskanerinnen, den Soeurs Saint François, bei der Kathedrale, dann verabschiede ich mich von Martin. Wir wünschen uns alles Beste und weg ist er, mein Pilgerkamerad. Wir werden uns allerdings noch einmal morgen früh in der Kathedrale beim Pilgergottesdienst sehen. Erst um 16 Uhr wird die Herberge geöffnet. Ich quäle mich in ein Restaurant, bekomme bei der Hitze einen warmen Salat und ein warmes Bier(!). Dann wanke ich in die kühle Kathedrale, hole mir dort den Pilgerstempel und schlafe fast auf einer Kirchenbank ein, während ich die Zeit bis 16 Uhr absitze. Nach dem Duschen und viel Wassertrinken fühle ich mich schon etwas besser. Ich schwöre mir, nie wieder auf einen Kaffee morgens zu verzichten.

Obwohl ich gerne mit Martin gelaufen bin und ich ihm auch viele Einsichten zu verdanken habe, freue ich mich nun trotzdem darauf, wieder einmal ganz allein laufen zu können. Ich glaube, das braucht man beim Pilgern von Zeit zu Zeit. Man braucht Kontakt zu anderen Pilgern, aber auch die Einsamkeit, damit die Gedanken ungestörten freien Lauf haben können. Im Kloster werden die Pilger von einer netten Laienschwester aus dem Elsass, die perfekt Französisch und Deutsch spricht, betreut. Sie trägt ein hölzernes Taukreuz um den Hals, das Zeichen der Antoniter und der Franziskaner.

Das T-Kreuz, Taukreuz, auch Antoniuskreuz genannt, war schon bei einigen alten Völkern ein heiliges Zeichen. Im Alten Testament wird das T bei Ezechiel 9.4ff erwähnt. Mit diesem Zeichen auf der Stirne wurden alle gläubigen Juden versehen, die bei der Zerstörung Jerusalems verschont werden sollten. In der jungen Christenheit trat das Tau als Zeichen des Kreuzes Christi auf, so wie es bei der Kreuzigung verwendet wurde. Später wurde das T zum Merkmal des Vaters aller Mönche, des Antonius d. Gr. und des Mönchsordens der Antoniter. Auch Franziskus verwendete dieses Zeichen, es war für ihn ein Zeichen der Erwählung und wurde zum Symbol für die Franziskanische Familie.

Donnerstag, 7. September, Ruhetag, Le Puy-en-Velay

In Le Puy nehme ich mir einen Tag Auszeit. Ich habe einen weiteren wichtigen Abschnitt auf meinem Pilgerweg geschafft und ich will ihn in Ruhe beenden, bevor ich den neuen beginne. Die Via podiensis, die bis Saint-Jean-Pied-de-Port führt, löst hier die Via gebennensis ab. Ich stehe früh auf; denn um sieben Uhr ist Pilgermesse, und vorher will ich noch frühstücken. In der Küche treffen sich die Pilger, alles neue Gesichter, acht Franzosen, zwei Schweizer und ich. Ich genieße den Café au lait (Milchkaffee) und die Marmeladenbrote. Nach der Messe spendet der Pfarrer den Pilgersegen und jeder Pilger erhält eine kleine Medaille mit der Schwarzen Madonna von Le Puy, einem Abbild der Madonnenfigur, die über dem Hauptaltar in der Kathedrale thront. Leider ist die Madonnenfigur nicht die echte, sondern eine Nachbildung der Statue, die in der Französischen Revolution verbrannt wurde

und die angeblich Ludwig der Heilige aus Ägypten mitgebracht hatte. Diese Figur war schon vom Alter her eine Kostbarkeit! In der Sakristei bestelle ich eine Stofftragetasche, die ich vor ein paar Tagen in einer Kirche gesehen habe, bedruckt mit der Schwarzen Madonna von Le Puy. Die Schwester bemüht sich aufopfernd, mir den Beutel zu besorgen. In einem verstaubten Lagerraum kramen wir beide schließlich aus einem Berg von Utensilien einen Beutel hervor. Von Martin verabschiede ich mich nun endgültig, dann gehe ich zu der wunderschönen Kapelle Saint-Michel-d'Aiguilhe, die auf einer Vulkanschlotspitze steht, besuche den Kreuzgang der Kathedrale und schaue mir auch noch an, wie der Pilgerweg aus der Stadt heraus führt, damit ich morgen früh weiß, wo es lang geht. In der Herberge hängt ein Hinweis, dass von Le Puy-en-Velay aus „eine sehr freundlich und sympathisch aussehende Person" versucht, die Pilger auf einen anderen als den mit der rot-weißen Markierung gekennzeichneten GR 65 zu schicken. Sehr viele Pilger hätten sich so verlaufen und große Schwierigkeiten gehabt, Unterkünfte zu finden. Ich werde morgen früh aufpassen.
Mir geht ein Spruch durch den Kopf, den ich heute irgendwo in Le Puy gelesen habe: „RIEN N'EST VRAI QUE L'AMOUR (Nichts ist wahr, nur die Liebe)!" Ich esse zu Abend und gehe im Kloster bereits um halb acht ins Bett, so früh wie noch nie!!!

Le Puy-en-Velay
Chapelle Saint-Michel-d'Aiguilhe

Le Puy-en-Velay, Kathedrale Notre-Dame-de-France

Die Gehgewohnheiten bestimmen die Pilgerbekanntschaften

„Guillaume Manier aus der Pikardie hat Paris durchquert und zieht jetzt in Richtung Tours. Die Füße schmerzen ihn, und er kommt nur mit Mühe vorwärts. Seine Gefährten haben nicht mehr auf ihn gewartet ..."
Pierre Barret/Jean-Noël Gurgand, Unterwegs nach Santiago

Freitag, 8. September, 40. Etappe,
Le Puy-en-Velay – Monistrol-d'Allier

Die drei Franzosen aus der Nähe von Genf (Le chef de cuisine usw.) habe ich gestern doch noch getroffen. Sie waren einen Tag später als ich bei den Franziskanerinnen in Le Puy angekommen und sind nun am Ziel. Heute Morgen nach dem Frühstück verabschieden wir uns herzlich. Dann ziehe ich alleine los. In der Sakristei der Kathedrale hatte ich mir zusätzlich zu meinem deutschen Führer noch einen französischen gekauft, weil er sehr gute Karten enthält. Er beschreibt den GR 65 bis Figeac. Auch enthält er aktuelle Telefonnummern von Herbergen. So bin ich gut ausgestattet. Mir fällt heute Morgen auf, dass mehr Pilger unterwegs sind als bisher, da die Franzosen meist erst ab Le Puy pilgern, und auch, dass die Bevölkerung mehr auf die Pilgerei eingestellt ist. Gleich hinter La Roche komme ich an einem kleinen Unterstand mit kalten Getränken und Kaffee vorbei. Aber auch andere Dinge, wie eine Allzweck-Schnur, liegen auf dem Tisch. Ich finde das alles sehr liebevoll arrangiert, benötige aber nichts. Ich bin ja gerade erst gestartet.

Heute wandere ich nicht nur durch eine schöne Landschaft, auch die Kirchen haben ihren Baustil gewechselt. Ich begegne wunderschönen romanischen Kirchen und Kapellen, in denen man sich gerne aufhält. Sie sind meist einfach, mehr dunkel als hell, aus massiven, groben Mauern. Diese kleinen Kirchen bieten Geborgenheit und absolute Stille. Die erste schöne Kirche mit einem ungewöhnlichen Glockenturm steht in Saint-Christophe-sur-Dolaizon. Sie ist aus rotem und hellem Sandstein gebaut, wodurch eine lebendige Struktur entsteht. Dann folgt hinter Ramourouscle die wunderschöne romanische Kapelle Saint-Roche aus dem elften Jahrhundert, ein herrlicher Ort zum Verweilen. Wie viele der Saint-Roche-Kirchen war auch diese Kapelle ursprünglich dem Heiligen Jakobus gewidmet. Als aber die Pest wütete und sich die Heilerfolge des Saint Roche (Heiligen Rochus) herumsprachen, wurde man Jakobus „untreu" und widmete die Kirchen um. Dafür tragen aber viele Bars den Namen Saint-Jacques. In eine solche Bar in Montbonnet, 1100 Meter hoch gelegen, gehe ich dann auch hinein und trinke eine Cola; denn mittlerweile hat sich der Himmel aufgeklart und die Sonne brennt wieder vom Himmel herunter. Ich laufe weitere sieben Kilometer bis Saint-Privat-d'Allier, das sehr schön am Hang liegt, und treffe kurz davor einen bayrischen Pilger, mit dem ich eine romanische Kirche aus Vulkangestein besichtige. Der frühere Eingang aus romanischer Zeit wurde zwar zugemauert, aber Treppe und Weihwasserbecken befinden sich noch an der Außenwand. Dafür gestalteten die Baumeister in späterer Zeit an der Nordseite einen neuen, repräsentativeren Eingang. In dieser Kirche bleiben wir ein wenig mit unseren Gedanken sitzen. Dann läuft der Bayer den GR 65 weiter, ich bleibe auf der Straße am Hang. Weit unter mir verläuft eine Eisenbahnlinie und eine Autobahn. Die Straße zieht an Basaltsäulen-Formationen vorbei und ich erreiche das Städtchen **Monistrol-d'Allier**. Ich wähle mir den privaten Gîte aus, der sehr sauber und modern ist, während der Bayer offensichtlich zum kommunalen Gîte gelaufen ist; denn ich sehe ihn nicht mehr. Ich wundere mich, dass im Gîte nur Engländer eintreffen;

denn in Le Puy habe ich keine Engländer gesehen. Ob die Herbergsleute englisch sprechen? Die Engländer hier im Gîte müssen sich wohl noch einlaufen. Sie wandern nur kurze Etappen, wie sie mir erklären, und haben bereits auf ihrer ersten Etappe Fußprobleme. Sie nehmen auch nicht das Pilgermenü der Herberge ein, sondern gehen in ein Restaurant. Mir serviert die Wirtin am Abend als einzig verbliebenem Pilger ein Menü. Es ist gut und sättigend. Ich gehe nach dem Essen gleich ins Bett, noch bevor die Engländer von ihrem Ausgang zurück sind.

Samstag, 9. September, 41. Etappe,
Monistrol-d'Allier – Le Falzet

Die Engländer schlafen noch, als ich heute Morgen aus dem Haus gehe.

Heute Nacht habe ich ein drittes Mal von meinem früheren Geschäft geträumt: Ich hole aus der Zentrale in Berlin meine Akten ab, obwohl ich in der realen Welt dort nie Akten gehabt habe. Warum auch, ich arbeitete schließlich in Stuttgart. Aber der Traum dokumentiert den Abnabelungsprozess sehr schön. Ich trenne mich von der Schaltzentrale der Bahn! Zumindest bin ich auf dem Weg, mich von ihr zu trennen.

Auf 600 Metern Höhe ist es recht kühl. Ich muss auf das Hochland des Zentralgebirges aufsteigen, das auf 1000 Metern Höhe liegt. Aber ich habe überhaupt keine Probleme mit dem Auf und Ab. Nach etwa sechs Kilometern holt mich der bayrische Pilger ein, er hat einen flotten Schritt. Ich habe ihm bedeutet, dass ich nicht so schnell laufen will und er ruhig weiterlaufen kann. Ich will gerne noch alleine sein. Ich genieße das Alleinsein. Ich beobachte mein Umfeld, erfreue mich an der Natur, an der Stille und ich fühle mich in ihr eingebettet. In der Stadt Saugues kaufe ich mir mein übliches Mittagsmahl: einen Apfel, zwei Tomaten, Brot,

Käse und einen Becher Yoghurt. Hier oben auf 1000 Metern geht ein böiger Wind, der in der Sonne sehr angenehm ist. Um halb vier Uhr erreiche ich auf 1100 Metern Höhe mein Etappenziel **Le Falzet**. Heute treffe ich im netten Gîte eine Engländerin und einen Norweger. Wo sind die Franzosen geblieben? Gegen 18 Uhr trifft mein gestriger Bettnachbar, also noch ein Engländer, ein. Aber es kommen noch mehr Pilger. Als alle da sind zähle ich: eine Engländerin, ein Engländer, ein Norweger, ein Neuseeländer, ein Franzose und ich. Wir unterhalten uns phantastisch auf Englisch, Französisch und Deutsch (der Norweger spricht gut Deutsch), bei einem tollen Abendessen: Zucchini-Suppe, Omelette, Nudeln, Fleisch, Reis, Käse, Nachtisch und Rotwein. Mutter, die treue Seele, ruft mich auch noch an, sie läuft in Gedanken mit und sorgt sich immer um meine körperliche Fitness. Das Zimmer, das ich mit dem netten Norweger teile, muss ich leider während der Nacht aufgeben. Der Mann schnarcht so höllisch, dass ich mich in den Tagesraum auf das Sofa verkrieche. Ich schlafe ja überall gut, sodass ich trotz des Umzugs eine ruhige Nacht habe.

Sonntag, 10. September, 42. Etappe, Le Falzet – Les Estres

Heute geht es bergauf, nach gut zehn Kilometern bin ich am Col de l'Hospitalet auf 1300 Metern Höhe angelangt, wo früher ein Pilgerhospital stand und heute nur noch eine Quelle den Pilgern Wasser spendet. Heute ist Sonntag und schönes Wetter, alles ist auf den Beinen: Zuerst begegne ich vielen Wanderern mit kleinen Rucksäcken. Im Pinienwald vor Le Rouget höre ich Schüsse, dann treffe ich richtige französische Männer, Helden gewissermaßen. Sie tragen ihre Knarre über der Schulter, haben scharfe, kläffende Hunde bei sich und tragen in Wildwestmanier den Patronengürtel um die Taille. Ich halte in der einen Hand meine Stockspitze den Kötern entgegen, in der anderen Hand versteckt meinen Pfefferspray. So ziehe ich an der kläffenden Meute und den grinsenden Waldhelden vorbei. Im Dorf Le Rouget bietet ein Junge am Weg Kaffee, Apfelsaft, Küchlein, Kekse u.a. an. Ich darf nehmen und bezahlen, was ich will. Ich nehme und bezahle. Der Junge erzählt mir eine ganze Menge, was ich nicht verstehe. Er fragt mich, ob ich heute in die Kirche gehe; denn heute ist Sonntag! Ich frage ihn zurück, wo und wann ich denn in eine Kirche gehen kann. Er sagt, in Saint-Alban-sur-Limagnole um zwölf Uhr. Na, das klappt ja hervorragend, denke ich. Um zwölf Uhr werde ich dort sein. Der Junge schreibt alles genau auf, meinen Verzehr, was ich bezahlt habe und der wievielte Pilger ich bin. „Le trente-sixième" (der 36.). „Au'jourdhui?" (heute), frage ich zurück. „Non, à deux jours" (nein, an zwei Tagen), also Samstag und Sonntag. Er ist demnach ein Wochenend-Geschäftsmann am Pilgerweg. In Saint-Alban ist natürlich kein Gottesdienst mehr, der war um elf Uhr. Aber ein Aufenthalt in dieser romanischen, rustikalen Kirche aus farbigem Sandstein aus dem elften Jahrhundert ist wie Gottesdienst. Um zwölf Uhr schlagen die Glocken der Glockenarkaden, aber ich laufe nach meinem „Gottesdienstaufenthalt" weiter bis **Les Estrets**, wo ich gegen 15 Uhr ankomme. Ich bin heute stramm 30 Kilometer rauf und runter gelaufen. Dass ich zügig gelaufen bin, war gut; denn kurz nach meiner Ankunft zieht ein heftiges Gewitter über die Hochebene und ich bin froh, im Trockenen zu sitzen. Aber ich staune nicht schlecht, wen ich im Gîte alles antreffe: Martin mit seiner Frau Gisela, den bayrischen Pilger, der Rupert heißt, die Engländerin von gestern, zwei Französinnen, einen jungen Freiburger namens Michael, Dagmar, eine junge Heidenheimerin, die jetzt in München lebt (und im Augenblick mit Gisela läuft) und noch eine Dagmar aus Berlin mit schönen roten Haaren. Als es so richtig gießt und hagelt geht die Türe auf und eine weitere junge Pilgerin tritt ein: eine Kanadierin

in Turnschuhen, völlig durchnässt. Sie humpelt, sie hat an den Füßen ringsherum Blasen und eine Knöchelverletzung, die sie sich an einer Baumwurzel zugezogen hat. Dagmar aus München will ihr mit Verbandszeug und Salben helfen, aber die Kanadierin, Isabelle aus Quebec, lehnt mit dem Argument ab, dass sie das durchleiden müsse. Daraufhin fragt Dagmar, die perfekt Französisch spricht, was man verbrochen haben muss, um so leiden zu wollen. Sie bekommt keine Antwort. Aber Isabelle ist eine intelligente und gebildete Frau, spricht neben Französisch und Englisch auch Deutsch, kennt Stuttgart und die halbe Welt.
Vor dem Abendessen plane ich meine morgige Etappe. Da ich heute fast immer auf weichem Waldboden gelaufen bin, fehlt mir nichts, und ich traue mir deshalb zu, morgen 35 Kilometer bis Nasbinals zu laufen.
Das Abendessen in Les Estrets ist wieder vom Besten, der Herbergsvater ist sehr nett und witzig. Zur Abwechslung ist Deutsch die Verkehrssprache bei Tisch. Es ist wieder ein schöner, unterhaltsamer Abend. Außer Martin und mir sind alle in Le Puy gestartet, also noch junge Pilger.

Montag, 11. September, 43. Etappe, Les Estrets - Nasbinals
Heute am denkwürdigen 11. September breche ich gegen acht Uhr als erster auf, ich habe immer noch kein Bedürfnis, mit einem anderen Pilger zu laufen, ich will allein sein. Aber nach etwa sieben Kilometern, in Aumont-Aubrac, holt mich der schnelle Bayer Rupert ein und überholt mich. Er hat einen ganz eigenwilligen Gehstil. Er läuft mit zwei Teleskop-Wanderstöcken, die er aber nicht im Schrittrhythmus einsetzt, sondern nur bei jedem zweiten Schritt. Das sieht ganz ungewohnt aus. Zudem läuft er nicht nur schnell, sondern mit einem extrem gleichmäßigen Tempo, wie ein Uhrwerk. Heute hat die Hochebene ein ganz anderes

Gesicht. Keine Basaltorgeln prägen die Landschaft mehr, sondern hier im 1200 Meter hohen Bergland Aubrac gibt es große Weideflächen mit den berühmten Aubrac-Rindern, großen Granitblöcken, Mooren, Bächen und Teichen. Ich laufe also über die weiten Weideflächen, auf nicht enden wollenden Wegen, mache die Weidezauntore auf und wieder zu und bin gegen halb fünf Uhr in **Nasbinals**. Dieser Ort, der sich mit seinen grauen Dächern ein sehr schönes, an die Landschaft angepasstes, Aussehen gibt, bietet mir im Gîte ein Einzelzimmer für zehn Euro an! Das ist wirklich ein besonders günstiges Angebot. Am Abend gehe ich in die Kirche und da gerade eine Messe beginnt, bleibe ich. Nach der Messe lasse ich mir vom Pfarrer einen Pilgerstempel geben und als er meinen Pass sieht sagt er: „Oh, Stuttgart, da war ich schon und habe die Carmina Burana gesungen. Oh, Stuttgart ist schön! Ich wünsche einen guten Weg.“ Und er sagt es in gutem Deutsch. In einem Restaurant esse ich die Spezialität des Aubrac: Boeuf d'Aubrac (Aubrac-Rindfleisch) mit Aligot. Letzteres ist ein zäher Kartoffelbrei mit Frischkäse verrührt. Der Boeuf ist innen roh. Dafür gibt es aber „Bierre blanche Edelweiß“. Davon trinke ich gleich zwei Halbe. Das Fleisch gebe ich zum weiteren Garen wieder in die Küche zurück. Als es zurückkommt, ist es innen immer noch roh, aber außen verbrannt! Ich kratze die Kohle ab und esse rohes Fleisch mit Aligot. Es lebe die gute französische Küche! Einem französischen Ehepaar am Tisch ist diese Kochkunst sehr peinlich. Im Laufe des Abends taucht die Engländerin wieder auf. Sie klagt wie immer über die Hitze, die Beine; ich denke, dass sie vielleicht gerade meine Schweizer Leidenszeit durchmacht. Ich mache ihr Mut, zumal sie flott und konditionsstark ist.

Dienstag, 12. September, 44. Etappe, Nasbinals – Saint-Chély-d'Aubrac

In Nasbinals werde ich zum Zechpreller gemacht. Irgendetwas habe ich nicht kapiert. Gestern habe ich keine Herbergsleute gesehen, aber heute Morgen auch nicht. Das „Centre d' A'ccueil" (das Empfangszentrum) ist verschlossen, nirgends findet sich eine Geldbüchse, wo ich mein Geld hätte hineinwerfen können. Schon zum zweiten Mal zahle ich meine Zeche nicht, gestern, in Les Estrets, vergaß ich es einfach. Unterwegs fiel mir aber mein Vergehen ein, ich rief in der Herberge an und konnte erreichen, dass Martin, dessen Heimatanschrift ich schon besaß, das Geld für mich vorstreckte.

Ich gehe in das Restaurant frühstücken, wo ich gestern Abend rohen Boeuf mit Edelweißbier verzehrt habe. Der Kaffee ist o.k. Mir stockt plötzlich der Atem, als Isabelle, die Kanadierin, eintritt. Sie setzt sich zu mir. Mir verschlägt es die Sprache. Ich zeige auf ihre Füße. „Ja, es war gestern schlimm, aber sie sind schon besser", sagt sie. Sie ist gestern doch tatsächlich mit diesen Füßen 35 Kilometer gelaufen! Bei dieser Vorstellung tun mir plötzlich die eigenen Füße weh. Das kann nur verstehen, wer die Füße der Kanadierin gesehen hat! Ich denke, ich sollte mich mit dem bisschen Fersenschmerz nach langen Etappen nicht so anstellen. Ich „Weichei" laufe heute nur 17 Kilometer, um meine Füße nach den langen Etappen zu schonen. Na, da wird mir die Kanadierin aber auf- und davonlaufen. Heute scheint die Sonne und es geht ein starker Wind, sodass die empfundene Temperatur erträglich bleibt. Es sind viele „Pilgertouristen" unterwegs, Menschen, die Pilger-Pauschalreisen gebucht haben. Sie laufen meist in Gruppen mit kleinen Rucksäcken und lassen sich ihr großes Gepäck transportieren. Die schönen Aubrac-Rinder auf der Hochebene liegen seelenruhig auf der Wiese und betrachten gelangweilt die

Pilger, die mit gemischten Gefühlen mitten durch die Herden hindurchlaufen müssen, weil ein Rindvieh keine Hemmungen hat, sich mitten auf den Jakobsweg zu legen. Nach der höchsten Erhebung von 1368 Metern geht es leicht abwärts nach Aubrac; von weitem bietet sich mit den schönen Rindern im Vordergrund ein sehr beeindruckender Anblick. Aubrac selbst bietet nicht viel. „La Grange d'Aubrac", wo es angeblich eine kostenlose Suppe geben soll, ist verschlossen. Ansonsten sehe ich nur Nobelschuppen und dicke Autos. Bis ins 18. Jahrhundert betreute hier in Aubrac eine eigenständige Klostergemeinschaft die durchziehenden Pilger, bis ein Brand und die Französische Revolution das Kloster zerstörten. Heute stehen von dem einst reichen Kloster nur noch die Kirche und ein Turm. Ich gehe weiter abwärts, über erstarrte Lavaflüsse, an einem Turmrest auf der Vulkanschlotspitze Belvezet vorbei, über Granitwege, durch Haine, am Bach entlang bis zum 44. Etappenziel **Saint-Chély-d'Aubrac**.
Obwohl ich schon kurz nach 13 Uhr im Gîte ankomme, hängt dort ein Zettel, dass alle Betten besetzt sind, aber niemand abgewiesen werde. Gott sei Dank, denke ich, wundere mich aber schon, dass, obwohl ich so früh hier bin, so viele andere Pilger vor mir da sind. Ich gehe also in den großen Saal, nehme mir eine Matratze, eine Decke, packe meinen Schlafsack aus und suche mir ein schönes Plätzchen, das ich an einem sonnigen Fenster finde. Prima, denke ich, Matratzenlager erster Klasse! Ich richte mich ein, dusche mich, wasche Wäsche, stelle meine Schuhe auf den Fenstersims in die Sonne, hänge die Wäsche auf die Leine und lasse sie in der Sonne trocknen. Aber meine Freude über „Glück gehabt" schlägt sich in Ärger um, als ich in der Touristen-Information (ich bin in einem kommunalen Gîte) erfahre, dass eine Reisegruppe von Pilgertouristen alle Betten reserviert und belegt hat. Ich zahle meine sieben Euro, die ich auch für ein

Saint-Chély-d'Aubrac

Matratzenlager 1. Klasse mit Fenster

Bett hätte bezahlen müssen, und gehe zurück in die Herberge. Da kommt so eine Reisegruppe, macht Kurzetappen, ist deshalb überall zuerst da, schnappt sich die Betten, lässt sich ihr Gepäck von Herberge zu Herberge transportieren und der langlaufende Pilger mit schwerem Gepäck hat das Nachsehen. In allen Herbergen werden diese Transportdienste angeboten. Das nenne ich Pilgern! Zum Teil haben diese Gruppen sogar eigene Autos dabei. Als es Abend wird, habe ich in der Küche keinen Platz, um einen Tee zu kochen. Alle Kochplatten sind belegt. Die Touristen haben sie in Beschlag genommen. Im Supermarkt haben sie eingekauft und sie tischen ein feines Essen auf: Suppe, Salat, Fisch, tolle Beilagen, Wurst, Käse, Nachtisch, Rotweinflaschen. Am Esstisch drücke ich mir ein Plätzchen frei. Herrliche Düfte steigen mir in die Nase. Aber niemand sieht mich, bietet mir was an. Wahrscheinlich sitze ich auch mit einem wenig freundlichen Gesicht in dieser Runde! Das sind keine Pilger! Ich sitze ungern mit am Tisch, vor meinen Brotresten, etwas Salami und Wasser. Nach fünf Minuten packe ich meine Sachen wieder ein, ich halte das nicht aus. Im Ort kann ich auch nicht essen gehen, da von den beiden Restaurants eines geschlossen ist und das andere nur Hausgäste bedient. Das ist die Strafe für läppische 17 Kilometer, die ich heute gelaufen bin. Weicheier werden bestraft, denke ich in meinem Ärger. Weicheier haben nicht nur nicht alles gleichzeitig – in Anlehnung an Martin's Zitat –, die haben einfach nichts! Nur Mutter tröstet mich heute Abend mit ihrem Anruf.

Hier verschweige ich in meinem Tagebuch ein Telefonat mit Ilse! Ihr hatte ich meinen üblichen Mülleimer ausgekippt und mich auch bei ihr über die „Pilgertouristen", wie ich die besondere Spezies getauft hatte, beklagt. Doch Ilse blies nicht in das gleiche Horn, bemitleidete mich nicht, sondern sagte: „Peter, du bist arrogant. Du glaubst immer noch, du bist der Mittelpunkt und nur du weißt, was Pilgern ist. Jeder kann doch pilgern, wie er will! Wieso behauptest du, dass diese Menschen nicht pilgern? Du bildest dir ein, dass alle, die nicht so laufen wie du, keine richtigen Pilger sind. So eine Einstellung kann ich nicht akzeptieren und hat mit der Demut, die ich von einem Pilger erwarte, nichts zu tun." Das saß! Mit diesen Worten im Ohr ging ich, da mich außer meiner lieben Schwiegermutter die ganze Welt nicht verstand, sehr früh ins Bett.

Vier Tage arbeitete es in meinem Gehirn und im Herzen. Dann räumte ich in meinem Tagebuch am Ende der 48. Etappe wenigstens ein, dass bei den „Pilgertouristen häufig redliche Absichten vorhanden sind". Man könnte diese „Einsicht" auch als Frechheit bezeichnen. Ich beschwerte mich, dass die Leute einfach zum Auto greifen, wenn das Wetter schlecht, der Berg zu steil oder der Weg zu lang ist. Vielleicht war das mein letztes Aufbäumen gegen eine bessere Einsicht in die Dinge; denn am siebten Tag nach meinem Telefonat mit Ilse schrieb ich bei den Zisterzienserinnen Filles de Jesus in Vaylats, nach der 51. Etappe, ins Tagebuch: „Ich gehe es einmal positiv an. Ich stelle mir vor, ein Frauengesangverein will pilgern. Die eine hat aber Bandscheibenprobleme, eine andere hat's im Kreuz, die andere wackelige Knie. Sie wollen aber trotzdem zusammen laufen, lassen sich also ihr Gepäck transportieren, laufen kurze Etappen, und damit auch die Lahmen und Kranken ein weiches Bett bekommen, reservieren sie die Betten Wochen vorher und haben zusammen ein wunderschönes Gruppenerlebnis, warum nicht?" Aus dem Saulus begann ein Paulus zu werden, zumindest was die Klassifikation von Pilgern angeht.

Mittwoch, 13. September, 45. Etappe, Saint-Chély-d'Aubrac - Espalion

Heute morgen bin ich früh aufgestanden und gestartet, habe aber nach dem kümmerlichen Mal gestern Abend erst einmal in dem Hotel-Restaurant, das gestern nur Hausgäste bedient hatte, gut gefrühstückt. Ich ziehe los, zuerst den Berg hinauf. Mir fällt auf, dass zu Beginn jeder Etappe der GR 65 erst einmal einen Berg hinauf führt und in der Regel anschließend wieder hinunter. Heute handelt es sich sogar um einen steilen, schmalen und steinigen Weg. In der katholischen Volksschule in Wuppertal hatte ich gelernt, dass die Seele auf steilem, schmalem und steinigem Weg direkt in den Himmel wandert, auf flachem, breitem und bequemem Weg dagegen in die Hölle. Ich erinnere mich noch sehr genau an das Bild, das ich von diesen beiden Wegen gemalt habe. Also betrachte ich den heutigen steilen, schmalen und steinigen Weg einmal ganz positiv. Als ich mich so auf den Boden blickend auf die Steine konzentriere, eilen mir zwei nackte Füße entgegen. Sie gehören zu einer Frau, die einen großen Rucksack trägt. Aber warum läuft sie in entgegengesetzter Richtung? Beim Anblick ihrer Füße fährt es mir in die eigenen und verschlägt mir zugleich die Sprache. Sonst hätte ich sie gefragt, ob sie auch in die richtige Richtung läuft. Vielleicht ist sie ja auf dem Rückweg! Frauen muss man hier alles zutrauen. Ich muss an die Worte der Heidenheimerin denken: „Was muss man eigentlich verbrochen haben ...?“ Laufen denn hier überall Schwerverbrecher herum? Früher im Mittelalter gab es Bußwallfahrten, die als kanonische oder zivilrechtliche Strafe bei Verstößen gegen geltendes Recht verhängt wurden. Manche Verurteilten mussten kettenbeschwert laufen. Vielleicht bestrafen sich heute die Leute selbst.

Nach etwa drei Stunden komme ich nach Saint-Côme-d'Olt, einer Stadt mit einem sehr schönen alten Stadtkern. Spätestens hier bemerkt man, dass man okzitanisches Land betreten hat. Die Straßennamen im historischen Kern der Stadt sind auf okzitanisch und französisch ausgewiesen. Das Okzitan ist mehr mit dem Spanischen verwandt als mit dem Französischen: „Carrièira del Forn“ statt „Rue du Four“. Ich trinke eine Cola und lasse die Stadtsilhouette auf mich wirken. Die Kirche hat einen leicht gewendelten Turm, sodass man meint, er sei schief. Vor **Espalion** fängt es an zu regnen und ich flüchte mich in die Stadt und gleich in die romanische Kirche Église de Perse, die farbige Decken in den Seitenschiffen besitzt. Auch ohne Regen ist die Kirche sehenswert. Heute erlebe ich eine neue Art von Quartier: ein Feriendorf für Familien, „Village de Vacances Familles (V.V.F.)“ genannt. Ich zahle erst einmal beim Empfang mein Quartier, bekomme sogleich mein Frühstück ausgehändigt, einschließlich Milch und Brot. Dann beziehe ich meinen Bungalow mit Küche, Klo, Dusche, Bett, Tisch und Stuhl. Ich bin allein. Ich mache Großwäsche. Zum ersten Mal wasche ich meine Trekkinghose. Beim Ausziehen meiner Schuhe bemerke ich, dass sie undicht geworden sind. Von dem Regenschauer vor Espalion habe ich nasse Füße bekommen, und das in beiden Schuhen. Ich werde sie gründlich wachsen, wenn sie trocken sind. Vielleicht hilft das. Ansonsten lasse ich es mir gut gehen und gehe früh ins Bett.

Donnerstag, 14. September, 46. Etappe, Espalion - Golinhac

Heute ist der 50. Tag meiner Pilgerreise! Ich habe fest geschlafen, frühstücke und breche wie meistens vor acht Uhr auf. Ich habe bereits das Zentralmassiv verlassen und befinde mich wieder „unten“ auf etwa 340 Metern Höhe. Nach dem gestrigen Regen ist es etwas schwül, aber der Waldboden ist so weich geworden, dass ich wie auf einem Teppich laufe. Hinter Espalion besichtige ich die berühmte romanische Kirche Saint-Pierre-de-Bessuéjouls, die das Kuriosum besitzt, dass man über eine ganz, ganz schmale Steintreppe in eine kleine Kapelle im ersten Geschoss gelangt. Hier erwartet den Besucher ein karolingischer Altar aus dem neunten Jahrhundert!

Heute sind wieder viele Pilger unterwegs. Wir laufen im 100- bis 200-Meter-Abstand: vorne ein Schweizer Studentenpaar, das ich schon in Le Puy getroffen habe und das gestern ebenfalls im V.V.F. übernachtet hat. Dann folgt ein Saarländer, ein neues Gesicht. Dahinter komme ich und nach mir eine Französin, die ich schon seit einigen Tagen wahrnehme, die allein läuft und einen riesigen Rucksack schleppt. Außer den Schweizern wollen alle „zum Saint Jacques", zum Heiligen Jakobus, wie man in Frankreich sagt, wenn man nach Santiago de Compostela will. Ich laufe auf dem Jakobsweg an der Stadt Estaing vorbei. Heute ist wieder Regen angesagt, deshalb will ich mich unterwegs nicht unnötig aufhalten. Am frühen Nachmittag erreiche ich den Gîte in dem kleinen Ort **Golinhac**, und schon 30 Minuten später setzt Dauerregen ein. Ich habe Glück gehabt. Mit einem Franzosen zusammen beziehe ich einen Bungalow in einer Bungalow-Siedlung. Später trifft noch eine englische Familie ein. Das Essen in dem Bungalow-Dorf ist prima, die Wirtsleute sehr hilfsbereit. Aber bei dem schlechten Wetter verziehen wir uns, der Franzose und ich, nach dem Essen ins Bett.

Freitag, 15. September, 47. Etappe, Golinhac - Conques

Es hat die ganze Nacht durchgeregnet und es regnet auch heute Morgen noch. Dass diese Region ein Regenloch sein muss, ist einleuchtend. Im Heimatkunde-Unterricht der Wuppertaler Volksschule (Wieso fällt mir immer wieder der Volksschulunterricht ein?) habe ich die Geschichte vom Kreislauf des Regens gelernt, der sich vom Meer kommend vor den Gebirgen abregnet. Deshalb kommen in Wuppertal die Kinder auch mit dem Regenschirm auf die Welt. Das weiß jedes Kind, zumindest in Wuppertal und im Bergischen Land! Heute regnen sich, auch als wir aufbrechen, die Atlantikwinde vor dem französischen Zentralmassiv ab. Nach einer Stunde schüttet es aus dem Himmel und nach einer weiteren Stunde spüre ich das Wasser wabernd in den Schuhen. Die Nässe auf dem bisherigen Pilgerweg hat den Schuhen bzw. den Nähten der Schuhe einfach den Rest gegeben. Das Schuhwerk ist nicht mehr zu retten.

Jede Kirche wird aufgesucht und in jeder findet ein Pilgertreffen statt. Zum Teil wird dort auch gevespert, zum Teil wird die Kleidung gewechselt. Im Gegensatz zu meinen Tagen in der Schweiz regt mich hier die Nässe nicht auf. Ich habe gelernt! Ich überlege, was ich mit meinen nassen Füssen mache. Da fällt mir der Bergsteigertrick ein: Wenn es kalt ist, zieht sich der Bergsteiger ganz dünne Socken an, dann folgt eine Plastiktüte, um zu verhindern, dass Feuchtigkeit von innen nach außen in die Kälte kommt, und dann zieht er sich die dicken Socken als Wärmedämmung darüber. Jetzt kommt die Nässe von außen. Also kommt die umgekehrte Reihenfolge zum Tragen: Außen dünne Socken zum Schutz der Plastiktüte, dann die Plastiktüte und innen die Wandersocken. Da ich keine Schweißfüße habe – das ist eine Voraussetzung – müsste dieser Trick funktionieren. In Sénergues eilen die Pilger in das erste Café am Weg. Die Bedienung ist unfreundlich. Wir bringen für einen Espresso oder Cappuccino zu viel Nässe ins Haus. Auf der Toilette ziehen sich die meisten wieder um; ich ziehe mir die Plastiktüten-Kollektion an und sie funktioniert. Es geht im Regen weiter, bis ich gegen 14 Uhr in der Perle der Via podiensis, in **Conques**, ankomme. Ich ziehe frierend ins

Quartier „Maison familiale de vacances, Relais Cap France“ ein. Was für ein Name! Ich triefe vor Nässe. Im Tagesraum treffe ich auf eine französische Touristengruppe. Ich frage nach dem Chef. Die Franzosen sagen mir: „Der kommt erst um 17.30 Uhr.“ Ich sage: „Bis dahin bin ich aber krank.“ Aus der Gruppe schält sich plötzlich ein deutschsprechender Mensch heraus. Er sagt mir, dass er schon zweimal gepilgert ist und gerade mit seiner Frau eine Autotour den Pilgerweg entlang macht. „Pilger helfen Pilgern“, sagt er und zeigt mir im Keller, wo ich meine nassen Klamotten vorläufig aufhängen kann. Er besorgt mir für die Schuhe Papier zum Ausstopfen. Dann bringt er mich zu einer Dusche. Damit wäre das Wichtigste erledigt. Und im Geiste christlicher Nächstenliebe legt er mir etwas Brot und Camembert auf den Tisch, damit ich mich bis zum Abendbrot auch noch stärken kann; denn draußen schüttet es weiter. Wie sagte doch Martin: Für den Pilger gibt es immer eine Lösung. Ich danke es dem Pilgerkamerad tausendmal. Wieder denke ich über diese komischen „Zufälle“ nach. Das ist seltsam, denke ich. Was hätte ich gemacht, wenn dieser Saarländer nicht da gewesen wäre? Ich weiß es nicht. Es ist auch müßig, darüber nachzudenken. Wie ich hier so sitze, vermisse ich zum ersten Mal etwas in meiner Ausrüstung: einen Regenschirm! Nicht für die Wanderung, nein, für den Stadtbummel. Ich würde mir gerne Conques ansehen bzw. würde gerne in die Messe in der romanischen Kathedrale Sainte-Foy (Heilige Fides) gehen. Aber ich muss zugeben, dass diese Vorstellungen nur theoretischer Natur sind; denn meine Kleidung ist so nass, dass ich die Zeit brauche, um sie zu waschen, aufzuhängen und zu trocknen. Beim Abendessen erfahre ich von den Franzosen und dem saarländischen Ehepaar, dass ein wunderschönes Orgelkonzert in der Kathedrale stattgefunden und ein deutscher Kirchenchor gesungen hatte. Schade, da habe ich wohl etwas verpasst. Vielleicht wäre es besser gewesen, wenn ich bei den Prämonstratenser-Mönchen gleich neben der Kathedrale übernachtet hätte. Aber dort waren alle Matratzen des Notlagers besetzt. Im Wallfahrtsort Conques herrscht immer ein Gedränge, weil sehr viele Franzosen zur Heiligen Fides pilgern, einem Mädchen, das mit zwölf Jahren hingerichtet wurde, weil es sich zur Zeit der Christenverfolgung weigerte, heidnische Götter anzubeten. Ihre Gebeine lagen ursprünglich in Agen, wo man sie einfach „klaute" und nach Conques brachte („heimliche Übertragung" nennt man das offiziell). Beim Abendessen wird mir klar, dass ich doch das richtige Quartier herausgesucht habe: nicht so sehr im Hinblick auf meine Seele, sondern auf meinen Körper. Ich esse, was ich verdrücken kann. Der Herbergschef hat wohl gemerkt, dass ich Hunger habe wie ein Bär und stellt mir alles hin, was die Pilgertouristen nicht mehr essen: Fleisch, Beilagen, Rotwein, Brot und Käse. Beim Abendessen zeigt sich, dass ich in dieser Herberge wirklich der einzige Einzelpilger bin. Die anderen liegen wohl alle auf den Matratzen im Kloster. Aber morgen früh werde ich in die Pilgermesse gehen. Dann hole ich nach, was ich heute versäumt habe.

Ich ziehe mich auf mein Einzelzimmer zurück, wo meine Wäsche auf den Leinen schon trocknet und lege mich zufrieden schlafen.

Samstag, 16. September, 48. Etappe, Conques – Livinhac-le-Haut

In der Herberge richtet sich alles nach der Tagesordnung im Kloster. Heute Morgen kann ich erst um 9.30 Uhr starten, weil erst um acht Uhr die Pilgermesse stattfindet und anschließend im Haus gefrühstückt wird. So spät bin ich noch nie aufgebrochen. Ich verabschiede mich nach dem üppigen Mahl von dem saarländischen Ehepaar und bedanke mich nochmals für die „erste Hilfe", die für mich so wertvoll war. Auch sage ich den Franzosen Adieu, die meinen Mordsappetit gestern Abend miterleben konnten und die mir heute morgen Brot, zwei Möhren, eine Gurke und eine Tomate aus ihrem Vorrat mit auf den Weg geben. Diese Gesten der Anteilnahme in Frankreich überraschen und erfreuen mich immer wieder.

Es regnet nicht mehr, wenn auch der Himmel voller schwerer Wolken hängt. Nur meine Schuhe sind trotz zweimaligen Ausstopfens mit Zeitungspapier nicht trocken geworden. Aber mit der Strümpfe-Plastiktüten-Strümpfe-Kollektion an den Füßen habe ich ja die Nässe im Griff. Heute laufe ich nur auf Straßen; denn ich weiß nicht, ob es noch einmal regnet und die Wege sind sicher aufgeweicht. Flüsse und Bäche führen zur Zeit sehr viel Wasser und der Dourdou bei Conques zeigt sich heute Morgen als reißende, braune Brühe. Viele haben heute ihre Pilgerreise beendet, so auch das Schweizer Studentenpärchen, eine Französin und der Franzose, mit dem ich vorgestern in Golinhac das Zimmer geteilt habe. Viele, die den Jakobsweg in Abschnitten laufen, unterbrechen ihre Reise im Wallfahrtsort Conques mit einer feierlichen Pilgermesse in der Kathedrale. Diese Abschiede sind immer etwas wehmütig. Wir sind zwar nicht zusammen gelaufen – die Französin und der Franzose waren einfach schneller zu Fuß als ich –, aber wir haben uns in den Kirchen oder bei den Vesperpausen immer wieder getroffen. Man kennt sich eben auf dem Pilgerweg, zumindest eine Zeit lang. Und diese Bekanntschaften wechseln immer wieder. Neue Pilger kommen hinzu, alte verschwinden. Alte, verschwunden geglaubte Pilger tauchen aber manchmal auch wieder auf! Nach der Messe erfahre ich von den Pilgern, dass nicht nur die Betten, sondern auch die 100 Matratzen im Kloster ausgebucht waren. Und ich war der einzige Pilger

im Maison familiale de vacances! Die Pilgerströme sind manchmal seltsam.
Ich vermisse heute auf den Straßen die weichen Seitenstreifen, sodass ich auf dem Asphalt laufen muss. Die Etappe ist langweilig. Als ich die Brücke über den Lot ansteuere, taucht vom GR 65 links kommend mein bayrischer Pilgerkamerad Rupert auf! Den hatte ich auch schon für verschollen erklärt. Er hat heute noch kein Quartier, so dass ich ihn mit zu meiner Herberge nehme, und ich freue mich, dass wir schon um 15 Uhr den privaten Gîte La Magnanerie in **Livinhac-Le-Haut** erreichen. Rupert und ich bekommen in einem urigen Türmchen im Obergeschoss ein Zweibettzimmer, das den ganzen Grundriss ausfüllt. Geduscht und gegessen wird aber in der eigentlichen Herberge über dem Hof. Es gibt dort heute kein Abendessen, aber ich esse das, was mir die lieben Franzosen in den Rucksack gesteckt haben. Dazu hole ich mir ein Bier aus dem Kühlschrank, und schon sieht die Welt ganz anders aus. Im Untergeschoss unseres Turmquartiers schläft ein Franzose aus Metz, der fließend Deutsch spricht, da seine Eltern aus Schlesien kommen.

Sonntag, 17. September, 49. Etappe,
Livinhac-le-Haut - Figeac

Wir starten heute zu dritt, nachdem wir uns nach einem guten Frühstück von der netten Wirtin verabschiedet haben. Es ist sehr feucht heute und meine Wäsche ist über Nacht nicht trocken geworden. Ich stopfe sie feucht in eine Plastiktüte und dann in den Rucksack.

Pilgern ist auch ein ewiger Kampf gegen Körpergeruch! Die Kleidung, die man tagsüber trägt, stinkt am Etappenziel. Man geht bergauf und bergab und schwitzt. Ich finde in Anlehnung an

Descartes eine unbezweifelbare Wahrheit im „Ich schwitze, also stinke ich". Dieses Gesetz bewirkt, dass ein Pilger nach jeder Etappe seine Wäsche waschen und trocknen muss, wenn er dem Gestank entfliehen will und wenn er nur ein Ersatzstück hat. Denn gelingt ihm das nicht, muss er die feuchte Wäsche am nächsten Tag weitertrocknen, und am Etappenziel des zweiten Tages kommt dann der Point of no Return, der Zeitpunkt ohne Chance auf Umkehr! Sollte die am Vortag gewaschene Wäsche immer noch nicht trocken sein, kann man die getragene nicht waschen, muss also mit der stinkenden Unterwäsche in das Freizeithemd, mit stinkenden Socken in die Freizeitschuhe steigen. Wenn man nicht aufpasst, stinkt zum Schluss der Gürtel, die Freizeitschuhe, die Freizeitwäsche, das Handtuch, die noch feuchte Wäsche, kurzum alles. Ich überlegte bei dem vielen Regen dauernd, wie ich das Problem lösen kann, weil sich sonst die nasse Wäsche oder der Gestank stauen würden! Das Problem wurde auch dadurch verschärft, dass die Franzosen – wie auch schon die Schweizer – nicht heizten. Ein Teufelskreis!

In Montredon zeigt ein Schild die noch verbleibenden 1292 Kilometer bis Santiago an. Auch wenn man die Kilometerangaben nicht auf die Goldwaage legen darf, so dürfte ich dennoch etwa die Hälfte des Weges geschafft haben! Das motiviert und deshalb kürzen wir den Weg gleich ab und laufen von Guirande schnurgerade auf einer kleinen Straße nach Westen. Rupert und ich haben unseren Pilgerkameraden aus Metz – zumindest für heute – verloren, weil er unterwegs unbedingt etwas essen musste. In Ravanel kürzen wir noch einmal ein Stückchen Weg ab und kommen nach 25 Kilometern bereits gegen Mittag in **Figeac** an. So schnell war ich noch nie am Etappenziel. Heute ist Sonntag, heute ist Halbzeit und deshalb leiste ich mir das Hotel Europa!

Ich verabschiede mich von Rupert, der doch lieber in den Gîte d'étape geht. Im Hotel gibt es im Bad eine elektrische Heizung! Ich gerate in einen Waschrausch. Ich wasche alles, was ich nach dem Umziehen nicht am Leib habe. Dann steige ich selbst in die Wanne. Obwohl ich jeden Tag dusche, hinterlasse ich eine richtige Dreckbrühe. In diese Brühe werfe ich anschließend meine Trekkinghose, wodurch die Brühe noch dunkler wird. Ich hänge alle Wäsche über der Wanne auf, schalte die Heizung ein und fühle mich wie Hans im Glück. Ich besichtige am Nachmittag noch die Stadt mit ihren Bürgerhäusern, der schönen Kirche Saint-Sauveur mit der Kapelle Notre-Dame-de-la-Pitié, den Marktplatz, wo ich mir zwei Glas Bier genehmige. Zum Abschluss kaufe ich mir einen neuen französischen GR 65-Führer Figeac – Moissac. Am Abend setze ich mich in das Hotelrestaurant. Ich bestelle eine halbe Flasche Rotwein und ein Menü. Der Wein auf nüchternen Magen scheint mir in den Kopf zu steigen. Ich finde das hektische Personal lächerlich, belustigend, aber erst recht einen Mann, der mit seiner Frau in Sichtweite von mir sitzt und mit finsterem Blick auf sein Essen wartet. Statt sich mit seiner Frau zu unterhalten, läuft er hochrot an, steht auf und beschwert sich über die späte Bedienung. Ich muss mich zusammenreißen, dass ich nicht aus vollem Hals lospruste. Dann stelle ich mir Ilse vor, die mich, wenn ich wieder zu Hause bin, beobachtet, ob ich mich verändert habe – und ich könnte losbrüllen.
Nach dem Essen trinke ich ganz schnell meinen Wein aus und gehe auf mein Zimmer, damit ich nicht vor allen Leuten auffällig werde. Ich mache den Fernseher nicht an; denn ich habe mich an die Abstinenz von Politik und Zeitgeschehen gewöhnt. Mich interessieren die neuesten Nachrichten überhaupt nicht. Ich laufe zur Zeit in einer anderen Welt, mit anderen Informationen, anderen Prioritäten. Und so geht es offensichtlich allen Pilgern. Als

wir heute in einer Bar einen Kaffee getrunken haben, lief der Fernseher mit Werbung und Klimm-Bimm zwischendurch. Wir fanden diese Berieselung abstoßend.
Ich werde heute Nacht selig schlafen; denn ich weiß: Meine Wäsche wird morgen trocken sein. Morgen früh stinke ich nicht - sondern erst wieder morgen Nachmittag!

Montag, 18. September, 50. Etappe, Figeac - Cajarc

Im Ort gehe ich heute Morgen erst einmal Lebensmittel und eine Lesebrillenhülle einkaufen, weil ich meine im Bungalow in Golinhac verloren habe. Ich habe es geahnt: Meine heutige Etappe führt zuerst wieder den Berg hinauf zu einem der vier Obelisken, die um Figeac herum stehen, zum „Aiguille du Cingle", der aus dem 13. Jahrhundert stammt. So schwitze ich schon wieder, obwohl die Etappe noch gar nicht richtig begonnen hat. Ab Figeac verläuft der GR 65 durch den Quercy, vorbei an den Schaf- und Kuhherden und den mit Steinmauern eingezäunten Weideflächen, vorbei an den Gazelles, den runden komplett aus Stein erbauten Unterständen für die Schäfer. Jurakalk prägt hier die Landschaft, das ergibt wieder ein ganz anderes Bild als das vom Bergland Aubrac. Einige französische Pilger besuchen von Figeac aus erst einmal den berühmten Wallfahrtsort Rocamadour, bevor sie auf dem Jakobsweg weiterlaufen. Mein Ziel ist heute **Cajarc**, dort komme ich nach 30 Kilometern an.

Obwohl es bei meiner Ankunft schon halb fünf Uhr ist, scheint mir der Tag aber dennoch rasch vorübergegangen zu sein. Ich denke über das Zeitempfinden nach. Das individuelle Zeitgefühl scheint losgelöst von allem Absoluten der individuellen Situation überlassen zu sein. Dadurch wird aber alles sehr subjektiv! Ich bin nun schon 1300 Kilometer gelaufen. Wenn man jemanden sagt, er soll diese Distanz laufen, wird dieser, bevor er gerechnet hat, sich eine grausige, fast endlos lange Zeit vorstellen. Schaue ich nun auf diese Wegstrecke zurück, kommt mir die verstrichene Zeit überschaubar, fast sogar kurz vor. Logischerweise müsste dieses Zeitempfinden aus der Erfahrung heraus auf die restliche Distanz übertragbar sein, ist es aber nicht. Das Erlebte schrumpft zusammen, das vor einem Liegende scheint ewig lang zu sein. Dennoch rast die Zeit im Jetzt dahin. Ich starte fast jeden Tag kurz vor acht Uhr und wandere dann Schritt für Schritt, gleichförmig dem Ziel entgegen (Rupert wie ein Uhrwerk!). Dieser Zeitabschnitt voller Gedanken und Natureindrücke vergeht wie im Flug. Und ungerecht ist das Zeitempfinden auch! Geht es einem gut, läuft die Zeit schneller. Umgekehrt dementsprechend langsamer. D.h. der Leidende, der sowieso langsamer gehen muss, empfindet den Zeitfluss auch noch länger. Er ist doppelt bestraft. So will es die Evolution: Dem Starken gehört die Zukunft! Noch etwas beobachte ich an mir: Anfangs habe ich mich mehr auf das vor mir Liegende konzentriert. Mittlerweile konzentriere ich mich nur noch auf das Jetzt. Damit wird das Pilgern fast zeitlos. Alles läuft wie im Film ab; selten, dass ich mir Sorgen über den morgigen Tag hinaus mache.

Nach so vielem Nachdenken esse ich mein mitgebrachtes Abendbrot am großen Tisch der Herberge, die von einer sehr freundlichen Wirtin geführt wird. Ich ärgere mich – aber nur kurz – über einen seltsamen Pilgertouristen, der sich für meine Begriffe völlig daneben benommen hat. Die freundliche Wirtin hatte eine Karaffe Rotwein und eine Schale mit Äpfeln der Kategorie Fallobst auf den Tisch gestellt (Ich kenne die Äpfel von unterwegs am Weg!), obwohl es in dieser Herberge kein Abendessen gibt. Der Tourist hängt seine Nase zig Mal über die Karaffe, um dann festzustellen, dass der Wein nicht gut sei und die Äpfel auch keine Qualität hätten. Wenn dieser Mensch jeden Tag lange Etappen mit schwerem Rucksack laufen würde, hätte er gelernt, diese Gaben zu schätzen. In der Herberge tauchen alte Gesichter auf: ein kanadisches Pilgerpaar, das ich schon in Colinhac gesichtet hatte und am stetigen, lautstarken Redefluss erkenne. Sie sind immer freundlich und fromm. Überhaupt habe ich den Eindruck, dass die französisch sprechenden Pilger – die Frankokanadier besonders – sehr fromm sind und überwiegend aus religiösen Motiven laufen. Sie halten in den Kirchen Andacht, beten, zünden Kerzen an. Natürlich frage ich nicht nach den genauen Gründen der Pilgerreise. Ich finde, dass dies eine Privatangelegenheit eines jeden Pilgers ist. Aber ich fühle mich wohl in ihrer Gesellschaft. Ich sage dies mittlerweile bewusst; denn der französische Weg hat mich religiös stark beeindruckt. Ich denke nicht mehr darüber nach, wie ich meinen Ruhestand verbringe, sondern was ich an mir ändern muss, um noch als anständiger Mensch durchzugehen. Und alle Impulse nehme ich dankend auf, von wem sie auch stammen: von Ilse (am Beispiel des Themas „Pilgertouristen"!), von Britta, von Martin, von dem Saarländer in Conques, von Rupert (Wo ist Rupert heute?), von den übrigen Pilgern oder von den Herbergsleuten. Ich hoffe, dass sie ihre Wirkungen nicht verfehlen! Mit diesen tröstlichen Gedanken lege ich mich ins Bett.

Eine Perle am Weg: Der Wallfahrtsort Conques

Wäschetrocknen in Conques

Die Franzosen fangen mich ein

„... Wo Alles liebt, kann Karl allein nicht hassen; ..."
Domingo in Don Carlos, erster Akt, erster Auftritt
Friedrich von Schiller

Dienstag, 19. September, 51. Etappe, Cajarc - Vaylats
Ich werde heute um sieben Uhr wach. Nichts regt sich im Haus. Die Pilgertouristen schlafen länger. Ich: raus aus dem Bett, rein in die Klamotten, raus aus dem Haus und rein in die nächste Bar. Dort frühstücke ich und dann geht es kurz nach acht Uhr in die 51. Etappe. Ich möchte wieder einmal in einem Kloster rasten, und da nach 31 Kilometern in Vaylats die Zisterzienserinnen, die schon in Les Chavannes-sous-Romont in der Schweiz so freundlich waren, auf Pilger warten, passt dieses Quartier sehr gut in meinen Etappenplan. Ich laufe heute nur auf der D19, da der GR 65 wieder große Haken schlägt. Ich schätze, dass ich auf diese Weise fünf Kilometer einsparen kann. Auf Frankreichs Straßen zu wandern ist meistens kein Problem, da man auf den bequemen Seitenstreifen aus Split und Gras laufen kann. Der Himmel ist durchwachsen, mal schwarz, mal blau.

Während ich durch eine sehr schöne Landschaft wandere, muss ich ständig an den Traum der letzten Nacht denken. Es war der vierte Traum von meinem früheren Job, von einer, glaube ich, entscheidenden Abnabelungsschlacht:

Der Vorstand plant ein großes Ereignis und ruft den Konzernführungskreis (erste Führungsebene unter dem Vorstand) zusammen. Da das Ereignis für den Konzern bedeutsam ist (Der Traum hat mir allerdings nicht verraten, um was für ein Ereignis es sich handelt), werden auch die ehemaligen, sich bereits im Ruhestand befindlichen, Manager eingeladen. Alle eilen nach Berlin, auch

ich. Als ich auftauche, rümpfen der Vorstand und alle Kollegen die Nase. Sie sagen, es gäbe für mich keine Arbeit. Man schneidet mich. Ein schon in Rente gegangener ehemaliger Kollege verhindert mit allen Mitteln, dass ich irgendeine Arbeit bekomme. Dagegen erhalten andere, bereits zur Ruhe gesetzte Kollegen gute Arbeit zugeteilt. Als ich erkenne, dass mein Wunsch nach Arbeit aussichtslos ist, nehme ich meine Sachen und fahre heim.
Deutlicher kann man es nicht gesagt bekommen, dass das Thema Beruf ein für alle Mal erledigt ist! Wenn ich es jetzt immer noch nicht glauben will, bin ich nicht mehr zu retten.

Ich „glaubte". Nach diesem Traum habe ich nie wieder von meiner früheren Arbeit geträumt! Das alte Kapitel „Meine Firma braucht mich" war nun auch am Tage kein Thema mehr. Ich verspürte keinen Drang mehr, meine Unentbehrlichkeit in der Firma zu reklamieren. Eigentlich war damit mein ursprünglicher Pilgerzweck, keine Angst mehr vor dem Tag n+1 zu haben, erfüllt, mein GEDANKENSTRICH schon bis zur 51. Etappe ein voller Erfolg gewesen! Ich hätte nach Hause fahren können – wenn ich nicht schon von dem Bazillus der Pilgerwelt eingefangen worden wäre, wenn ich nicht schon erkannt hätte, dass der anstehende Ruhestand am besten gemeistert wird, wenn ich weiter an mir selbst arbeite, an meiner Einstellung zu meinen Mitmenschen. Ich bewegte mich in kleinen Schritten, aber ich bewegte mich!

Heute verliere ich einige meiner Mitpilger aus den Augen, die ich immer wieder unterwegs in Kirchen oder Herbergen getroffen habe und die zur Zeit Fußprobleme haben: eine Französin mit kräftiger Statur, den Franzosen aus Metz, die beiden lauten Kanadier. Sie legen alle eine Kurzetappe ein und laufen 18 Kilometer bis zum Städtchen Limogne-en-Quercy. Um elf Uhr bin ich in

Limogne, zwei Stunden später im Dorf Varaire, einem „vilatge occitan“, wie auf dem Ortsschild steht. Hier, in der neogotischen Kirche, begrüßen mich seit langem wieder einmal der süß lächelnde Pfarrer von Ars, die Heilige Thérèse mit Kreuz und Rosen und Jeanne d'Arc in voller Rüstung. Mir gelingt es gerade noch vor der Siesta Lebensmittel einzukaufen und ich lege in dem über Mittag ausgestorbenen Dorf auf dem Dorfplatz eine Mittagspause ein. Dann geht es auf dem Seitenstreifen der D19 weiter nach Bach (wird okzitanisch, wie spanisch: „Batsch“ ausgesprochen), vorbei an Schafherden zwischen Steinmauern in Eichenwäldern, in denen die Einheimischen nicht nur Wolle gewinnen, sondern auch Trüffel ernten. Ich bin wieder flott gelaufen; denn um 15 Uhr erreiche ich das etwa einen Kilometer vom Pilgerweg entfernte Kloster „Filles de Jésus“ in **Vaylats**, wo mich die Äbtissin freundlich empfängt. Sie bestaunt meinen Stock, nimmt ihn mitsamt dem Hut und sagt mir, ich solle ihr folgen. Sie zeigt mir mein Zimmer, das WC, die Dusche und den Stundenplan des Klosterlebens und geht. Während ich gerade Wäsche aufhänge, schreitet ein mir bekannter Pilger durch das Tor: Rupert! Wir beziehen wieder einmal gemeinsam ein Zimmer. Wir gehen zusammen in die Messe, in die anschließende Vesper und dann zum Abendessen. Während der Messe wird mir erstmals klar, dass die Schwestern doch zu bedauern sind. Sie sind auf einen Priester angewiesen, der ihnen die Messe liest und die Beichte abnimmt. Die Nonnen sind nicht einmal Frau im eigenen Hause. Das könnte die Äbtissin doch alles selbst machen. Die Schwestern brauchen keinen Mann! Die Männerwelt der Kirche wird es hoffentlich eines Tages noch begreifen, dass sich die Menschheit in den letzten 2000 Jahren fortentwickelt hat und Frauen vielleicht sogar die besseren Priester wären; auf jeden Fall sind sie nach

Ich werde geführt
Im Zisterzienserinnenkloster Filles de Jésus in Vaylats

meiner bisherigen Erfahrung die besseren Ordensleute! Beim Abendessen freue ich mich: Schwestern und Pilger sitzen im gleichen Saal, wenn auch an getrennten Tischen, aber dagegen ist nichts einzuwenden! Man sieht sich, man betet gemeinsam, man prostet sich zu. Schwester Köchin trägt die Speisen auf, den Rotwein, und die Gastschwester kommt immer mal wieder an unseren Tisch und fragt, ob alles in Ordnung sei. Wir werden rundum satt. Zum Schluss fragt uns die Gastschwester, wo wir morgen hinwollen und reserviert die Betten für die nächste Übernachtung! Wir sind glücklich und an beiden Tischen herrscht gute Laune. Betrübnis kommt bei mir nur insofern auf, als die Nonnen völlig überaltert sind. In der Messe, in der sicherlich alle dabei waren, saßen auf der Empore zwei Schwestern im Rollstuhl, zwei wurden von Laienschwestern hineingeführt. Unten in der Kirche habe ich acht Schwestern gezählt: eine lief an Krücken, eine war körperlich behindert und bis auf die Äbtissin und eine Laienschwester waren alle schon – soweit ich das überschauen konnte – im fortgeschrittenen Alter. Sollte es auch im Detail nicht stimmen: Der Gesamteindruck war beklemmend. In zehn Jahren wird sich das Kloster selbst aufgelöst haben, wenn sich kein Nachwuchs findet.

Ich bin den Schwestern für den Aufenthalt im Kloster sehr dankbar.

Mittwoch, 20. September, 52. Etappe, Vaylats - Cahors

Nach einem guten Frühstück im Kloster ziehen Rupert und ich los. Es ist eine einfache Etappe bei passablem Wetter. Wir gehen zusammen nach Cahors, rund 26 Kilometer entfernt. Allein 15 Kilometer wandern wir durch traumhaft schöne Eichenhaine, durch eine Landschaft, die wenig ablenkt und in der man gut plaudern kann. Ich lerne Rupert etwas näher kennen. Rupert ist

wie ich 65 Jahre alt und auch schon im Ruhestand. Er lebt in Eichstätt an der Altmühl und war dort vor seiner Zurruhesetzung Leiter einer Schule zur Erziehungshilfe. Ich bewundere ihn, auch dass er in seinem Beruf so rüstig geblieben ist; denn ich stelle mir diesen Job sehr, sehr schwer vor. Rupert ist ein fantastischer Läufer. Ich habe den Eindruck, dass er eine Superkonstitution und eine Superkondition besitzt und keine Ermüdungserscheinungen kennt. Er hält sich immer sehr zurück und pflegt – was seine Person angeht – eine konsequente Untertreibung. Was ich darüber hinaus an Rupert bewundere ist, dass ihn anscheinend nichts aus der Fassung zu bringen scheint. Er wirkt auf mich immer ausgeglichen, was ein sehr angenehmes gemeinsames Pilgern bewirkt.
Irgendwann am Mittag sehen wir von einer Anhöhe aus auf die Altstadt von **Cahors**, in der wir unser nächstes Quartier beziehen. Nach der üblichen „Arbeit" fahre ich in das Industriegebiet in der Südstadt und kaufe mir bei intersport neue Schuhe. Ich komme mir vor wie in Deutschland. Gleich nebenan liegen ein Aldi und ein Lidl. Ich trinke noch ein Bier unterwegs und wie ich so gemütlich sitze, ruft Mutter an. Sie will wieder einmal meine Stimme hören. Ich sage ihr, dass es mir gut geht, mir es an nichts mangelt und teile ihr zum Beweis auch die Etappenlängen mit. Mutter macht wieder einen frischen Eindruck auf mich, nachdem es ihr in der letzten Zeit nicht sonderlich gut gegangen ist.
Heute ist es sehr warm geworden und ich kehre zurück in die Herberge. Dort imprägniere ich meine neuen Schuhe, die sehr leicht sind. Sie müssen ja nur bis Santiago halten. Rupert und ich studieren beim Abendessen unsere Karte für die morgige Route und beschließen, aus der Stadt heraus nicht dem GR 65 zu folgen, sondern mit dem Bus zur Südstadt zu fahren und dort wieder in den Jakobsweg einzuschwenken. Der GR 65 führt nämlich

Durch den Quercy blanc

Rupert studiert den Service am Weg

zu Beginn, wie so oft, wieder auf den Berg hinauf und gleich wieder hinunter. Das wollen wir uns ersparen.

Donnerstag, 21. September, 53. Etappe, Cahors - Montcuq
Um 7.40 Uhr fährt der Bus vom Rathaus Richtung Süden bis zur Endstation. Dort befinden wir uns bereits nach wenigen Metern auf dem Jakobsweg. Ich finde, das haben wir gut gemacht. Wir laufen nach Labastide-Marnhac, wo wir uns wieder trennen, weil Rupert weiter auf dem GR 65 laufen will und ich schnurgerade auf der D7 nach Lascabanes. Es ist ein sauberer, freundlicher Ort mit viel Blumenschmuck. In Lascabanes mache ich an der Kirche Mittagspause. Mehrere mir allerdings noch nicht bekannte Pilger treffen ebenfalls ein. Nach 20 Minuten erscheint auch Rupert. So dehnt sich die Siesta noch etwas aus, dann brechen wir zum letzten Abschnitt nach Montcuq auf. Wir laufen durch den Quercy blanc. Diese Landschaft trägt den Namen zurecht; denn sie erscheint wirklich weiß. Die Felder haben einen weißen Schimmer, die Wege sind weiß wie frisch gewaschen. Es fegt ein stürmischer Wind über die Hochfläche, der uns Schwierigkeiten macht, die Spur zu halten. Ich denke, wenn es jetzt regnen würde, hätten wir noch die Schwierigkeit, auf einem glitschigen Kalkboden trittsicher zu bleiben. Aber zum Glück setzt sich die Sonne endgültig durch. Um 14 Uhr sind wir am Gîte Le Souleillou in **Montcuq**. Er ist relativ neu und vom Besitzer gut gepflegt. Man merkt sofort, dass der Chef nicht nur die Übernachtung organisiert und das Essen bereitet, sondern dass er auch ein Pilgerfreund ist. In allen freien Wänden des Hauses befinden sich Pilgerutensilien, Jakobusdarstellungen und Pilgerinformationen. Der Mann lebt für die Pilgerei. Er empfängt uns sehr freundlich, gibt uns gleich einen Tee, der in dieser Hitze, eiskalt serviert, wunderbar schmeckt. Heute wird alles gewaschen was waschbar ist, auch das

Handtuch, die Freizeitkleidung und alle Socken. Es geht nämlich ein kräftiger Wind und die Sonne scheint, sodass nach drei Stunden alles trocken ist. Als ich kurz vor dem Abendessen im Dorf einkaufe, kommt mir eine deutsche Pilgerin humpelnd entgegen, fragt mich nach dem Weg zum Gîte und ob ich der Peter aus Stuttgart sei. Ich staune und frage, woher sie das weiß. „Auf dem Pilgerweg spricht man über Pilgerkameraden, und die Beschreibung hat auf dich gepasst. Ich dachte, du bist schon weiter voraus." Also, ich muss mich anständig benehmen, denke ich, man ist hier bekannt wie ein bunter Hund. Vielleicht liegt das auch an meinem hässlichen, aber praktischen, schon von weitem auffallenden, blau-schwarzen langärmeligen Shirt.
Außer der deutschen Pilgerin und ihrem Mann, der schon vorher den Gîte erreicht hatte, haben sich noch ein paar Franzosen, eine Schweizer und eine tschechische Studentin eingefunden. Die Stimmung beim Abendessen ist hervorragend, das gute Essen trägt dazu bei. Nach dem Abendessen zeigt die deutsche Pilgerin ihre Füße. Mir wird fast schlecht. Die sehen mindestens so schlimm aus wie die von Isabelle, der Kanadierin aus Quebec, ausgesehen haben. Isabelle habe ich seit dem Frühstück in Nasbinals nicht mehr getroffen, sie wird wahrscheinlich schon über alle Berge sein. Die Frau des Herbergsvaters ist ein Engel und gelernte Krankenschwester! Sie nimmt sich die Zeit und versorgt die Füße der deutschen Pilgerin professionell. Rupert und ich teilen uns ein wunderschönes Zimmer und schlafen bestens bis in den Morgen.

Freitag, 22. September, 54. Etappe,
Montcuq – L'Auberge de l'Aube Nouvelle

Heute ist der 22. September. Ilse hat Geburtstag! Am frühen Morgen, noch vor dem Frühstück, versuche ich leider vergeblich sie anzurufen. Ich denke an sie und werde es später noch einmal versuchen. Es regnet heute Morgen, und so kommt es zu dem „Vergnügen", das ich gestern schon befürchtet hatte: Regen im Quercy blanc bedeutet eine elende Sauerei! Zu uns ist noch eine Französin gestoßen, der offensichtlich die übrigen Franzosen zu langsam sind. Die Kalkwege haben sich in schmierige, glitschige, breiige Bahnen verwandelt. An einer steileren Stelle ist deshalb ein Fixseil am Weg angebracht! Man stelle sich das vor: Fixseile an allen steilen Bergen dieser Welt und im Quercy blanc! Mein Stock versinkt stellenweise zehn Zentimeter im Brei. Es dauert nicht lange, bis wir wie die Schweine aussehen, obwohl wir mit Erfolg unsere ganze Konzentration darauf lenken nicht hinzufallen. Kurz vor Mittag treffen wir auf einem Hügel in der sehenswerten Stadt Lauzerte ein. Am Ortseingang gehen wir noch in die Kirche Notre-Dame-des-Carmes. Wir rasten auf dem Marktplatz, der von Arkaden umsäumt ist. Nacheinander treffen alle übrigen der gestrigen Montcuq-Pilgergruppe ein. Aber die Gruppe trennt sich hier wieder: Ich muss auf die Post, um meine alten kaputten Schuhe nach Hause zu schicken. Ich werde mit dem Schuhverkäufer besprechen, ob es bei Markenschuhen normal ist, dass sie nach gut 1300 Kilometern „den Geist aufgeben". Rupert zieht nach einer kurzen Pause allein weiter. Das deutsche Paar (sie mit den kaputten Füßen), die Franzosen und auch die beiden Studentinnen bleiben im Ort. Ich gehe noch eine Stunde mit der Französin durch die alte Stadt und wir besuchen auch den Pilgergarten mit Texten und Fotos vom Jakobsweg. Dann geht auch sie allein weiter. Ich warte, bis um Viertel nach zwei Uhr die Post öffnet und packe dort mein Paket. Dann geht die Post ab: das Paket nach Pfungstadt und ich nach **L'Auberge de l'Aube Nouvelle** (wieder so ein herrlicher Ortsname!). Diese restlichen neun Kilometer wandere ich aber auf der sauberen und kürzeren

Straße D2. Ein Belgier führt das Hôtel-Restaurant L'Aube Nouvelle. Aber das Haus ist mit einer Busladung Rheinländer ausgebucht. Deshalb fährt mich der Belgier zusammen mit einem französischen Pilgertouristen zu einer Holländerin in dem sehr schönen Gehöft „La Mouline". Hier erreiche ich auch Ilse am Telefon. Sie sitzt gerade mit einer Bekannten im Café. Sie feiern ihren Geburtstag. Ich wäre jetzt gerne dabei, noch besser: Ich würde gerne mit ihr alleine feiern! Leider bleibt es nur bei einer Gratulation per Telefon.
Nach dem Telefonat mit Ilse schaue ich mir meine Fersen an; denn die bisher fast zu vernachlässigenden Bläschen sind leider größer geworden. Die neuen Schuhe hinterlassen Spuren. Ich schneide die Blasen auf, versorge sie mit einer Salbe, die mir ein Arzt auf der Mustagh-Ata-Expedition empfohlen hatte und die Antibiotika und Kortison enthält, und verbinde die Fersen wieder. Neue Schuhe kann man auf den langen Etappen nicht einlaufen. Aber kürzere Etappen passen nicht in meinen Pilgerrhythmus. Dann wende ich mich dem ganz profanen Thema Abendbrot zu. Die Holländerin fährt uns wieder zum Belgier. Dort gibt es ein gutes Pilgermenü und anschließend geht es wieder retour. Ich genieße wieder ein sehr geschmackvoll eingerichtetes Einzelzimmer und freue mich auf einen ruhigen Schlaf.

Ich hatte es bisher noch nicht erwähnt: Auf dem Pilgerweg rückt Europa zusammen! Schon deshalb ist das Pilgern ein besonderes Erlebnis. Nicht nur, dass der Pilger mit der europäischen Kultur und Geschichte konfrontiert wird, sondern ständig mit Menschen aus ganz Europa zusammentrifft. Ist die oben geschilderte Herbergsgeschichte nicht wunderbar? Ich lande bei einem Belgier, der einen Bus Rheinländer beherbergt und mich zusammen mit einem Franzosen zu einer Holländerin fährt, weil bei ihm alle Betten voll sind.

Samstag, 23. September, 55. Etappe,
L'Auberge de l'Aube Nouvelle – (Malause – Bouillan)
Man stelle sich vor: Auf meiner 55. Etappe starte ich zusammen mit diesem französischen Pilger, einem Pilgertouristen, und laufe mit ihm bis Moissac! Wenn das Ilse sehen könnte!

Ilse sah es aber nicht und konnte sich über das Pilgerleben ihres Mannes auch nur ein ungenügendes Bild machen. Außer dem, was sich Ehepartner aus der räumlichen Entfernung gerne sagen, erfuhr sie nur: Peter hat Blasen, es regnet zur Zeit, er ärgert sich über die Pilgertouristen (aus ihr unverständlichen Gründen), ansonsten ist er gesund. Es waren Bilder von der Oberfläche meiner Pilgerwelt. In das Innere konnte Ilse nicht schauen, weil ich sie ganz intuitiv nicht hineinschauen ließ. Das war keine böse Absicht, aber für mich war es wirklich sehr schwierig, ihr per Telefon einen tiefen Einblick in mein Seelenleben zu gewähren. Eine Pilgerreise ist keine Expedition! Wie hätte ich das Gespinst von zwischenmenschlichen Beziehungen, die Wirkungen meiner Erlebnisse, meine auf die eigenen Handlungen und Gedanken gerichtetes prüfendes Nachdenken „kurz" am Telefon erläutern sollen? Ich hätte ihr nur Bruchstücke vermitteln können. Aber Bruchstücke spiegeln nicht annähernd das Erlebte wider und führen schnell zu Missverständnissen, dachte ich mir.

Nach meiner Pilgerreise konnte ich Ilse auch in das Innere meiner Pilgererlebnisse, meiner Seelenwelt hineinschauen lassen. Dies ergab lange Gespräche und Diskussionen, wobei ich überzeugt bin, dass zwischen „Erleben“ und „Erzähltbekommen“ immer noch ein großer Unterschied hinsichtlich des Verstehens besteht.

Nachdem der Franzose seine Reisetasche der Holländerin übergeben und sein Ränzlein *(Das Wort „Ränzlein“ ist noch ein spöttisches Überbleibsel aus bereits überwundener Pilgertouristen-Betrachtung!)* geschnürt hat, gehen wir beide los. Der nette Pilgertourist läuft ganz selbstverständlich mit mir mit, auch als ich ihm vorschlage, nicht auf dem GR 65 zu wandern, da der zu glitschig ist, sondern auf dem Seitenstreifen der D16. Nach eintönigen 16 Kilometern und einer netten, wenn auch anstrengenden Unterhaltung erreichen wir Moissac, wo für den Franzosen die Etappe schon zu Ende ist. Wir gehen noch zusammen in die Kathedrale Saint-Pierre und in den Kreuzgang, dann verabschieden wir uns und nur kurze Zeit später genießt er in der Mittagssonne ein reichhaltiges Mittagsmahl in einem Restaurant.
Ich bleibe noch etwas in der Kathedrale Saint-Pierre; denn die Kirche besticht sowohl durch ihre farbige Ausmalung aus dem 15. Jahrhundert, als auch durch das wunderschöne Portal mit der Darstellung der Apokalypse auf dem Tympanon. Allen Menschen, auch den Himmlischen Heerscharen, die an den Kapitellen des Kreuzgangs einmal Köpfe hatten, ereilte während der Französischen Revolution das gleiche Schicksal, wie vielen Franzosen in dieser Zeit: Kopf ab! Es ist unglaublich, was damals alles vernichtet wurde. In der Stadt hebe ich bei einer Bank etwas Geld ab und kaufe mir einen weiteren Führer für den dritten und letzten französischen Abschnitt von Moissac bis zur spanischen Grenze. Und wer läuft mir plötzlich über den Weg? Es kann nur Rupert sein! Wir freuen uns, dass wir uns wieder getroffen haben und laufen die restlichen zwölf Kilometer bis Malause auf der N113, wo wir am späten Nachmittag im Regen ankommen. Die Wirtin

unseres Gîtes holt uns mit dem Auto an der Kirche ab und fährt mit uns nach **Bouillan**, zweieinhalb Kilometer nordwestlich von Malause. Es kommen gegen Abend noch drei französische Radfahrer in die Herberge, eine Frau und zwei Männer aus drei verschiedenen Orten (u.a. Toulouse) in Südfrankreich. Heute machen mir die Blasen an meinen Fersen schwer zu schaffen. Ich verarzte mich und polstere die Blasen mit Blasenpflaster ab.
Das Abendessen mit den sehr netten Wirtsleuten ist hervorragend und die Stimmung auch. Ich frage die Franzosen, warum sie nicht Okzitanisch sprechen. Sie sagen alle fünf, dass sie diese Sprache sehr wohl beherrschen und unterhalten sich tatsächlich eine Zeit lang auf Okzitanisch. Aber sie geben zu, dass im Alltag Französisch gesprochen wird. Der okzitanische Sprachraum ist so groß, dass es auch mehrere okzitanische Dialekte gibt. Ich denke, wenn diese Sprache ausstirbt, geht sicher auch eine Kultur verloren.

Sonntag, 24. September, 56. Etappe, Bouillan - Miradoux
Von Bouillan laufen Rupert und ich an meinem 60. Wandertag direkt nach Pommervic und stoßen wieder auf den GR 65. Von dort wandern wir weiter nach Espalais, einem sehr sauberen Städtchen mit schöner Kirche, die mit Ziegel- und Natursteinen gebaut, teilweise auch verputzt ist. Dies sieht als Ganzes sehr reizvoll aus. Wir haben den Quercy blanc verlassen und befinden uns nun in der Gascogne. Hier sind die Böden fruchtbar, hier wächst Wein und es wird Geflügel gezüchtet. Das Nachbarstädtchen Auvillar ist genauso blitzsauber wie Espalais. Heute ist Sonntag und in Auvillar Markt in einer sehr schönen, runden alten Markthalle, die in der Mitte des von Arkadenbögen umsäumten Marktplatzes steht. Es werden Spezialitäten aus der Region angeboten. Der Anblick verlockt zum Kauf, aber ein Pilger

geizt mit jedem Gramm, das er schleppen muss. Im Zweifelsfall kauft er nichts. Wir schauen uns eine Zeit lang das Treiben auf dem Platz an, dann laufen wir weiter.
Nach knapp zwei Stunden erreichen wir den Ort Saint-Antoine, der wegen seiner alten Häuser wieder als Ganzes beeindruckt. Die Kirche betreten wir über ein mozarabisches Portal und staunen über den vollständig ausgemalten Innenraum. Der Name Saint-Antoine stammt von den Antonitern, den Hospitalbrüdern des Heiligen Antonius von Ägypten, die in der Nähe ein Hospiz unterhielten. Als Rupert und ich weiterlaufen, bricht ein heftiges Gewitter los. Wir können am Rande des Ortes gerade noch in eine Garage flüchten. Nach kurzem Sonnenschein erscheint eine weitere schwarze Wolkenwand. Aber rechtzeitig vor dem nächsten Regenschauer sind wir in **Miradoux**, im Gîte von Thérèse. Wir klopfen an und betreten einen ausdrucksstarken, eigenwilligen und einladenden Raum. Es ist der Tagesraum. Thérèse kommt und heißt uns willkommen. Wir stellen unsere Rucksäcke ab, ziehen die Schuhe aus und setzen uns. Sie gibt uns erst einmal ein Bier. Auf einer Müslischachtel brennt eine Kerze, eine Katze schläft auf einem Stuhl, aus einem CD-Player ertönt Kirchenmusik, Orgelmusik, ein Kirchenchor. Die beiden Tische im Raum sind beladen mit Äpfeln, Pfirsichen, Weintrauben, Datteln, Feigen, Mandeln, Kuchen, getrockneten Aprikosen und verschiedenen Sorten Tee. Das Buffet und das Regal sind mit Papier, Briefen, Büchern, Zeitschriften – alles etwas durcheinander – und mit allen gängigen Wörterbüchern, wie Francais-Allemand, Francais-Anglais, Francais-Espagñol, Francais-Italien usw., vollgestopft. An der Wand hängen Fotos von Thérèse und ihrem Mann aus früherer Zeit. Thérèse ist wohl Witwe und allein im Haus. Sie zeigt uns unsere Betten und die Dusche und fragt uns nach zu waschender Wäsche. Die Dusche hat schon bessere Tage gesehen. Hier fehlt

der Mann im Haus. Die ganze Inneneinrichtung ist betagt, alles etwas unaufgeräumt, aber es stört nicht, weil wir derart herzlich empfangen werden. Wir fühlen uns wie in einer Kirche. Hier weht ein heiliges Lüftchen. Wir duschen und ziehen uns um. Meine Schuhe sind schon den dritten Tag in Folge nass, so kann ich das Leder der neuen Schuhe nicht pflegen. Meine Blasen sind unverändert. Ich humple leicht und laufe nicht schmerzfrei. Noch vor dem Abendessen bekommen wir unsere Sachen gewaschen und getrocknet wieder zurück. Wir sind die einzigen Pilger heute. Das ist seltsam; denn Ort und Gîte sind im Führer deutlich ausgewiesen und Thérèse besitzt den einzigen Gîte im Ort! Dieses heilige Obdach ist nur für uns da. Fügung? Führung? Ich frage mich immer öfter, was eigentlich *nicht* Führung ist. Wir fragen Thérèse, welche Musik aus dem Player kommt. Sie sagt, es sei Orgel- und Chormusik aus der Kathedrale in Conques. Ein Chor singt Pilgerlieder. Vor dem Abendessen beten wir zusammen, dann werden wir üppig verwöhnt. Zu Beginn bekommen wir einen roten „Floc de Gascogne“, einen Aperitif, der aus einer Mischung von Traubensaft und Armagnac gewonnen wird, wie Thérèse uns erklärt. Sie singt während des Essens die Pilgerlieder aus dem CD-Player laut mit. Vor allen Dingen das folgende, bekannte Lied:

„Tous les matins, nous prenons le chemin,
Tous les matins, nous allons plus loin.
Jour après jour la route nous appelle,
C'est la voix de Compostelle.
Ultre-ia! Ultre-ia!
Et Suseia, Deus, adjuva nos!“

(Jeden Morgen nehmen wir den Weg, jeden Morgen laufen wir weiter, Tag für Tag ruft uns der Weg, das ist die Stimme von Compostela. Ultre-ia! ...)

Es gibt Suppe, Fleisch, Beilagen, Käse, Brot, Obst, Rotwein, einen Nachtisch. Wir werden wieder einmal rundherum satt. Nach dem Essen müssen wir uns in ihr Gästebuch eintragen, sie stempelt unseren Pilgerpass ab und schreibt noch eine Widmung mit auf den Weg hinein: „Sur ton sentier de vie, ton Étoile est Lumière" (Auf deinem Lebensweg möge dein Stern leuchten). Plötzlich ist Thérèse verschwunden. Wir gehen ins Bett, das wie in einem Hotel zubereitet ist. Wir können den Schlafsack im Rucksack lassen.

Montag, 25. September, 57. Etappe,
Miradoux – (Marsolan – Castelnau-sur-l'Auvignon)

Das Frühstück heute Morgen bei Thérèse ist eigentlich mehr eine Morgenandacht. Der Tisch ist wieder reichlich gedeckt. Es ist alles da. Thérèse legt wieder eine CD auf und singt. Wir hören andächtig zu. Es ist eine sakrale Stimmung im Raum. Die Kerze brennt wieder. Ich sage ihr, dass es nicht ungefährlich sei, diese auf eine Müslischachtel zu stellen. Thérèse lacht nur und ich habe das Gefühl, dass sie meinen profanen Gesprächsbeitrag als einen typisch deutschen einstuft. Nach dem Frühstück wollen wir bezahlen. Sie zeigt auf eine Keramikente auf dem Buffet. Wir sollen hineinlegen, was wir wollen, sagt sie. Dann verabschieden wir uns von ihr. Sie umarmt uns und wünscht uns einen guten Weg. Und da ist es wieder, dieses Emmaus-Jünger-Brennen im Herzen. Es ist die Situation, „wo zwei oder drei in meinem Namen versammelt sind ...". Thérèse winkt uns lange nach und sie singt dazu den Refrain „Ultre-ia! Ultre-ia! ..." des Pilgerliedes. Dann ist die Andacht zu Ende. Der Weg bringt uns wieder in den Pilgeralltag zurück.

Anfangs läuft es sich ganz gut, doch dann spüre ich meine Blasen. Dennoch haben wir ein flottes Tempo drauf, wir laufen die 15 Kilometer bis zur Stadt Lectoure in drei Stunden. Wahrzeichen dieser Stadt ist der mächtige und eigenwillige Turm der Kathedrale. Nach knapp zwei weiteren Stunden erreichen wir Marsolan. Hier trennen sich wieder einmal unsere Wege. Ich glaube, für immer, wenn Rupert keine „Langsamfahrstelle" (Anm.: Eisenbahnerlatein!) einlegen wird. Meine Füße machen nicht mehr mit und Rupert will noch bis Condom wandern, das wären dann mindestens 35 Kilometer, selbst wenn wir auf der D7 direkt nach Condom und nicht über die Stadt La Romieu laufen würden. Rupert würde mich gerne mitnehmen, aber es geht beim besten Willen heute nicht. Ich muss jetzt wegen meiner Blasen mein Gehtempo drosseln. Ich laufe in den Ort Marsolan zur Herberge und finde dort einen Zettel vor, dass heute der Gîte geschlossen ist. Ich hatte schon per Telefon erfahren, dass die Herbergsleute heute in Bordeaux sind. Es steht aber auch auf dem Zettel, dass es eine Ersatzherberge in Castelnau-sur-l'Avignon gibt und der Pilger – wenn es sein muss – auch abgeholt wird. Ich suche im Ort nach weiteren Schlafmöglichkeiten, finde aber keine. Also rufe ich im Ersatzgîte an und die freundliche Frau will mich tatsächlich hier abholen. In der Zwischenzeit schaue ich mir die Kirche an, die sehr schön ist. Der Pfarrer von Ars – ich liebe ihn inzwischen und wir sind schon dicke Freunde geworden – lächelt mir wieder zu. Sehr heimelig wirkt das blaue Holztonnengewölbe im Längsschiff und die ausgemalten Seitenkapellen. Nach 20 Minuten kommt ein Auto und die nette Wirtin packt mich ein. Wir fahren nach **Castelnau-sur-l'Avignon** zu ihrem Privathaus, das noch ganz neu ist. Im Obergeschoss bekomme ich ein Zimmer, das auch ein Kinderzimmer sein könnte. Die sanitären Anlagen sind pikfein. Kaum bin ich im Haus, zieht wieder ein Regenschauer über die Gascogne. Ich bin der einzige Pilger im Haus. Mir fällt auf, dass seit Conques und Moissac weniger Pilger unterwegs sind.

Das Abendessen mit der Familie – inzwischen ist auch der Mann von der Arbeit heimgekommen – ist sehr gut, aber für mich anstrengend. Wir unterhalten uns den ganzen Abend angeregt über alles in der Welt. Die Wirtsleute sind sehr gebildet und ich suche ständig nach Worten, um den anspruchsvollen Beiträgen der beiden folgen zu können. Die Seiten meines Wörterbuches sind in ständiger Bewegung. Sie fragen mich, wo ich die letzte Nacht verbracht habe. Ich sage, „Chez Thérèse à Miradoux“ (bei Thérèse in Miradoux). „Ah“, sagt die Frau, „Thérèse est unique!“. Recht hat sie, Thérèse ist einmalig. Heute erlebe ich ein Kontrastprogramm: Gestern wurde die Seele angesprochen, heute der Verstand.

Dienstag, 26. September, 58. Etappe,
Castelnau-sur-l'Auvignon – Montréal-du-Gers

Ich habe so gut und so fest geschlafen, dass ich verschlafen habe. Wir hatten uns für 7.30 Uhr zum Frühstück verabredet, Mann und Sohn müssen pünktlich aus dem Haus, aber erst fünf Minuten vor halb acht werde ich wach! Wie ein Blitz fahre ich aus dem Bett, springe in die Kleidung, putze mir ganz flott die Zähne und mit nur wenigen Minuten Verspätung sitze ich am Esstisch. Kurz nach acht Uhr bin ich aus dem Haus. Es ist nebelig und ich laufe heute von hier direkt auf dem GR 65 über La Romieu zur Stadt Condom und von dort auf der D15 nach Montréal-du-Gers, meinem Etappenziel. Eineinhalb Kilometer hinter Castelnau, vor dem Weiler Le Baradieu, steht die wunderschöne romanische Kapelle Sainte-Germaine aus dem 13. Jahrhundert. Die dicken Mauern vermitteln Geborgenheit. Hier bleibe ich eine Weile sitzen und genieße die absolute Ruhe. Durch eine herrliche Landschaft laufe ich weiter, vorbei an Sumpfgebieten und Teichen. Der Weg ist glitschig und matschig. In Condom halte ich mich eine Stunde auf, kaufe neue Blasenpflaster und mein übliches Mittagsmahl: Wasser, Brot, Tomaten, Apfel und Käse. Damit keiner auf falsche Gedanken kommt: Der Name „Condom" hat nichts mit dem Verhüterli zu tun. Es gibt Vermutungen über eine römische Herkunft des Namens. Wer weiß es schon genau. Aber die Stadt vermarktet ihren berühmten Namen und hat eine „Exposition du Préservatif" eingerichtet. Die spätgotische Kathedrale Saint-Pierre ist sehenswert. Dünne Säulen und große Fenster lassen Licht in das Kirchenschiff gelangen, genau das Gegenteil von der Kapelle Sainte-Germaine vor Le Baradieu. Ich gehe weiter auf der Straße, die ich nicht mehr verlasse, wandere an Larressingle, einem der besterhaltenen befestigten Dörfer der Region, das etwas abseits des Weges liegt, vorbei und erreiche am frühen Nachmittag **Montréal-du-Gers** und kurz hinter dem Ort den Gîte, in dem ich wieder einmal allein übernachte. Die Blase am linken Fuß macht kaum Probleme, aber die am rechten Fuß schmerzt. Über der vorhandenen hat sich eine weitere gebildet. Da werde ich morgen einfach ein weiteres Pflaster draufkleben und fertig.

Mittwoch, 27. September, 59. Etappe,
Montréal-du-Gers - Manciet

Nach einem einfachen Frühstück starte ich kurz vor acht Uhr. Es ist neblig, der Herbst kündigt sich an. Ein besonderes Erlebnis ist der Sonnenaufgang im Nebel. Ich wandere zuerst rund eine Stunde auf der Straße. Das ist bei dem Nebel nicht ganz ungefährlich, aber ich bin auf der Hut, gehe, sobald sich ein Fahrzeug nähert, äußerst links. Ich verpasse dabei die Kreuzung mit dem GR 65, studiere aber anschließend die Karte im französischen

Führer, in dem ein hoher Wachtturm aus dem 13. Jahrhundert ausgewiesen und beschrieben ist und der mir in dem unbekannten Terrain Orientierung verschafft. Ich komme nach Lamothe, wo ich wieder auf den GR 65 treffe. Dann laufe ich auf einem breiten Weg durch den Wald auf einer schon lange stillgelegten Eisenbahnlinie, wo noch vereinzelt die Reste alter Signaltafeln stehen. Vorbei geht es an dem alten Bahnhofsgebäude von Bretagne-d'Armagnac, das etwa eineinhalb Kilometer vom gleichnamigen Ort entfernt liegt, mit einem Häuschen für „Hommes" und einer „Lampisterie". Ich komme auf dem weichen Boden schnell voran und laufe mehr als fünf Kilometer pro Stunde. Die Füße machen mit. Nach drei Stunden erreiche ich Eauze. Dort mache ich um elf Uhr Mittagspause, schaue mir noch die Kirche Saint-Luperc an und bin als Bauingenieur von einer Abfangkonstruktion fasziniert, die verhindert, dass eine Säule nach innen wegknickt (Gewölbedruck von der Seitenkapelle). Wie man das Ganze allerdings endgültig wieder stabilisieren will, ist mir nicht ganz klar. Eauze ist die „Hauptstadt" von Armagnac, einer Landschaft in der Gascogne. Es wird auffallend viel Werbung für den guten Tropfen Armagnac und für den Floc de Gascogne gemacht, und es fehlt auch nicht der Hinweis, wo man diese Produkte der Region kaufen kann. Ich wandere weiter durch Weinberge, wo ich ein paar der herrlichen, süßen Trauben esse. Aber diesmal stecke ich mir nichts ein. Ich nehme nur das, was ich augenblicklich esse. Es ist ein ideales Wanderwetter, wolkenloser Himmel, 20°C warm. Schon am frühen Nachmittag komme ich in **Manciet** an, obwohl ich heute 27 Kilometer gelaufen bin. Ich bin gerade so gut zu Fuß, dass ich mir für morgen eine 37 Kilometer lange Etappe nach Aire-sur-l'Adour vornehme; ich werde aber versuchen, einige Abkürzungen zu nehmen. Die Karten in den französischen Führern machen da einen „guten Job". Der Ort Manciet ist nicht sehr einladend. Neben einer verschlossenen Kirche, in die man in einem Vorräumchen mit Kniebank durch eine Panzerglasscheibe hineinsehen kann – was mich ärgert – , gibt es nicht einmal eine Boulangerie, nur einen Proxi-Laden. Da der Gîte im Reiseführer als primitiv eingestuft wird, gehe ich gleich ins Hotel. Ich kenne ja schon das Attribut „einfach“ von Chaumont. Wie mag da erst ein „primitiver“ Gîte aussehen? Das Zimmer im Hotel ist hervorragend praktisch eingerichtet, ein Regal mit Fächern und Haken, sodass ich alle meine Sachen aufhängen und trocknen kann. Es gibt eine erstklassige Dusche, ein bequemes Bett und am Abend ein gut sättigendes und preiswertes Pilgergericht. Ich bin zufrieden.

Donnerstag, 28. September, 60. Etappe,
Manciet – Aire-sur-l'Adour

Mein Frühstück ist heute Morgen eher kümmerlich. Doch ich habe prima geschlafen und mich hervorragend erholt. Nach einem Kilometer Marsch entlang der Straße bekomme ich einen heftigen Drehschwindelanfall. 20 Minuten muss ich im Nebel am Straßenrand sitzen, bis ich wieder einigermaßen auf die Beine komme. Mir ist kotzübel. Hängt das mit meiner linken Schulter zusammen? Drückt der Rucksack doch zu sehr auf die operierte Schulter? Ich hoffe, dass dies ein Einzelfall bleibt, sonst muss ich melden: „Houston, wir haben ein Problem!“ Dann gerät mir zum Verhängnis, dass sich die Straßenbezeichnungen geändert haben, die aber in den Karten des französischen Führers noch nicht berücksichtigt wurden. Also laufe ich intuitiv und falsch: auf der N124 alias D931 und wie sich herausstellt, mit einem großen Umweg über den Ort Sainte-Christie-d'Armagnac nach Nogaro. Mein Weg führt an einer noch intakten, in Betrieb befindlichen, aber ziemlich abgewirtschafteten, Eisenbahnstrecke entlang. Ich erinnere mich an meine vielen Streckenbegehungen als Jung-Eisenbahner. Ich überlege nicht lange, und der Eisenbahner in mir wird schwach und – ich laufe weiter auf den Schwellen, parallel zum Weg. In Deutschland hätte das Eisenbahnbundesamt die Strecke wegen ihres desolaten Zustandes schon längst dicht gemacht. Ich schaue mir die Schienenköpfe an und begutachte, dass wahrscheinlich nicht mehr als ein Güterzug am Tag die Strecke hin und retour benutzt. Ich betrachte den Oberbau, ziehe aus einer maroden Schwelle einen lockeren Schwellennagel aus dem Jahr 1939 heraus und nehme ihn als Souvenir mit. Der jüngste Nagel stammt von 1982! Der Oberbau, das Schotterbett und der Dreck halten alles gemeinsam zusammen. Wenn der Güterzug leicht ist und langsam fährt, warum nicht? Nur sehe ich keine Geschwindigkeitsbegrenzungen. Vielleicht fährt hier der Lokführer nach Gefühl. Ich würde jetzt gerne mit den französischen Eisenbahnerkollegen fachsimpeln oder mit einem französischen Eisenbahner-Pilger ein Stück des Weges auf den Schwellen laufen. Blöde Idee, denke ich und muss kurz darauf, vor einem Bahnübergang wieder auf den Weg zurück. Ich stelle mir vor, was die Leute hier denken würden, wenn sie einen Pilger auf den Schwellen daherkommen sehen.

Mir geht es hervorragend, die Schwindelattacke von heute Morgen ist Vergangenheit – hoffe ich! Noch etwas ist bemerkenswert: Die hautnahe Berührung mit der Eisenbahn konnte ich ohne „Büroweh“ genießen!

Ich bin heute so schnell „gewalkt“ und Schwellen gelaufen, dass ich schon vor Mittag in Lanne-Soubiran und kurz nach 16 Uhr in **Aire-sur-l’Adour** ankomme. Aber mein Weg führt noch eine Stunde durch die Stadt, bis ich in meinem Hotel bin. Mit den ganzen Umwegen bin ich heute sicher 40 Kilometer gelaufen. Meine Füße melden sich als Ganzes zu Wort und teilen mir mit, dass sie dringend Pflege brauchen. Meine Blasen sind immer noch Blasen, also verarzte ich sie heute besonders gründlich. Dann bestelle ich mein Quartier für morgen, nachdem ich mich für eine Etappe von 33 Kilometern bis Arzzacq-Arraziguet entschieden habe. Ich bin gut drauf und meine Füße werden hoffentlich nicht versagen. Aire-sur-l'Adour ist eine uralte Stadt. Hier lebten schon die Kelten und die Römer bauten anschließend eine Stadt und blieben, bis sie von den Westgoten vertrieben wurden, die an dieser Stelle im fünften Jahrhundert unter Alarich II. ihre Hauptstadt errichteten. Die Stadt war viele Jahrhunderte ein Zentrum der Pilger.

In der Stadt treffe ich zufällig Rupert wieder, und ich freue mich, dass er nicht über alle Berge verschwunden ist. Auf dem Rückweg von der wunderschönen, ausgemalten Kathedrale Saint-Jean-Baptiste in unsere Quartiere, stellen wir fest, dass sein Gîte und mein Hotel L'Ahumat direkt nebeneinander liegen. Wir verabreden uns zum Abendessen in meinem Hotel-Restaurant, weil es im Gîte nichts zu essen gibt. Beim Abendessen gibt es noch eine Überraschung: An einem anderen Tisch entdecke ich nach 16 Tagen Isabelle, unsere Kanadierin, die mit den kaputten Füßen. Sie übernachtet im gleichen Gîte wie Rupert und beendet ihre Pilgerwallfahrt heute hier in der Stadt, weil sie nach Kanada zurück muss. Zwei Franzosen, ein großer und ein kleiner, die ich schon einmal irgendwo gesehen habe, sitzen mit ihr am Tisch. Es ist ein schöner Abend. Rupert und ich verabreden uns für den nächsten Morgen vor dem Gîte an der Straßenkreuzung.

Freitag, 29. September, 61. Etappe,
Aire-sur-l'Adour – Arzacq-Arraziguet

Nach einem einfachen Frühstück treffe ich mich mit Rupert an der vereinbarten Straßenkreuzung. Der Himmel ist fast wolkenfrei. Wir laufen stadtauswärts Richtung Süden, als Rupert vor der Kirche Sainte-Quitterie feststellt, dass er seine Mütze im Gîte vergessen hat. Er läuft zurück und so trennen wir uns wieder einmal. Ich möchte das Kirchlein besichtigen, komme aber nicht hinein, weil es verschlossen ist. Aber das schöne Portal kann ich wenigstens in Augenschein nehmen. Bis Latrille laufe ich auf der D456 und dann auf dem GR 65 weiter, als plötzlich ganz ohne Vorwarnung zwei mittelgroße Hunde aus einem Hof herausschießen und zähnefletschend auf mich zuspringen. Dem mutigen, der immer 20 Zentimeter vor dem anderen angreifen will, halte ich meine Stockspitze entgegen, bis ich meinen Pfefferspray aus der Tasche gezogen habe. Dann überlege ich und will verhindern, dass einer der beiden womöglich von hinten angreift. Also gehe ich selbst zum Angriff über und renne mit meiner Stockspitze in den Leithund, der sofort überrascht das Weite sucht und mit ihm der andere. Ich verfolge sie solange, bis sie in ihrem Hof verschwunden sind. Mit einem überhöhten Adrenalinspiegel walke ich nach dieser Attacke bis Miramont-Sensacq und von dort weiter auf der D440, biege dann im Tal links zum GR 65 ab und gehe auf diesen Weg ein Stück zurück, um einen Abstecher zur romanischen Kirche von Sensacq zu machen, einem unbedingt sehenswerten Bauwerk aus dem frühen elften Jahrhundert, das früher ebenfalls einmal dem Heiligen Jakobus geweiht war. Die kleine Kirche hat eine rustikale Holzdecke und ein großes Taufbecken, das sich auch für eine Erwachsenentaufe eignet. Sie liegt mitten im Grünen, wo man still verweilen kann, es sei denn es kommt gerade ein Pilger vorbei. Ich sitze auf dem Friedhof vor der Kirche, bin gerade mit dem Essen fertig, als mein Pilgerfreund Rupert um die Ecke biegt und all das machen will, was ich bereits gemacht habe: Besichtigen, Einkehr halten und vespern. Er erzählt mir, dass seine Mütze nicht im Gîte war, sondern in seiner Jackentasche, was er aber erst auf dem Weg nach dem Gîtebesuch entdeckt hatte. Nun hat er zwei; denn der nette Herbergsvater hatte ihm eine seiner eigenen Mützen geschenkt. Ich gehe derweil weiter bis Pimbo mit einer im Zuge von Befestigungsbaumaßnahmen im 14. Jahrhundert völlig verbauten romanischen Kirche, die aber ein schönes Portal besitzt. Gegen 15 Uhr komme ich in **Arzacq-Arraziguet** an. Es ist heute schon den ganzen Tag sehr heiß und so setze ich mich erst einmal auf dem großen Platz in der Ortsmitte in eine Straßenbar und trinke eine Cola. Während ich gemütlich sitze, kommt Rupert. Wir gehen zusammen zum kommunalen Gîte. Nach dem üblichen Procedere: Einchecken, Bezahlen, Stempeln, Bett zuweisen, gehe ich in die Stadt, um zwei Glas Bier zu trinken; denn ich habe großen Durst. Dann bekomme ich einen Heißhunger auf Süßigkeiten. Ich statte dem örtlichen Kaufhaus einen Besuch ab, kaufe mir Schokolade, Plätzchen mit Cassis-Marmelade und zwei Bananen, natürlich auch mein Einheitsmittagessen: Brot, Käse, Apfel und Tomaten. Sobald ich wieder auf der Straße stehe, verspeise ich die ganze Schachtel Plätzchen und die beiden Bananen. Im Gîte mache ich mich über die Schokolade her. Damit wird wohl meine extreme Unterzuckerung beseitigt sein. Und lecker war die Zwischenmahlzeit auch! Mutter ruft an. Ich berichte ihr, dass es mir gut geht. Und zum Beweis sage ich ihr, dass ich gestern 40 Kilometer und heute 30 Kilometer gelaufen bin. Das überzeugt auch eine besorgte 90-jährige Frau. Ich spüre, dass ich mich dem Baskenland nähere; denn viele Männer tragen Baskenmützen und in den Kneipen entdecke ich immer häufiger Stierkampfmotive auf Fotos und Gemälden. Im Schlafraum des Gîte ist eine bunte Mischung von Pilgern angekommen: Engländer, Franzosen, eine rothaarige Schweizerin aus Zürich und wir beiden Deutschen. Das Zimmer ist in Ordnung, es gibt nur ebenerdige Betten und mit einem die Intimsphäre wahrenden Abstand. Wir bekommen sogar in diesem kommunalen Gîte ein gutes Abendessen, sodass wir uns zufrieden ins Bett legen. Morgen soll es nach Arthez-de-Béarn gehen. Das sind 29 Kilometer, die gut zu schaffen sind.

Samstag, 30.September, 62. Etappe,
Arzacq-Arraziguet – Arthez-de-Béarn

Gegen zwei Uhr werde ich wach und bemerke, dass es in meiner Blase am rechten Fuß klopft! „Die Blase hat sich entzündet“, flüstere ich entsetzt in mich hinein. Ich bleibe glockenhellwach eine halbe Stunde lang liegen und konzentriere mich auf meinen Fuß. Aber ich täusche mich nicht und es wird auch nicht besser. Was mache ich jetzt? Ich überlege und komme zu dem Entschluss, dass ich aus meinem Rucksack meine Arzneitasche, Schere und Messer herausholen und mich verarzten muss. Mit meiner Taschenlampe sammle ich alles ein. Erst in der absoluten Stille bemerkt man, wie jeder Handgriff ein Rascheln, Knistern oder ein Kratzen verursacht, auch wenn man sich noch so anstrengt, ganz leise zu sein. Ich gehe runter über den Hof in den Essraum, der Gott sei Dank offen ist. Ich reiße mein Pflaster herunter, desinfiziere das Werkzeug und schneide die Blase auf. Ich trage auf die Wunde ordentlich Antibiotika-Kortison-Supersalbe auf und verklebe sie wieder. Es dauert aber nicht lange, bis ein Angestellter des Hauses erscheint und nachschaut, was sich nachts so im Essraum tut. Ich erkläre ihm alles und jeder von uns beiden geht beruhigt wieder auf sein Zimmer. Ich lege mich schlafen um aber kurz darauf wieder wach zu werden: Irgendeiner, vermutlich der Engländer, schnarcht entsetzlich, sodass mein Nachbar, ein Franzose, genervt sein Bettzeug nimmt und aus dem Zimmer verschwindet. Ich habe eine andere Idee. Not macht ja bekanntlich erfinderisch: Ich gehe mit meinem pochenden Fuß auf die Toilette, nehme ein Blatt Toilettenpapier, reiße es in zwei Teile, mache beide feucht und drücke sie mir in die Ohren. Meine Umwelt versinkt in eine wohltuende Stille. Ich gehe wieder schlafen, der Rest ist eine kurze Nacht.

Die gute Nachricht am Morgen: Mein Fuß hat aufgehört zu klopfen! Die schlechte Nachricht am Morgen: Es regnet immer wieder. Aber für Pilger gibt es in Herbergen kein Pardon: Bis acht Uhr müssen die Herbergen leer und die Pilger auf den Beinen sein. Rupert und ich laufen durch die Region Béarn, durch endlose Maisfelder, es geht bergauf und bergab. Nach 20 Kilometern – die Sonne scheint wieder – erreichen wir Pomps. Hier gibt es tatsächlich noch eine Jakobuskirche! Wir gehen in die Kirche Saint-Jacques-le-Majeur und finden sogar eine Statue des Hl. Jakobus. Es ist Samstag und Mittagszeit. Pomps macht Siesta. Rupert und ich setzen uns auf dem Rathausplatz an einen Tisch mit Bank und vespern. Ruperts Wasserflasche ist leer. Aber Gott sei Dank, sehen wir im Rathaus eine Frau und die Tür ist offen. Rupert geht hinein und bittet die Frau um Wasser. Und nun kommt das Unfassbare: Die Frau verweigert ihm die Bitte, sagt ihm, dass er irgendwo unterwegs an einer Wasserstelle vorbeikommt. Wir können es nicht fassen. Die Frau war sicher eine Angestellte von Pomps, von einem Ort, der sich eine Jakobskirche hält, wo überall Hinweisschilder für Pilger stehen. Und dann verweigert sie einem Pilger Wasser! Für Pilger ist der Durst eine Plage. Es gibt Tage, da könnte ich ununterbrochen trinken. Gerade, wenn man in der Hitze läuft, braucht der Körper sehr viel Flüssigkeit, da er sonst dehydriert mit den Folgen von Müdigkeit und Schwäche. Natürlich sind die Möglichkeiten Wasser zu schöpfen, fast überall reichlich gegeben. Mit einer Einliterflasche überwindet man auch größere Strecken ohne Wasserfassen. Aber

Rupert hat eine kleine Halbliterflasche und war so schon etwas anfälliger für Wassermangel als ich.

Seit Beginn gehört zum Pilgertum die Bitte um Almosen. Hier muss man wissen, dass die Menschen früher weit weniger mit sich herumschleppen konnten als heute. Es gab auch keine Scheckkarten oder Kreditkarten, mit denen man sich seine Barschaft jederzeit wieder auffrischen konnte. Aber es war ein Geben und Nehmen in beide Richtungen; denn den Pilger bat man: „Bete für uns in Compostela!", und er hatte in Santiago diese Bitten inbrünstig zu erfüllen. Pilger halfen früher auch beim Bau von Brücken, bei der Instandsetzung der Wege mit. Pilger nahmen Kalksteine aus der Gegend von Hontanas/Castrojeriz mit zu den Kalköfen in Galicien, wo es keine Kalksteine gibt. Der bronzene Jakobspilger an der Herberge in La Faba in Spanien erinnert an die Steinschlepper früherer Zeiten. Im Gegenzug bekam zumindest der arme Pilger von Kirchen, Klöstern oder wohlhabenden Bürgern zu essen und zu trinken. Diese intensive Form des Gebens und Nehmens in brüderlicher Liebe gibt es in dieser Ausprägung leider heute nicht mehr. Der Pilger von heute kann sich seine Nahrungsmittel, seine Kleidung kaufen, und die Klöster und die Kirche sind ärmer geworden. Das Geben und Nehmen in materieller Hinsicht hat sich heute etwas verschoben: Die Tourismuswirtschaft hat auch das Pilgern entdeckt und bietet Pauschalreisen – all inclusiv – an: Busreisen, Hotelübernachtungen, Herbergsübernachtungen, kurze Wanderungen, Kirchenbesuche, Pilgermahlzeiten, manchmal auch mit „spiritueller Begleitung". Die Grenze zwischen Tourismus und Pilgerei ist fließend geworden. Auch die Anwohner haben sich darauf eingerichtet. Und ein Teil dieser Menschen am Weg lebt von den Touristen und Pilgern und nicht umgekehrt. Den Ausgleich erlebt der Pilger in spirituel-

ler Hinsicht. Es sind die Pilgermessen und Andachten in den Kirchen, es ist der liebenswürdige Service am Weg, es sind die freundlichen Herbergsleute, die er täglich erlebt.

Aus einem Privathaus am Platz kommt eine Frau mit ihrem Kind und Rupert eilt gleich hinüber. Die Frau gibt dem Pilger das erwünschte Wasser. Dennoch laufen wir nachdenklich weiter. Die Sinne sind sensibel geworden, ich habe darüber schon berichtet. Vor Arthez-de-Béarn pilgern wir noch im Regen an der Kapelle von Caubin vorbei. Sie steht wunderschön allein in der Landschaft. Früher war sie ein Bestandteil einer „Commanderie des Hospitaliers de Saint-Jean“, die von den Hugenotten zerstört wurde. Die kleine Kirche wurde von der „Association des Amis de Caubin“ 1966 restauriert, wofür ihr großer Pilgerdank gebührt; denn das Kirchlein ist heute wieder für den Wanderer geöffnet.
In **Arthez-de-Béarn** erreichen wir den modernen kommunalen Gîte gegen 15 Uhr. Hier könnten wir unsere Wäsche in einer Waschmaschine waschen und trocknen. Leider hat sie eine Reisegruppe belegt und auch nicht herumgefragt, ob jemand was zu waschen hat. Um 18 Uhr verlässt nämlich die Verwaltung das Gebäude und dann stehen alle Maschinen still. So schaut der Rest der Truppe heute im wahrsten Sinn des Wortes „in die Wäsche“. Rupert und ich schauen dagegen am Abend in die Kirche (und besuchen den Vorabendgottesdienst einer sehr rührigen Gemeinde) und anschließend in die Kneipe, wo wir ein hervorragendes Pilgermenü bekommen.

Sonntag, 1. Oktober, 63. Etappe,
Arthez-de-Béarn – Navarrenx

Das Frühstück heute Morgen bereiten wir uns in der modernen Küche selbst zu. Meine Füße machen einen guten Eindruck.

Gestern Abend habe ich die Pflaster abgemacht und nachgeschaut: Die linke Blase war verheilt, die rechte noch nicht. Dann habe ich auf die linke Ferse ein normales Blasenpflaster und auf die rechte ein großes Fersenpflaster geklebt. Bald werde ich auch dieses Theater überwunden haben. Heute ist es nach dem vielen Regen schwülwarm. Hinter Arthez laufen wir auf der D275 und kürzen so den Weg etwas ab. Als wir gegen Mittag eine Anhöhe erreichen, eröffnet sich uns zum ersten Mal ein Blick auf die Pyrenäen. Spanien ist fast zum Greifen nahe. An dem Fluss Gave de Pau im Tal kommen wir wieder auf den GR 65, wandern durch eine Hügellandschaft bis zum ehemaligen Kloster von Sauvelade. Heute steht hier noch die mächtige Kirche, in deren Inneren sich die bunten Farben der Fenster an den Wänden und Säulen widerspiegeln. Diese romanische Kirche bietet eine beeindruckende Atmosphäre, so dass Rupert und ich hier eine Weile verharren. Die Mönche hatten es an dieser Stelle schwer, durch die Jahrhunderte zu überleben: Zuerst wurden die Benediktiner von den Hugenotten vertrieben und dann während der Französischen Revolution die hier anschließend siedelnden Zisterzienser.

Die restlichen zwölf Kilometer bis **Navarrenx** schaffen wir bis 15 Uhr und ich erreiche mit schmerzenden Fersen den Gîte. Ich schaue mir meine Füße an und bin ärgerlich: Die Blasen sind wieder größer geworden. Was soll ich noch tun? Habe ich sie falsch behandelt? Ich bin ratlos und kann nur auf Besserung hoffen. Die Hoffnung stirbt ja bekanntlich zuletzt. Um 18 Uhr gehen Rupert und ich in die spätgotische Kirche Saint-Germain zum Pilgergebet. Eine kleine Gruppe von Pilgern hat sich eingefunden. Drei Frauen und ein älterer Mann leiten die Andacht. Wir bekommen Blätter ausgeteilt und beten und singen. Der ältere Mann trägt die Lesung vor. Ich bin fast versteinert, als er Lukas 24,13-35 ankündigt und die Geschichte der Emmausjünger vorträgt. Und als er den Satz „Notre coeur ne brûlait-il pas au dedans de nous, lorsqu'il nous parlait en chemin et nous expliquait les écritures?" (Brannte uns nicht das Herz in der Brust, als er unterwegs mit uns redete und uns den Sinn der Schrift erschloss?) vorliest, spüre ich wieder dieses Brennen. Ich denke an die Nacht in Beaumont nach Brittas Abschied in Genf, wie ich im Erwachen die Emmausjünger sehe und mein Empfinden mit deren Empfinden verbinde. Ausgerechnet die Emmausjünger trägt er heute vor! Es gibt für *jeden* Tag des Jahres ein Evangelium und Lesungen. Und die Emmausjünger sind in der Liturgie erst am Ostermontag dran! Das ist mir zuviel Zufall!

„Tief ergriffen" heißt in Wirklichkeit: Ich heulte! Ich teilte das Schicksal fast aller Pilger. Nur reden Männer nicht darüber, weil Männer ja nicht weinen. Ich bemühte mich in der Kirche sehr darum, dass es niemand merkt. Ich redete auch nicht mit Rupert darüber. Hape Kerkeling lässt in seinem Buch die Larissa sagen: „Irgendwann fängt jeder auf dem Weg an zu flennen...". Und auch Hape Kerkeling selbst stand irgendwo einmal in den Weinbergen und weinte. Warum auch immer. Es liegt wohl an dem intensiven Erleben, an dem Sichöffnen der Sinne, an dem Eintauchen in die natürliche Welt, Schritt für Schritt. Und in dieser gewaltigen Gefühlswelt des Pilgers fließen dann auch Tränen.

Am Ende teilt der ältere Vorbeter die Kommunion aus. Ich fühle mich mit allen vereint, mit den die Pilger umsorgenden Franzosen, mit allen Pilgerfreunden, mit der Welt. Nach der Andacht zeigen uns die vier VorbeterInnen den berühmten Jakobuskopf im Gewölbe der Kirche, der über einer Säule aus den Gewölbestreben herausschaut. Er schaut sehr eindringlich auf uns herunter, fast mahnend. Aber er sieht schon etwas ramponiert aus, der

Zahn der Zeit hat auch das Abbild des Jakobus in Navarrenx nicht verschont. Es ist eine sehr ungewöhnliche Bildhauerarbeit, wie ich sie noch nie in einer Kirche gesehen habe. Die vier Franzosen laden uns noch zu einem Glas Wein und zu Plätzchen ein. Wir gehen gerne mit und unterhalten uns mit ihnen, so gut es geht, es sind sehr fröhliche Menschen. Dann rückt die Abendessenszeit im Gîte näher. Wir bedanken und verabschieden uns. Der Gîte liegt etwa einen Kilometer abseits des Pilgerweges. Das haben wir nicht gewusst und es steht leider auch nicht im Führer, sonst hätten wir woanders gebucht. Das Abendessen ist bescheiden, der Rotwein knapp bemessen. Wir gehen früh schlafen und im Bett gehen mir andauernd die Emmausjünger durch den Kopf.

Montag, 2. Oktober, 64. Etappe, Navarrenx - Behoteguya
Ich bin heute Morgen Rupert sehr dankbar, dass er etwas Geduld mit mir hat. Ich muss dringend in eine Apotheke, die aber erst um neun Uhr öffnet; denn ich brauche Blasenpflaster. Deshalb lassen wir uns Zeit mit dem Frühstück. Während wir vor der Apotheke stehen, läuft ein uns bekanntes Gesicht über den Weg. Es ist Michael aus Freiburg, den wir in Les Estrets getroffen hatten, dort, wo auch Dagmar, die Heidenheimerin aus München, und Isabelle, die Kanadierin mit ihren kaputten Füßen, auftauchten und wo ich Martin wieder traf. Nach 22 Tagen sehen wir uns wieder! Pilgerbekanntschaften haben ihre eigene Dynamik. Er erzählt, dass er fast nur noch in Sandalen läuft und so sein Blasenproblem gelöst hat. Auch berichtet er, dass er von einem Hund angefallen worden ist. Und da er ohne Stock läuft, hat ihn dieser Köter so heftig gebissen, dass er einen Arzt aufsuchen musste. Ich nehme mir vor, in Saint-Jean-Pied-de-Port Sandalen zu kaufen, wenn bis dahin die Blasen nicht spürbar besser sind. Heute laufe ich hinter Navarrenx knapp fünf Kilometer auf der

D115, um etwas Weg abzukürzen und daher wieder getrennt von Rupert, der brav den GR 65 läuft. Auf der Straße ist kein Verkehr. Ich sehe die Pyrenäen, die Sonne scheint und die Luft ist klar, kurzum ein herrlicher Tag. Nach weiteren zweieinhalb Kilometern auf dem GR überquere ich den Fluss Le Saison und erreiche das Baskenland. Rupert hatte mich auf dem GR wieder eingeholt. Gegen 13 Uhr treffen wir im Hof **Behoteguia**, einem privaten Gîte, ein. Heute sind wir keine 20 Kilometer gelaufen. Die Wirtin verdient besonders erwähnt zu werden. Sie ist autoritär, aber immer gentille, immer freundlich. Sie hat alles im Griff. Sie zelebriert die Pilgeraufnahme: Alle Pilger sitzen im Hof und sie nimmt nacheinander jeden einzelnen mit ins Haus, weist ihm ein Bett zu und zeigt ihm die Einrichtungen des Hauses, welches das Ehepaar frisch renoviert hat; der Rest des Hofes ist noch Ruine. Ich, der bockige, dickschädelige, immer noch nicht ausreichend demütige Pilger, bekomme gleich mit ihr Schwierigkeiten. Ich kapiere nämlich nicht sofort das Aufnahmezeremoniell und gehe zu ihr und frage, ob ich mein Bett beziehen kann. Sie sagt mir, ich solle mich hinsetzen und gefälligst warten, bis ich an die Reihe komme. Dann erzählt sie im Hof irgend etwas Wichtiges, was ich aber nicht ganz verstehe. Ich frage die rothaarige Schweizerin Erika aus Zürich, Mitte 50, die ebenfalls hier aufgetaucht ist, was die Chefin gesagt hat. Erika übersetzt bereitwillig und erlebt gleich ihr blau-weiß-rotes Wunder: Sie wird von der Wirtin angefahren und darauf hingewiesen, dass hier nur Französisch gesprochen wird.

Wenn ich an den Franzosen etwas zu kritisieren habe, dann ist das ihre Eigenschaft, sich nicht im Geringsten zu bemühen irgend eine andere Sprache zu sprechen auch wenn sie sie sprechen könnten. Auf meiner langen Tour hat kein Franzose, außer der Pfarrer in Nasbinals und der Deutsch-Franzose aus Metz, mit mir

Deutsch gesprochen; nicht einmal der, der mir sagte, er habe sieben Jahre Deutsch in der Schule gelernt. Aber das hier am Hof Behoteguia ist schon der Gipfel!
Ansonsten ist die Wirtin immer gentille, freundlich und hilfsbereit. 18.15 Uhr – pünktlich natürlich – ruft sie zum Aperitif. Es gibt Kir (Cassis-Sirup mit Weißwein). Wir versammeln uns alle auf dem Balkon, was wirklich schön und kommunikativ ist. Jeder sagt, woher er kommt, wohin er will und was ihm sonst noch so einfällt. Mir gehen die Touristen in unserem heutigen Quartier schrecklich auf die Nerven, weil sie über die Pilgerei alles wissen und zum Besten geben. Dagegen ist unsereins einfach blöde. Aber die feste Hand der Wirtin lenkt geschickt die Konversation, sodass sich niemand in den Vordergrund schieben kann. Dann gehen wir in die Stube zum Abendessen. Ihr Mann, der in der Zwischenzeit in der Küche gewirkt hat, kommt zum Auftragen der Speisen ab und zu aus der Küche, sagt aber kein Wort. Er macht seinen Job. Das Essen ist gut und reichlich. Wir werden alle richtig satt. Hier im Hof Behoteguia treffen wir auch Elke aus Hamburg wieder, die wir zusammen zum ersten Mal auf meiner 56. Etappe auf dem Weg zu Thérèse in Miradoux getroffen haben. Sie hatte Esskastanien gesammelt, die zuhauf am Weg herumlagen. Heute Abend verteilt sie im Gîte ihre gekochten Kastanien, die lecker schmecken. Sie scheint wohl, wenn möglich, immer welche dabei zu haben. Nach dem Essen gibt es einen Vortrag über die Verhaltensregeln während der Nacht und am Morgen. Alle, die perfekt Französisch sprechen und verstehen, nicken. Vielleicht habe ich etwa 70% verstanden, mehr nicht. Wir verziehen uns in die Betten.

Dienstag, 3. Oktober, 65. Etappe, Behoteguya – Ostabat-Asme

Die Nacht ist etwas schwierig; denn auf eines hatte die Wirtin gestern Abend nicht hingewiesen: auf die zahlreich über die Pilger herfallenden Mücken. Vielleicht gehörte das Thema zu den 30% ihres Vortrages, die ich nicht verstanden habe. Ich habe erst Ruhe vor den Plagegeistern, als ich mich mit Autan einreibe. Aber man lässt sich ja erst halb tot stechen, bis man sich im Halbschlaf dazu aufrafft, die schützende Salbe aus dem Rucksack herauszukramen. Auch ist es mir im Schlafsaal viel zu warm. Heute Nacht schlafe ich nicht besonders gut.

Gut ist aber das Punkt 7.30 Uhr beginnende Frühstück, zudem alle pünktlich erscheinen. Es gibt fast alles, was man sich zum Frühstück wünscht. Die Stimmung ist deshalb ausgezeichnet und die Mücken sind vergessen. Dann findet Passstempeln und Bezahlen statt, alle Pilger schön der Reihe nach. Und zuallerletzt verteilt die Wirtin das restliche Brot, Käse, Wurst, Eier, Äpfel und Tomaten für die Tagesetappe! Das haut selbst den stursten Pilger um! Bei solcher Befriedigung menschlicher Urtriebe, verzeiht man ihr auch ihre sprachliche und autoritäre Arroganz. Zum Abschied wird jeder mit Handschlag verabschiedet. Ich bedanke und verabschiede mich deshalb auch sehr herzlich – allerdings auf Deutsch. Damit stelle ich mich zwar auf ihre Stufe, aber ich kann es mir einfach nicht verkneifen. Sie lächelt.
Heute Morgen hatte es schon gewittert, als wir gegen acht Uhr aufbrechen. Ein Regenbogen eröffnet den Tag. Aber das sollte trügen; denn kurze Zeit später kommt der nächste Regenschauer. Es ist warm. Knapp sechs Kilometer vor Ostabat-Asme kommen wir, nachdem wir den Fluss Bidouze überquert haben und einen Hügel hochgelaufen sind, am „Stein von Gibraltar“ vorbei. Hier münden die beiden anderen Pilgerwege aus Paris/Tours und

Vézelay in den GR 65 ein. Der Name „Gibraltar“ hat nichts mit dem Südzipfel Spaniens zu tun, sondern kommt – laut meinem Führer – von „Chibaltarem“, der baskischen Aussprache von „Salvatorem“ (den Erlöser). Bei stürmischem Regen geht es weiter hinauf zur Kapelle von Soyarza mit einem, bei schönem Wetter, herrlichen Ausblick auf die Pyrenäen. An dieser Kapelle lädt bei diesem Wetter ein überdachter Raum mit Tisch und Bänken – welch ein Pilgerservice! – zur Mittagspause ein. Wir treffen hier drei Franzosen und die Schweizerin Erika. Aber wir sind schon nass, sodass Rupert, Erika und ich uns hier nicht lange aufhalten und nach **Ostabat-Asme** weiterziehen, wo wir um 14 Uhr am Gîte Gaineko-Etxea ankommen. Der Chef, Bernard, sieht so aus, wie man sich einen Basken vorstellt: gemütlich, etwas korpulent, mit Baskenmütze natürlich und er ist eine Stimmungskanone. Er spricht mit seiner Tochter Baskisch, überall hängen baskische Utensilien, käufliche Kleidungsstücke mit baskischen Symbolen oder Aufschriften herum. Rupert und ich teilen uns mit Erika und Elke ein schönes Zimmer. Sonst treffen wir hier noch drei französische Ehepaare, den großen und den kleinen Franzosen, die wir mit der Kanadierin Isabelle in Aire-sur-l'Adour gesehen haben, einige weitere Franzosen und einen Neuseeländer. Der Abend wird zum Fest. Der Chef entfaltet sich zum Animateur. Die Stimmung steigt und steigt. Wir essen und singen, mal Französisch, mal Baskisch. Zwischendurch rufen alle „A votre santé!“ (Prost) und „Sien osa gariari!“, was dasselbe auf Baskisch heißt, wenn ich das richtig verstanden habe. Der Rotwein fließt und am Ende fallen wir alle zufrieden in unsere Betten.

Mittwoch, 4. Oktober, 66. Etappe,
Ostabat-Asme – Saint-Jean-Pied-de-Port - Honto

Nach dem Frühstück, das mit dem Pilgerlied „Ultre-ia!" beendet wird, starten wir gegen acht Uhr zur letzten französischen Etappe. Ich bin innerlich etwas unruhig. Die Pyrenäen üben eine große Faszination auf mich aus. Wie wird es dort sein? Was bringt Spanien? Von Pilgern haben wir den Tipp bekommen, nicht in Saint-Jean-Pied-de-Port Station zu machen, sondern eine Stunde weiter bis Honto in den Pyrenäen zu laufen, damit die morgige Pyrenäenüberquerung etwas leichter wird. Dann wären es nur noch 21 Kilometer mit 1000 Metern Aufstieg und 500 Metern Abstieg bis Roncesvalles. Wir laufen heute zu fünft: außer mir der große und der kleine Franzose, die beide aus Limoges stammen, Erika und Rupert. Unterwegs überholen uns noch zwei Österreicher, die nach Lourdes pilgern. Es nieselt und es ist das gleiche ungemütliche Wetter wie gestern. Nach 16 Kilometern erreichen wir Saint-Jean-le-Vieux am Fuß der Pyrenäen. Ursprünglich liefen die Pilger von hier über Saint-Michel und den col de Roncevaux (Pass von Roncesvalles) über die Pyrenäen. Seit dem 13. Jahrhundert wird der Weg über Saint-Jean-Pied-de-Port benutzt. Wir schauen uns noch die im Innenraum sehr eigenwillige Kirche Saint-Pierre-d'Usacoa an, die ein romanisches Portal besitzt und gehen weiter zum Stadtviertel La Madeleine. Hier finden wir das kleine Kirchlein Sainte-Marie-Madeleine de la Recluse, rustikal und mit einem einfachen Barockaltar. Wir wandern weiter nach Saint-Jean-Pied-de-Port. Durch das berühmte Tor Saint-Jacques gelangen wir auf die Rue de la Citadelle, die sich durch das Städtchen hindurchzieht. An ihr liegen der Gîte, die Kirche und die Pilgerinformation, die wir sogleich aufsuchen. Die zwei Franzosen verdrücken sich derweil irgendwo in der Stadt. Wir erhalten von den sehr freundlichen Leuten, die fast alle Sprachen sprechen, einen Plan der Stadt, einen Routenplan über die Pyrenäen und eine Herbergsliste für den gesamten „Camino Francés", wie der Jakobsweg in Spanien heißt. So gut ausgestattet gehen wir in die gotische Kirche Notre-Dame-du-Pont. Jeder zündet vor dem Marienaltar ein Licht an und verbringt in der Gemeinschaft der Pilgerfreunde eine kleine Zeit in Stille und Andacht. Ich bin dankbar, dass ich so gut durch Frankreich gekommen bin und ich bin glücklich. Für Rupert ist die Pilgerwallfahrt heute zu Ende. Wir nehmen Abschied und ich verliere einen lieben Begleiter. Das Angenehme an unserer Pilgerbeziehung war, dass jeder von uns auf dem langen Abschnitt von Le Puy bis Saint-Jean im Prinzip sein eigener Wanderer war, wir uns aber immer wieder zusammengefunden haben, tagsüber und in den Herbergen. Es ist erstaunlich, dass wir uns nie aus den Augen verloren haben. Rupert steht nun ein wenig „bedröppelt" da, so, als wenn der Weg für ihn zu schnell geendet hätte. Ich habe das Gefühl, dass er gerne mit uns weiterlaufen würde und ich weiß eigentlich nicht so recht, warum er es nicht tut. Er wird schon seinen Grund haben. Ich weiß inzwischen, was eine lange Pilgerreise vermag, aber eben eine wirklich lange! Deshalb tut er mir ein wenig leid. Wenn ich sage „mit *uns* weiterlaufen", so waren Erika und ich uns einig, dass wir nicht in Saint-Jean Station machen, sondern zusammen weiter nach Honto wandern. Die beiden Franzosen aus Limoges pilgern nur bis Pamplona und für die übrigen ist hier in Saint-Jean die Reise zu Ende. Wir sind also die einzigen, die von den Santiago-Pilgern im Augenblick hier im Ort übriggeblieben sind. Mit Erika gehe ich ein Bier trinken und einen Salat essen, um 14 Uhr zur Post, wo sie ein paar Karten schreibt und ich wieder einmal mein Gepäck leichtere: Alle französischen Unterlagen werden verpackt, es sind ein Kilo und 65 Gramm, die meinen weiteren Weg erleichtern. Wir kaufen noch

Lebensmittel auf Reserve, weil es vor Roncesvalles nichts mehr zu kaufen gibt. Dann brechen wir auf und erreichen nach einer Stunde **Honto**. Die Herberge von Honto ist wenig aufregend, das Essen gut, die Herbergsleute eher muffelig. Wir kommen aber mit dem Kontrastprogramm zu gestern gut zurecht; denn wir bereiten uns auf Spanien vor, wo wir uns im Geiste schon aufhalten. Mich ärgert ein wenig, dass alle spanischen Orte, soweit sie in Frankreich französische Namen haben, in der Herbergsliste von Saint-Jean mit diesen französischen Namen abgedruckt sind. In Spanien interessieren aber nur spanische Namen. Aber zum Abschluss soll dieser kleine Anflug von Missfallen die wunderschöne Zeit, die ich in Frankreich verbringen durfte, nicht schmälern. Die Franzosen haben mich eingefangen. Während ich mich in Deutschland und in der Schweiz verkrampft, aber hartnäckig den Jakobsweg entlanggekämpft hatte, haben mir die Franzosen den inneren Weg gewiesen! Und ich hatte mit Martin und Rupert zwei Pilgerbrüder, deren Begleitung mir auch „Sicherheit" auf dem Weg zu diesem Ziel vermittelt haben. Dieser wunderschöne Abschnitt ist nun vorbei. Was wird in Spanien auf mich zukommen? Mir geht nur noch Spanien durch den Kopf!

Ich erreiche die Zielgerade: Spanien

„Mit jedem Hauch entflieht ein Teil des Lebens,
Nichts beut Ersatz für das, was du verloren:
Drum suche früh ein würdig Ziel des Strebens.
Es ist nicht deine Schuld, daß du geboren,
Doch deine Schuld, wenn du gelebt vergebens!"
Aus dem Nachlasse des Mirza-Schaffy, 3. Buch; Buch der Sprüche Nr. 9
Friedrich Martin von Bodenstedt

Donnerstag, 5. Oktober, 67. Etappe, Honto - Roncesvalles
Als wir den Gîte verlassen, ist es noch dunkel. Erika und ich laufen zusammen Richtung Spanien. Da wir schnell sind, überholen wir mit flotten Schritten alle, die schon sehr früh in Saint-Jean gestartet sind, alle aus Honto und alle, die im Gîte in Orisson, oberhalb von Honto, genächtigt haben. Die Gesichter sind alle neu: Australier, Franzosen, ein deutsches Pärchen, ein weiterer Deutscher und drei Japanerinnen von Orisson. Bis auf wenige Langläufer bricht sich in Saint-Jean der Pilgerstrom: die einen hören auf und die anderen fangen an. Wir erleben einen traumhaft schönen Sonnenaufgang in den Bergen. Und wir haben Glück mit dem Wetter; denn die Sonne bricht immer wieder durch die Wolken. Die Herbstlandschaft ist beeindruckend schön, wir sehen keine Orte, nur Landschaft, freilaufende Pferde und Schafe. Eine Zeit lang werden wir von einem Hubschrauber umkreist, immer wieder. Mal bleibt er über uns stehen, mal beobachtet er uns von der Seite. Mir ist nicht ganz wohl dabei. Wir können uns nicht erklären, was die Insassen von uns wollen. Sehen wir wie ETA-Leute aus? Vielleicht laufen wir so schnell wie Fliehende. Ich winke dem Hubschrauber fröhlich zu. Irgendwann dreht er dann ab. Oben auf dem Pass ist es nebelig. Genau um 12.18 Uhr können wir einen ersten Blick auf Spanien werfen, auf

eine Ebene mit Roncesvalles im Vordergrund. Wahrscheinlich wurde auf dieser Ebene die von Roland angeführte 20 000 Mann starke Nachhut Karls des Großen, die auf dem Rückzug war, vernichtend geschlagen. Diese Frankengeschichte und das Pilgertum verbinden sich hier in Roncesvalles. Früher sind hier auf der Höhe die Pilger auf die Knie gefallen, haben gebetet, sogar – wie angeblich Karl der Große – Kreuze errichtet. Heute sind wir nüchterner geworden, wir freuen uns und laufen einfach weiter. Wir steigen weiter hinab, bis wir um 13 Uhr an der Herberge in **Roncesvalles** ankommen. Wir sind die 21 Kilometer in fünf Stunden gelaufen, also mit rund vier Kilometern pro Stunde über die Pyrenäen „gerannt". Meine Blasen haben sich ruhig verhalten, vielleicht hat sich dieses Thema noch rechtzeitig vor Spanien erledigt. Die Herberge zeigt uns, was wir in Spanien noch öfter erwarten dürften: Großherbergen! Sie besteht aus einer großen Halle mit 100 Betten, Doppelstockbetten dicht aneinandergereiht. Wir werden eingeteilt, die Betten sind nummeriert. Männer auf die linke, Frauen auf die rechte Seite. Bei 100 Pilgern im Sommer geht das wohl nicht anders. Aber es wird unpersönlicher. Das Klosteranwesen ist stattlich und mächtig hebt sich die Kathedrale heraus. Etwa 35 Pilger sind heute hier in der Herberge angekommen, die von drei Holländern ehrenamtlich geführt wird. Am Abend gehen wir in die Messe mit anschließendem Pilgersegen. In einem Restaurant bekommen wir für acht Euro ein akzeptables Essen. Vor dem Zubettgehen bittet Erika um meine Super-Anti-Entzündungssalbe. Bei ihr hat sich wohl eine Blase entzündet. Erika hatte mir in Arzacq-Arraziguet gute Ratschläge für die Behandlung von Blasen gegeben: Nadel und Faden desinfizieren, Nadel mit Faden durch die Blase ziehen und Faden als Drainage mit beiden Enden heraushängen lassen. Nach zwei Tagen sei die Blase weg, sagte sie. Der Trick muss wohl bei ihr selbst nicht so recht funktioniert haben. Aber wie ich Erika einschätze, ist sie hart im Nehmen. Punkt 22 Uhr ertönt im Saal von einer CD ein gregorianischer Chor, das Licht geht aus, nach einiger Zeit verstummt die Musik, die Pilger müssen schlafen.

Freitag, 6. Oktober, 68. Etappe, Roncesvalles - Larrasoaña
Umgekehrt verläuft die Zeremonie heute morgen, nach meiner ersten Nacht auf spanischem Boden: Gregorianische Musik erklingt, Licht geht an, Wecken, und um 7.45 Uhr stehen wir alle auf der Straße. Es ist dunkel. Ich habe keine Ahnung, wohin ich gehen muss. Ich frage einen der drei holländischen Chefs. Er sagt: „Hier der Straße nach, rechts kommst du auf einen Weg, der nach Burguete führt. Dort kannst du frühstücken. Du musst immer der Muschel nachgehen, die Strahlen zeigen immer nach Santiago.“ Es ist kalt heute Morgen, unter null Grad. Obwohl ich meine dünnen Handschuhe trage, frieren meine Fingerspitzen. Ich muss sie immer wieder aufwärmen. Während es dämmert erreiche ich Burguete und gehe in die Bar, die schon mit Pilgern gefüllt ist. Alle frühstücken. Ich wende zum ersten Mal meine Spanischkenntnisse an: „Para mi pan, mantequilla, mermelada, un croasán, una manzana y café con leche, por favor (Für mich bitte Brot, Butter, Marmelade, ein Croissant, einen Apfel und Kaffee mit Milch).“ Er versteht es. Der Kaffee tut gut und die Wärme in der Bar auch.
Erika will heute wegen ihrer Blase am Fuß langsam laufen. Ich mache mich auf den Weg. 27 Kilometer bis Larrasoaña habe ich mir vorgenommen. Es geht durch Espinal nach Viscarret. Ich ärgere mich über die neu angelegten Betonwege. Die Leute, die Beton-Wanderwege bauen, sind offensichtlich noch nie gepilgert. Die Füße reagieren bei einer so langen Wanderschaft sehr, sehr sensibel auf die Beschaffenheit des Bodens. Der Pilger sucht

ständig nach weichen Böden. Also laufe ich neben den Betonpisten weiter. Der Holländer, der mir erzählt hat, dass die Strahlen der Jakobsmuscheln auf den Wegweisern immer Richtung Santiago zeigen, ist den Weg offensichtlich auch noch nicht gegangen. Die Strahlen zeigen mal vorwärts, mal rückwärts, mal in die Luft, gerade so, wie es der Zufall will. In Zubiri treffe ich auf die große Brücke über den Fluss Arga, weiter geht es auf einem Weg durch das Anwesen einer Magnesiafabrik. Hier liegen überall die schweren, glitzernden Magnesitsteine herum. Ich nehme mir ein Steinchen mit, obwohl ich sehr mit dem Tragen zusätzlicher Lasten geize. Um 14.30 Uhr komme ich in **Larrasoaña** an. Die kommunale Herberge macht aber erst in einer Stunde auf. Zwei Holländer, Erika, die nach einiger Zeit auch eintrifft, und ich putzen derweil unsere Schuhe am Wasserhahn vor der Herberge. Ansonsten gibt es in dem Dorf nichts. Kein Restaurant, kein Geschäft, und die einzige Bar ist geschlossen. Aber wir können das Notwendigste in der Herberge kaufen. Die strenge und etwas unfreundliche Chefin staucht mich erst einmal beim Passstempeln zusammen, weil ich mich angeblich vorgedrängt habe. Ich bin schon ziemlich gelassen geworden und hätte mich auch hinten wieder angestellt. Wann ich meinen Stempel bekomme, ist mir völlig unwichtig. Aber die Chefin hat die Rechnung ohne Erika gemacht. Die händelt solange mit ihr herum, bis diese unsere Warteschlange akzeptiert. Jetzt weiß ich, warum die Schweiz so erfolgreich ist! Wir, das sind Erika, zwei Australier, ein Schweizer aus Bern und ich beschließen, gemeinsam in der Herberge Abend zu essen. Erika kocht Nudeln, ich spendiere eine Flasche Rotwein, die anderen Brot, Käse, einfach jeder, was er hat. Es hat sich eine unterhaltsame Runde zusammengefunden. Der Schweizer hat wohl aus einer Laune heraus seinen Arbeitskollegen gesagt, er würde den Jakobsweg laufen, worauf diese ihn dann auf dieses

Projekt festgenagelt haben. Er ist ein Jungmanager in einem Unternehmensberatungsunternehmen, der mal eben vom Bürostuhl weg jeden Tag mindestens 30 Kilometer laufen will. Er hat nur 14 Tage Zeit, will bis León kommen, dann muss er wieder arbeiten. Auch die Australier suchen wohl eher das Abenteuer als sonst etwas auf dem Weg. Warum nicht? Jeder kann laufen wie er will.

Warum pilgern Menschen? Diese Frage, die ich hier anspreche, ist nicht einfach zu beantworten. Jeder Pilger hat darauf sicher eine ganz persönliche Antwort, die er u.U. auch nicht gerne offen darlegen möchte. Die Gründe können vielfältig sein. Es ist deshalb gewagt, wenn die offizielle Statistik aus Santiago de Compostela die Motive in drei Gruppen einteilt: in religiöse, in religiös-kulturelle und in kulturelle Motive. Was immer man unter „kulturell" versteht: Es gibt ja schließlich auch die Sportlichen, die den Camino nur in kürzester Zeit zurücklegen wollen; in 18 Tagen soll der Camino Francés in Spanien schon gemeistert worden sein. Eine „kulturelle" Tat ist das sicher nicht, in 18 Tagen durch Spanien zu rennen, aber eine sportliche Leistung! Die Motive aus früheren Zeiten sind sehr schön in dem Buch „Unterwegs nach Santiago" von Pierre Barret und Jean-Noël Gurgand beschrieben: Die Pilger kamen aus allen Bevölkerungsschichten und von überall her. Und alle hatten ihre Gründe. Echte Frömmigkeit war immer schon das Hauptmotiv: Buße tun, ein Gelübde einlösen, Danke sagen, Bitten vortragen, Hilfe erflehen – sogar im Auftrag für andere. Man ging in die Fremde und unternahm eine Wallfahrt zu einem heilig betrachteten Ort, um eine religiöse Vertiefung zu erfahren. Anderen diente die Pilgerschaft als Flucht vor Problemen, vor Schulden, vor Strafe, vor Seuchen oder vor Kriegen. Manch einer war geschäftlich unterwegs oder wollte nur

Land, Leute und Sitten kennen lernen. Manch einen Menschen hat das Pilgerschicksal unfreiwillig ereilt. Man konnte z.B. testamentarisch zum Pilgern verpflichtet oder aber als Strafe für irgendwelche Vergehen zu einer Pilgerreise verurteilt werden. Manche haben auch einfach nur einen Mann oder eine Frau gesucht. Und immer wieder wurden die Pilger von „Muschelbrüdern", die ständig das Geld der anderen im Blick hatten, von Irren und von Händlern begleitet. Und heute? Im Prinzip hat sich nichts geändert aber die Gewichte haben sich verschoben. Die offizielle Statistik ermittelte für 2006, dem Jahr, in dem auch ich unterwegs war, dass von den rund 100 000 Pilgern, die in Santiago angekommen waren, fast 42 000 religiös motiviert waren. Aber es waren fast die Hälfte aller Pilger, die religiös-kulturelle Motive im Sinne hatten. Dieser Anteil wuchs im Laufe der letzten Jahre deutlich. Das leuchtet ein; denn Jakobspilgern ist in Mode gekommen. Da machen sich nicht nur Menschen auf den Weg, die aus tief religiösen Motiven angetrieben werden, sondern auch andere: Ich wollte mich von meiner inneren Bindung an die Arbeit befreien und mir Gedanken über einen neuen Lebensabschnitt machen. Dies ist kein religiöses Motiv, kann aber das Religiöse mit einbeziehen und hat daher einen weiten Rahmen. Rund 8800 Pilger gaben 2006 rein kulturelle Motive an. Zu dieser Gruppe muss der Berner zugerechnet werden, den ich in Larrasoaña getroffen habe, der „nur mal ein Stück laufen" wollte, was aber mit „Kultur" nicht viel zu tun hat .

Bei all dieser Suche nach Motiven bleibt ein Aspekt außer Betracht: Der Pilger hat zwar beim Start sein Motiv. Aber das Umfeld geht nicht spurlos an ihm vorbei, prägt ihn, verändert ihn. Ich bin – um das offizielle Vokabular zu gebrauchen – religiös-kulturell losgelaufen und in Frankreich immer mehr religiös geprägt worden. Prioritäten verschieben sich. Die Wahrnehmung verändert sich, vor allem bei langlaufenden Pilgern. Da solche Veränderungen nicht erfasst werden können, sind die Statistiken nur so wahr, wie man sie sehen will.

Und was gar nicht statistisch erfasst wird, was aber nicht minder interessant ist, ist das unterschiedliche Pilgerverhalten. Nicht wenige Pilger wiederholen ihre Pilgerreise mehrmals hintereinander, was ich nicht verstehe. Mir fällt die Bemerkung von Thomas von Kempen aus der „Nachfolge Christi" ein, die ich irgendwo einmal gelesen habe: „Wer viel pilgert, wird selten heilig." Ich halte es lieber mit der Regel: ein *Motiv,* eine *Pilgerreise. Ich hatte Pilger und Pilgerinnen kennen gelernt, die keine Etappen geplant hatten, die keine Reiseführer hatten, keinen Fotoapparat, kein Handy, ganz wenig Gepäck, die barfuss liefen. Manche sind einfach nur drauflosgelaufen und haben an einen erfolgreichen Weg geglaubt. Das ist mutig und lässt den Pilger sicherlich noch tiefer in eine wahre Pilgerwelt eintauchen, noch tiefer in seinen Körper und in seine Seele hineinhören als es mit den vielen „Absicherungen" der heutigen Zeit möglich ist. Wenn man sich demnächst mit Hilfe von GPS oder Galileo nicht einmal mehr verlaufen kann, weil sonst das Gerät anfängt zu piepsen, geht vielleicht ein weiteres Stück klassischen Pilgerlebens verloren. Oder doch nicht?*

Man ging immer schon zu Fuß. Nur der Adel, der Klerus und die Reichen leisteten sich ein Pferd, wobei mir der wesentliche Unterschied zwischen Pilgern hoch zu Ross und Pilgern per Auto oder mit dem Zug nicht ganz klar ist. Da ist ja das Radfahren noch akzeptabler, wobei ich auch diese Form des Pilgerns oberflächlicher finde als die per pedes. Wie soll man denn das Blümchen am Weg vom Rad aus bestaunen? Und wie wertvoll ist das „Schwätzle" am Weg mit den Einheimischen, wenn man sich begegnet und sich in die Augen schauen kann! Je schneller man sich bewegt, desto mehr schwächelt das Erdverbundensein, das soziale Element des Pilgerns.

Wie Ebbe und Flut entwickeln sich die Pilgerströme. Seit etlichen Jahren steigt auf dem Jakobsweg jedes Jahr die Zahl der Pilger an und die Gezeitenwende ist noch nicht erreicht. 100 000 Pilger sind 2006 in Santiago angekommen. Man vermutet, dass die vierfache Menge zusätzlich vor Santiago unterwegs ist, weil viele Pilger in kürzeren Etappen laufen, jedes Jahr ein Stückchen Weg bewältigen. Eine halbe Million Menschen dürften also 2006 in Europa Richtung Santiago unterwegs gewesen sein.

Samstag, 7. Oktober, 69. Etappe, Larrasoaña - Pamplona
Heute morgen verlasse ich als erster das Bett. Das hat den Vorteil, dass man am Waschbecken und in der Küche kein Gedränge erlebt, wobei 6.30 Uhr keine unverschämt frühe Uhrzeit ist. Erika folgt kurz darauf. Die Anfänger auf dem Jakobsweg wissen vielleicht noch nicht, wie die Pilgeruhr tickt. Ich mache mir einen Kaffee, trinke meinen Orangensaft und esse Kekse. Dann breche ich auf und fühle, dass ich richtig fit in meine Zielgerade, den Camino Francés, einbiege. Die Anfänger machen nun alles das durch, was ich auch schon durchlitten habe: Die ersten behandeln bereits ihre Blasen, sind erkältet, haben Muskelkater oder machen einfach einen müden Eindruck. Unterwegs überholt mich Erika mit flottem Schritt. Ihre Blasengeschichte scheint sie nicht mehr zu behindern. Ich staune, der Schweizer aus Bern schießt förmlich an mir vorbei. Er will ja in 14 Tagen wieder am Schreibtisch sitzen. Da ist Eile angesagt!
Der Weg vor Pamplona ist eine richtige Empfangsinszenierung. Sie beginnt mit der Brücke über den Fluss Ulzama bei Villava mit

der Basilika „de la Trinidad de Arre“. Burlada schließt sich fast nahtlos an Villava an. Hier empfangen mich viele baskische, politisch motivierte Transparente. Dann folgt die Magdalenenbrücke über den Fluss Arga und schließlich erscheint die Silhouette von **Pamplona**. Durch das Portal de Francia erreiche ich vorbei an den Befestigungsanlagen die Stadt, folge der Calle del Carmen und stehe um elf Uhr vor der Kathedrale. Ich gehe hinein und freue mich auf ein Viertelstündchen Andacht und staune, dass mir die Spanier für eine Besinnung in der Kirche zwei Euro und 50 Cent abknöpfen wollen. Dafür darf ich dann auch ins Museum, sagen die Angestellten an der Kirchentür. „Ich will nicht ins Museum, sondern in die Kirche um zu beten“, antworte ich, was ja nicht ganz stimmt, weil ich mir auch die Kathedrale ansehen will. „Ich bin kein Tourist, sondern ein Pilger!!!“, setze ich nach. Ich habe auf dem hinter mir liegenden Weg in Spanien schon gestaunt, dass fast alle Kirchen verschlossen waren, aber das hier ist doch der Gipfel. Mein Einwand hilft mir nicht. Zähneknirschend zahle ich die Eintrittsgebühr. Die Kathedrale ist innen und außen sehr schön, beeindruckend das Kirchenschiff, das Grabmal Karls III. und seiner Frau Leonor und der Kreuzgang. Aber bei mir kommt keine richtige Andacht und Freude auf, zu tief steckt der Ärger über das Eintrittsgeld.
Heute will ich Waschtag halten und wieder einmal ruhig schlafen. So suche ich mir in der Touristen-Information ein Hotel. Ich wähle das billigste der Drei-Sterne-Hotels aus und bin sehr zufrieden. Die Sanitäreinrichtung ist ganz neu. Ich pflege die Schuhe, die Wäsche und mich und gehe dann zur Herberge „Paderborn“, von der mir Martin schon erzählt hat. Er wäre sicher enttäuscht – so wie das nette Herbergsbetreuer-Ehepaar auch – , wenn er wüsste, dass ich hier nicht übernachte. Es ist eine sehr schöne Herberge. Vielleicht habe ich mit dem Hotel eine falsche

Entscheidung getroffen. Ich nehme mir aber das gelbe Herbergsverzeichnis mit, das vom Freundeskreis der Jakobspilger Paderborn e. V. herausgegeben wird und einen sehr guten Eindruck macht.

Sonntag, 8. Oktober, 70. Etappe, Pamplona - Cirauqui

Um acht Uhr verlasse ich das Hotel. Es ist blauer Himmel, eine angenehme Temperatur. Unterwegs hole ich einige Pilger ein, die gestern offensichtlich noch weiter als nach Pamplona gelaufen sind: einen 70-jährigen Franzosen, einen Schweizer, der nur Französisch spricht, zwei ältere Französinnen, ein schwedisches Pärchen. In Honto habe ich sie alle schon gesehen, wir sind aber bisher noch nicht näher zusammengetroffen. Nur Erika sehe ich nicht mehr. Sie sagte mir einmal, sie müsse spätestens am 3. November wieder in Zürich sein. Vielleicht rennt sie deshalb plötzlich auf und davon. Ich überquere die Sierra (das Gebirge) del Perdón, über die sich eine Kette von Windrädern zieht, soweit das Auge reicht. Oben auf dem Alto del Perdón steht die bekannte Pilgersilhouette, ein Kunstwerk aus Eisen, das den weiteren Weg nach Uterga weist. In Uterga mache ich eine kurze Mittagspause auf einer Kirchenbank, während die Dorfbewohner in die Kirche strömen. Hoy es domingo, heute ist Sonntag! Mich zieht es aber heute nicht in die Messe, sondern weiter. Ich will rund 30 Kilometer, über Puente la Reina hinaus, weiter nach Cirauqui laufen. Nach gut fünf Kilometern liegt vor mir wie auf einem Gemälde die Stadt Obanos mit ihrer herausragenden und beeindruckenden neogotischen Kirche San Juan Bautista. Als ich die Kirche betrete, kommen ein Mann und eine Frau auf mich zu und erklären mir, dass die Kirche gerade geschlossen wird. Ich bitte um einen Moment Aufschub, der mir freundlicherweise gewährt wird. Draußen vor der Kirche frage ich den Mann, wa-

rum in Spanien fast alle Kirchen geschlossen sind. Er sagt, es ist wegen der Diebe. Ich antworte, dass in Frankreich alle Kirchen offen sind. Der Mann staunt und sagt, das geht in Spanien nicht. Ich wundere mich und frage mich: Wie ist das in Deutschland? Ich hatte mir darüber bisher noch keine Gedanken gemacht. Aber in Deutschland, in der Schweiz und in Frankreich gab es – wie schon beschrieben – diesbezüglich keine Probleme.
Heute ist Sonntag und die Jugend lungert in Cliquen im Ort herum. Ihre Blicke sprechen Bände. Sie halten die Pilger offensichtlich für die letzten Spießer. Von den übrigen Menschen wird man meist einfach ignoriert. Ich denke, die Spanier erleben, vor allem in der Hauptsaison, zu viele Pilger. Da sieht man die Pilgerscharen, die seit Sommer durch die Orte ziehen, im Oktober einfach nicht mehr. Man will vielleicht allmählich seine Ruhe haben. Ganz selten wünscht mir ein Spanier einen „buen camino“ (guten Weg). Ich komme an einem Pelota-Spielplatz vorbei, wo Eltern mit ihrem Sohn spielen. Das Spiel ähnelt dem Squashspiel, alle schlagen den Ball gegen dieselbe Wand, aber die Spielregeln scheinen anders zu sein.
Am Ortseingang von Puente la Reina komme ich an einer Pilgerherberge des Priesterseminars vorbei. Der Schweizer aus Bern steht im Eingang. Ich staune. Er bleibt heute Nacht hier in der Herberge. Er hat Fußprobleme und er hat sich wohl übernommen. Morgen fährt der Jungmanager mit dem Bus weiter. „Problemlösungen“ sind ja im Geschäft sein tägliches Brot. Aber Projekte richtig planen muss gerade für einen Unternehmensberater gelernt sein!
Puente la Reina ist eine Stadt, in der man sich lange aufhalten kann, weil es viel zu sehen gibt: die alte Templerkirche Iglesia del Crucifijo, mit einem rheinischen, gotischen Kruzifix, die Kirche Santiago el Mayor mit der Statue des Apostels Jakobus, „Beltza“,

der Schwarze, genannt. Die Fußböden vieler Kirchen in dieser Region sind mit schweren, dunklen „losas“, das sind Grabplatten aus Kastanienholz, ausgelegt. Diese Holzböden geben dem Innenraum ein wärmeres Aussehen als die üblichen Steinböden. Ich verlasse die Stadt über el Puente de los Peregrinos, die berühmte Pilgerbrücke mit sechs Rundbögen, die den Fluss Arga überquert. Über Mañeru erreiche ich **Cirauqui**, einen sehr sauberen, schönen alten Ort, der an einem Hügel liegt. Dort finde ich die schöne private Herberge Maralotx mit einer sehr netten Wirtin. Ich bin heute der zweite Pilger, der hier eintrifft, und bekomme ein gutes Bett, wasche meine Sachen und teile der Frau mit, dass ich noch die Stadt besichtigen gehe. „Das Dorf“, korrigiert sie mich. Der Wirtin gefällt, dass ich mich bemühe, Spanisch zu sprechen und auch, dass ich schon einen so weiten Weg hinter mir habe. Überhaupt falle ich mit meinem „aus Stuttgart“ immer mehr auf. Ich gehe durch den ganzen Ort, zur Kirche San Román, die leider geschlossen ist, suche die Römerstraße, auf der ich morgen den Ort verlassen werde. Diese führt über eine Römerbrücke, die gerade restauriert wird. Vorbei an einer Pelota-Spielhalle kehre ich zur Herberge zurück. Das Abendessen ist prima und das Bett auch. Ich liege mit den zwei älteren Französinnen (beide erkältet) und einem Spanier zusammen in einem Vierbettzimmer.

Montag, 9. Oktober, 71. Etappe, Cirauqui – Los Arcos

Der Spanier hat heute Nacht heftig geschnarcht. Aber ich kenne ja inzwischen das Patentrezept mit dem Klopapier im Ohr! Es hat auch heute Nacht geholfen. Ich stehe früh auf, weil ich den beiden erkälteten Französinnen, die im übrigen sehr nett sind, aus dem Weg gehen will. Ich habe ja generell immer panische Angst vor Ansteckungen und mache um alles einen großen Bogen, was infiziert sein könnte. Das Frühstück ist eigentlich keines. Ich

ziehe mir einen Kaffee aus einem Automaten, esse noch Brot mit etwas Marmelade, die ich mir aus dem Hotel mitgenommen hatte. Kurz vor acht Uhr beginne ich meine 71. Etappe. Das Wetter heute ist schweißtreibend, schwül-warm. Ich laufe die Römerstraße hinunter, über die Römerbrücke und folge einige weitere Kilometer dieser Römerstraße. Es ist ein eigenartiges Gefühl, auf einem so alten Weg zu laufen. Der Jakobsweg hat sich stellenweise im Laufe der Zeit verschoben, musste Straßen und Autobahnen weichen. Aber auf diesen Römerwegen betritt man das alte Pflaster, auf dem schon die Römer und später Millionen Pilger gelaufen sind. Diese Wege sind Zeugen von Pilgerschicksalen vieler Jahrhunderte. Es kommt ein Gemeinschaftsgefühl auf, man fühlt sich mit all diesen Menschen verbunden.
In Villatuerta schließt mir eine Frau die Kirche auf und freut sich, dass sie mir die Kirche zeigen darf. Sie erklärt mir einiges, was ich aber nicht komplett verstehe, weil sie so schnell redet. Ich wollte auch ein wenig Einkehr halten. Aber man kann keine innere Ruhe finden, wenn eine Frau wie ein „Presser" hinter einem steht und darauf wartet, die Kirche wieder abzuschließen. Also beende ich meinen Kirchgang sehr schnell und laufe weiter nach Estella. Mir fällt heute der Weg schwerer. Die Schwüle drückt. Zum ersten Mal reicht meine Einliterflasche nicht aus; ich muss nachtanken. Ich betrete in Estella das Martinsviertel und würde dort auch die Kirchen Santo Sepulcro und die große Kirche San Pedro de la Rúa besuchen, wenn sie nicht geschlossen wären. San Pedro de la Rúa liegt etwas höher am Hang und besitzt ein gotisches Portal, das mich an das Portal der Kirche in Cirauqui erinnert. Gegenüber befindet sich der Königspalast, ein weltlicher romanischer Bau, in dem heute das Museum untergebracht ist. Vor dem Königspalast kommen die beiden erkälteten Französinnen vorbei. Sie haben keine Zeit für Besichtigungen, wie sie mir mitteilen, und eilen an

der Stadt vorbei weiter nach Los Arcos. Da ich noch gut in der Zeit liege, spaziere ich noch durch die Innenstadt. Ich gehe über die Gefängnisbrücke, die Puente de la Cárcel und steige zur Kirche San Miguel mit einem sehenswerten Nordportal hinauf. Dieses Portal ist zum Schutz vor Verwitterung mit einem Glasdach geschützt, was nicht gerade schön ist, aber wahrscheinlich sehr sinnvoll. Auf der Calle de la Rúa geht es weiter Richtung Villamayor de Monjardin, das am Fuße eines schon von weitem sichtbaren Hügels mit den Resten einer Burg liegt. Vor dem Ort läuft man an der Fuente de los Moros, einem maurischen Brunnen, vorbei. Dieser ist eine unterirdische Zisterne innerhalb eines Gebäudes aus dem 13. Jahrhundert. Ich sehe und staune: In Villamayor ist die Kirche San Andrés geöffnet! Endlich kann ich wieder einmal einige Minuten in aller Stille in einer Kirche ausruhen. Zufrieden betrete ich hinter dem Ort einen zwölf Kilometer langen Wegabschnitt, der sich aber als sehr staubig erweist. Jede halbe Stunde kommt mir ein Lkw entgegen, eine riesige Staubwolke hinter sich lassend. Die Fahrer im Führerhaus schauen mich an, wenn sie an mir vorbeifahren, und lachen sich halb tot. Einen Pilger einsauen macht offensichtlich Spaß! Gegen Abend bin ich in **Los Arcos**. Durch die Calle Mayor laufend sehe ich ein Schild, das nach rechts weist, zur Herberge „Casa de Austria". Die steht in meinem Führer nicht drin. Österreich? Ich denke, das kommt mir gerade recht. Nach fünf Minuten stehe ich vor einer Österreicherin und frage, ob sie noch ein Plätzchen für einen Deutschen übrig hat. Sie hat. Wir schwätzen eine Weile, ehe ich mich an die übliche Arbeit mache. Um 20 Uhr ist Messe. Die Wirtin sagt mir, dass eine Prozession direkt an der Herberge vorbeikommt und in die Kirche führt. Ich warte, reihe mich ein und laufe mit den singenden und Rosenkranz betenden Einwohnern zur Kirche. Nach der Messe gehe ich essen und erhalte für neun Euro ein akzeptables Pilgermenü. Ich kehre zur Herberge zurück und pflege meine Füße, die sich zur Zeit gut halten.

Dienstag, 10. Oktober, 72. Etappe, Los Arcos - Logroño

In dem 8-Betten-Raum hat niemand geschnarcht. Ich habe mich gut erholt. Die Österreicher pflegen auch in Spanien eine gute Frühstückskultur. Wir bekommen, was ein Mitteleuropäer gewöhnlich isst: Brot mit Butter und Marmelade, einen Kaffee mit Milch, Müsli. Das Frühstück genieße ich derart, dass ich erst kurz nach acht Uhr auf der Straße stehe. Heute ist es noch schwüler als gestern. Die extrem hohe Luftfeuchtigkeit ist auch ohne Anstrengung schweißtreibend. Mein Stock, leicht verschmutzt, klebt in der Hand und meine Hose wird nass, sobald sie Hautkontakt hat. Es ist wie in den Tropen. Wenigstens weht ein leichter Wind. Nach sieben Kilometern erreiche ich Sansol und blicke von hier in das Tal des Flusses Linares hinab. Auf der gegenüberliegenden Hangseite liegt der Ort Torres del Rio. Torres del Rio birgt einen Schatz: die kleine romanische Templerkirche Santo Sepulcro mit dem für die Templer typischen oktogonalen Grundriss und einer im Inneren entsprechenden achteckigen, faszinierenden Kuppel. Gekrönt wird das Templer-Kirchlein von einer steinernen Laterne, die in früheren Jahrhunderten den Pilgern den Weg gewiesen hatte.

Hier sind ein paar Sätze zum Templerorden angebracht: Nach dem ersten Kreuzzug (1096 – 1099) wurden geistliche Ritterorden gegründet, deren Mitglieder in ihrer Doppelfunktion als Mönche und Soldaten die Pilger, die nach Jerusalem unterwegs waren, zu schützen und die Kranken unter ihnen zu pflegen hatten.

Der Johanniterorden (Die Ritter trugen einen schwarzen Mantel mit weißem achtspitzigen Johanniterkreuz) entstand um etwa 1100. Der Templerorden (Die Ritter trugen einen weißen Mantel mit einem roten Tatzenkreuz) wurde etwa 20 Jahre später gegründet. Zur Zeit der Reconquista in Spanien spielte dort, seiner Berufung entsprechend, auch der Santiagoorden (Die Ritter dieses Ordens trugen einen weißen Mantel mit einem roten Kreuz und Muschel. Ihr Zeichen war das Schwertkreuz) eine wichtige Rolle. Schließlich gab es in Europa neben diesen drei genannten Orden auf den Wegen nach Spanien weitere Orden, wie den Deutschen Ritterorden (Diese Ritter trugen einen weißen Mantel mit schwarzem Kreuz), der im römisch-deutschen Kaiserreich anzutreffen war, aber auch jenseits der Grenzen, zum Beispiel in Montpellier.
Der Orden der Tempelritter spielte auch auf dem Jakobsweg als beschützender Militärorden, wie der Johanniterorden oder der Ritterorden des Heiligen Jakobus und weitere nichtmilitärische Orden eine wichtige Rolle. Er bestand nur etwa 200 Jahre, bis er beim französischen König Philipp IV., aber auch bei anderen Herrschern in Europa (mit Ausnahme der Regenten in Portugal, Schottland und von Teilen des heutigen Spaniens) und beim Papst Clemens V., der in Avignon residierte und vom König abhängig war, aus niederen Beweggründen in Ungnade fiel. Die Herrscher wollten die Macht, vor allem die Finanzmacht, des Ordens brechen und sich das Geld, den „Schatz" der Templer, einverleiben. In einer Nacht- und Nebelaktion wurden die Tempelritter verhaftet und vor Inquisitionsgerichte gestellt, deren Prozessen jegliche solide Grundlage fehlte. Am 22. März 1312 wurde der Templerorden aufgelöst. Das Ende des Ordens stellt nicht nur für Frankreich sondern auch für die Kirche ein finsteres Kapitel dar. Ein Jahr nach der Hinrichtung des letzten Großmeisters, Jacques de Molay, starben sowohl König Philipp IV. als auch

Papst Clemens V., so wie es der Großmeister auf dem Schafott vorhergesagt hatte.

Nach insgesamt exakt vier Stunden erreiche ich Viana, ein Städtchen auf einem Hügel, früher befestigt und komplett mit Mauern umgeben. Heute sind nur noch Reste davon vorhanden. Zwei Kirchen prägen das Ortsbild: Santa María, eine gotische Kirche mit einem mächtigen Renaissanceportal, die natürlich geschlossen ist, und die Ruine der Kirche San Pedro, die auf dem Gipfel des Hügels steht. Beeindruckend ist auch der prächtige Gemeindepalast auf der Plaza de los Fueros. Wendet man beim Verlassen des Städtchens den Blick rückwärts, so sind die Mauern der Stadt und die herausragende Kirchenruine mit dem zerstörten Rosettenfenster zu sehen. Ich registriere, dass Ruinen einfach kein schöner Anblick für eine Stadt sind. Auf dem weiteren Weg nach Logroño komme ich in Cuevas an der Einsiedelei Trinidad vorbei, wo ich eine Cola trinke und mich zusammen mit anderen Pilgern, von denen ich schon zwei Franzosen kenne, ausruhe. Wind ist aufgekommen. Der Staub wird auf den Wegen so aufgewirbelt, dass ich meine Sportsonnenbrille tragen muss. Etwa drei Kilometer vor Logroño verlasse ich die Provinz Navarra und betrete die kleine autonome Provinz, die Comunidad Autonoma La Rioja. Ab sofort weisen Granitsteinstelen mit einer schön gestalteten Rioja-Jakobsmuschel den Weg. Auf der Brücke de Piedra über den Ebro heben sich schon die drei großen, sehenswerten Kirchen von Logroño ab: Santa María del Palacio, Santa María la Redonda und Santiago el Real. Gegen 15 Uhr erreiche ich die Stadt **Logroño** (seit 2002 eine Partnerstadt Darmstadts). Ich suche die Gemeindeherberge auf und bekomme ein Bett für drei Euro. Der Preis von drei Euro verbietet, an irgend etwas herumzumäkeln. Aber ich würde gerne etwas mehr bezahlen, wenn ich dafür irgendwo ein Plätzchen bekommen könnte, auf das ich geordnet meine Sachen hinlegen kann. Ich erhalte in einem Saal das obere Bett eines Doppelstockbettes zugeteilt. Es ist schon merkwürdig, in einen fast leeren Raum zu kommen, um dann mit einem Bett oben vorlieb nehmen zu müssen. Ich kann gerade einmal an der Wand meinen Rucksack abstellen. Mehr Platz gibt es nicht. Für den Notfall ist das immer gut, aber muss für einen Pilger die Nacht ein Notfall sein? Es kommt mir wahrlich nicht auf Luxus an, aber ein kleines Plätzchen, wo man etwas ablegen kann, wo man sich auch mal hinsetzen kann, ist für den Regelfall sicherlich kein überzogener Wunsch. Oder fordere ich zuviel? Rüttle ich womöglich an den Grundfesten der Pilgerei? Wo sind die Grenzen zwischen Anspruchsdenken und Demut? Der Schlafsaal füllt sich im Laufe des Nachmittags und Abends, sodass ich leider nicht auf ein anderes Bett ausweichen kann. Das Doppelstockbett schwankt und quietscht, wenn man sich auch nur ein klein wenig im oberen Bett bewegt. Das wird eine Nacht werden!

Mittwoch, 11. Oktober, 73. Etappe, Logroño - Nájera

Wie erwartet kam, was kommen musste: Ich habe nicht gut geschlafen, und das will bei mir was heißen! Ich bin froh, als ich am Morgen aus dem Bett absteigen, in meine stinkenden Sachen schlüpfen und schon um halb acht Uhr das Weite suchen kann. Ich habe noch nicht gefrühstückt. Ich halte auf dem Pilgerweg stadtauswärts Ausschau nach einer Bar, die ich auch gleich an der nächsten Ecke finde. Hier trinke ich einen Café con leche (Milchkaffee), esse drei Magdalenas (kleines rundes Gebäck aus Biskuit) und bin erst einmal zufrieden. Noch in der Stadt fängt es an zu regnen. Die Kirche Santiago el Real ist tatsächlich offen, ich gehe hinein und suche erst einmal Schutz. An der Kirchentür lese ich: „PEREGRINO; A DONDE VA TU CAMINO? JESÚS DICE: YO SOY

EL CAMINO; LA VERDAD Y LA VIDA" (Pilger; wohin führt dein Weg? Jesus sagt: Ich bin der Weg, die Wahrheit und das Leben). Das ist die entscheidende Frage, denke ich. Wohin führt mein Weg? Seit Frankreich ahne ich, dass ich den inneren Weg noch lange laufen werde.
Weil heute Morgen der Aufbruch ziemlich schnell verlief, muss ich mich etwa drei Kilometer hinter Logroño eilig für ein kleines Geschäft an die Büsche stellen. Aber dort gruselt mir. Es gibt Plätze, vor allem Büsche und Wäldchen wenige Kilometer hinter den Orten mit Herbergen, die man unbedingt meiden muss. Da gehen viele hin und machen dort auch ihre großen Geschäfte. Das ist ein Problem. Aber ich habe auch keine Antwort auf die Frage, wie man diese Schweinerei verhindern kann. Toilettenhäuschen für Pilger? Wie mag das vor 600 Jahren gewesen sein, als in der Hochsaison noch viel mehr Pilger unterwegs waren als heute? Über dieses Problem schreibt niemand, kein Pilgerschriftsteller, der in der Historie und in der Jetztzeit herumstochert, jedenfalls ist mir nichts davon vor die Augen gekommen. Das scheint ein Tabuthema zu sein.
Vor Navarrete laufe ich kilometerweit an einem Maschendrahtzaun entlang, in dem aus Ästen geflochtene Kreuze stecken. Wer sich wohl diese Arbeit gemacht hat? Wahrscheinlich die Pilger selbst. Wenn jeder ein Kreuz flicht, ist auch ein langer Zaun schnell voll. Vielleicht ist das eine Pilgersitte wie das Steinablegen an den Kreuzen am Weg. In Navarrete gehe ich in eine Bar und esse einen Bocadillo (belegtes Brötchen) und trinke eine Cola. Auch suche ich die Kirche Iglesia de la Asunción auf, die ganz oben in dem auf einem Hügel gelegenen Ort steht. Der riesige barocke Altar wird gerade restauriert. Vier Restaurateure arbeiten am Gold, um es wieder zum Glänzen zu bringen. Der Altar ist

eingerüstet, sodass ich ihn leider nicht im Ganzen sehen kann. Nur Details sind erkennbar, die aber schon imposant genug sind. Der Himmel hat sich aufgeklart, die Sonne scheint wieder. Am frühen Nachmittag habe ich die heutigen 27 Kilometer abgelaufen und erreiche **Nájera**. Nachdem in den Führern keine Herberge gelobt wird und die Stadt auf mich keinen sehr gepflegten Eindruck macht (z.B. fehlen vielerorts die Straßennamen), beschließe ich nach dem Fiasko in der vergangenen Nacht und dem dringenden Bedürfnis, meinen Körpergeruch zu beseitigen, in ein Hotel zu gehen. Meine Hose steht vor Dreck und muss an der Tasche genäht werden. Ich gehe in ein Zwei-Sterne-Hotel und habe wieder Glück: Alles ist sauber. Ich freue mich auf eine ruhige Nacht, auf die Fußpflege, auf frische Wäsche, auf eine Handarbeitssitzung, auf ein gutes Essen. Kaum bin ich im Hotel, bricht ein heftiges Gewitter los. Dabei vergeht mir die Lust, mir noch das Franziskanerkloster Santa María la Real anzusehen. Kurz vor 20 Uhr suche ich dafür die Hotelbar auf, um ein Bier zu trinken und um etwas zu essen. Aber das Restaurant hat noch nicht geöffnet. Dafür herrscht in der Bar reges Treiben: Familien kommen mit Kindern und Gepäck vom Einkauf oder von der Arbeit oder einfach nur so und es ist ein Höllenlärm. Man trinkt ein Gläschen Rioja, ein Bier, einen Likör, einen Kaffee, einen Tee, ein Schnäpschen, isst dazu Tapas und schwätzt. Dann geht man wieder. Kinder springen johlend durch den Raum, heulen, lachen. Hunde bellen. Es kommen auch Leute, die den Eindruck machen, dass sie nicht wissen, wo sie sonst hingehen sollen. Es sind Kneipenstammgäste, wie sie auch in Deutschland anzutreffen sind. Ich finde dieses Treiben so interessant, dass ich drei Glas Bier trinke und Tapas (Appetithäppchen) esse. Der Rest ist fast wie Fernsehen. Gegen 21 Uhr geht im Restaurant das Licht an, aber zum Essen ist es mir jetzt zu spät. Ich esse auf meinem Zimmer noch ein Käsebrot und lege mich mit der Sicherheit schlafen, dass meine Wäsche morgen wieder gut riechen wird.

Donnerstag, 12. Oktober, 74. Etappe,
Nájera – Santo Domingo de la Calzada

Ich werde von Hotelgeräuschen wach, schaue auf die Uhr und sehe, dass es 7.45 Uhr ist. Ich habe ein zweites Mal auf meinem Pilgerweg verschlafen, obwohl mein Wecker geklingelt hat. Ich muss wohl nach der vorletzten, fast schlaflosen, Nacht in Logroño einen enormen Schlaf-Nachholbedarf gehabt haben. Knapp zehn Stunden habe ich geschlafen! Nach einer halben Stunde ist alles gepackt, ich gehe frühstücken und verlasse um neun Uhr das Haus und begebe mich direkt zum Kloster Santa María la Real. Das ist leider geschlossen, aber ich mache noch ein Foto von der sonnenbestrahlten Kirche unter einem Regenbogen; denn heute Morgen nieselt es. Ich wandere weiter bis Azofra. Hier brauche ich unbedingt noch einen Café con leche und eine Magdalena. Es ist heute sehr kühl. Ich ziehe meinen Anorak an, obwohl es im Augenblick nicht regnet. Zwei Kilometer hinter Azofra berührt der Pilgerweg die carretera nacional, die Bundesstraße N-120, die mich schon mehrere Tage begleitet. Ich laufe auf ihr bis **Santo Domingo de la Calzada** (der Partnerstadt von Winnenden). Es ist der Ort mit dem berühmten Galgenwunder, mit dem ich das erste Mal in Tafers konfrontiert wurde. Ich habe diese Legende schon beschrieben. Ich gehe, so wie es das Paderborner Herbergsverzeichnis empfiehlt, in die Herberge der Bruderschaft des Hl. Jakobus. Da ich heute nicht geschwitzt habe und keine Hügel rauf und runter gelaufen bin, dusche und wasche ich nicht. Die Betten sind genau so, wie ich es mir immer gewünscht habe: einstöckig, zwar dicht beieinander, aber jedes hat eine kleine Ablagefläche am Fußende. Darüber hinaus werden vier

Betten durch eine halbhohe Trennwand von den nächsten vier Betten getrennt. Man fühlt sich dadurch im Saal etwas geborgen. Mit im Viererbett-Abteil liegen ein englisches Paar und eine Französin, alles neue Gesichter. In dieser Herberge wird kein Geldbetrag verlangt, jeder soll geben, was er will.

Heute ist in der Stadt irgend ein Fest; denn die Geschäfte sind geschlossen und auch die Kirche, die normalerweise für zwei Euro betreten werden darf. Um 17 Uhr komme ich wieder und die Kirche ist geöffnet, ohne dass jemand Eintrittsgeld von mir will (wahrscheinlich, weil das Museum geschlossen bleibt). Dafür flitzt ein Aufpasser durch die Kirche, um jeden Besucher am Fotografieren zu hindern. Ich sitze in einer Kirchenbank und denke darüber nach, warum das Galgenwunder in fast allen Ländern Europas, die von Pilgern durchquert werden, in und an vielen Kirchen dargestellt ist (Auch in der Partnerstadt Winnenden findet man die Darstellung des Galgenwunders im geschnitzten Jakobusaltar der Schlosskirche, die einst vom Deutschen Ritterorden am Pilgerweg errichtet wurde) und warum sogar mehrere Orte das „Wunder" jeweils für sich reklamierten, wie Toulouse, Utrecht, Tafers, Belorado, Barcelos oder Aachen. Mir wird plötzlich klar, dass man den Pilgern schon vor dem Start oder zu Beginn der Wanderung vermitteln wollte, dass sie unter dem besonderen Schutz der göttlichen Macht stehen, dass ihr innerer und äußerer Weg geführt wird, wenn sie sich auch auf das Pilgern einlassen. Jetzt kann ich das nachvollziehen, in Tafers konnte ich das noch nicht.

Ich habe Hunger und suche mir ein nettes Plätzchen im Ort, wo ich für neun Euro ein Pilgermenü bekomme. Gut gestärkt besichtige ich dann die Stadt. Diese trägt den Namen des Heiligen Dominikus, der hier in der Nähe als Einsiedler lebte, die Qualen der Pilger beim Überqueren des Rio Oja sah und eine Brücke für sie baute. In der Folge baute er noch eine Straße von Nájera nach Redecilla, eine Herberge, ein Hospital – das heutige Hotel Parador – und eine Kirche, die später zur Kathedrale erhoben wurde und heute ein sehr schönes Renaissanceportal besitzt. Sie liegt auf dem von ihm erbauten Weg, und er ist dort auch begraben. Der freistehende Glockenturm ist eine Besonderheit dieser Kirche. Um 20 Uhr besuche ich die Pilgermesse. Diese verläuft bis zur Wandlung ganz normal. Während des Einsetzungsberichtes muss ich mich zusammenreißen, um nicht zu lachen. Das wäre das erste Mal in meinem Leben während einer Wandlung gewesen. Als der Pfarrer beginnt, den Text: „Am Abend vor seinem Leiden......" zu sprechen, fängt der Hahn in seinem Käfig, der in die Kirchenwand eingebaut wurde und in den man durch eine Glasscheibe hineinsehen kann, an zu krähen, so als wäre er ein Teil der Liturgie. Er hört erst auf, als die Wandlung vorbei ist. Es ist faszinierend, wie laut ein Hahn in einer Kirche krähen kann! Wer hat so etwas, außer den Einwohnern von Santo Domingo, den Touristen und den Pilgern, je gehört? Ich bin platt, vor allen Dingen deshalb, weil die Spanier so ernst dreinblicken. Das Ganze erscheint mir absurd, wie den anderen Pilgern auch. Nach der Wandlung setzt sich der Hahn mit seiner Henne, den Hintern den Gläubigen zugewandt, auf die Stange und die beiden schlafen ein. Heute Abend gibt es in der Kirche keinen Aufpasser mehr, der das Fotografieren verhindert. Und da ich auch kein diesbezügliches Schild sehe, mache ich in der erhellten Kirche ein Foto von dem berühmten Hühnerstall, der sicherlich der einzige Hühnerstall dieser Erde ist, der sich in einer Kirche befindet. Der Hahn ist mir nach der Messe ein gutes Vorbild. Ich gehe in die Herberge, die nicht weit von der Kathedrale entfernt ist, lege mich ins Bett und schlafe ebenfalls ein. In der Stadt Santo Domingo de la Calzada geht man mit den Hühnern schlafen!

Freitag, 13. Oktober, 75. Etappe,
Santo Domingo de la Calzada - Belorado

Am Freitag den 13. werden gegen sechs Uhr die Pilger vom krähenden Kirchenhahn geweckt, und die ersten Wanderer erheben sich aus den Betten. Ich bleibe dabei: 6.30 Uhr ist meine Zeit zum Aufstehen, ich genieße noch ein wenig die Wärme im Schlafsack. Dann springe auch ich raus, ziehe mich an, packe und folge der Empfehlung der Paderborner Herbergsliste und gehe in das Nobelhotel Parador gegenüber der Kathedrale und gönne mir ein Frühstück vom Frühstücksbuffet. Dem Empfangschef des Hotels erkläre ich, was ich will, worauf er mich in eine Nebenkammer lotst und mir zu verstehen gibt, dass ich meine ganzen Pilgerutensilien (Hut, Stock, Rucksack usw.) hier zu hinterlassen habe, um wenigstens wie ein halb anständiger Mensch zu den feinen Leuten in den Speisesaal gehen zu können, ohne dass sich das Hotel blamiert. Stolze 13 Euro muss ich bezahlen, aber dafür esse ich nach meinem üblichen Marmeladenbrot zum Frühstück nach einer kleinen Pause auch gleich zu Mittag. Ich vertilge, was ich vertrage, vom Süßen bis Sauren, Fettreichen, Kalten und Warmen. Ich verdrücke Tortillas, Schinken, Eier, Blutwurst und jede Menge Café con leche, sodass ich nun gut gestärkt ohne Mittagspause bis zum Etappenziel Belorado wandern kann.
Heute ist der Himmel klar, aber es ist kalt. Über die vom Heiligen Dominikus erbaute Brücke über den Rio Oja laufe ich stadtauswärts. 8°C zeigt mein Thermometer an. Ich ziehe meine dünnen Polyesterhandschuhe an. Nach zehn Kilometern erreiche ich das Dorf Redecilla del Camino, nach meinem Eindruck ein armes Dorf, wie an den Häusern zu sehen ist. Auch die Plaza Mayor ist in einem wenig einladenden Zustand. Dennoch beteiligen sich die Bewohner an der Pilgerbetreuung. Es gibt in diesem Dorf drei Agua-potable-Brunnen (Trinkwasserbrunnen). Und noch etwas

erfreut mein Pilgerherz: Die Kirche Virgen de la Calle (wie in Saint-Julien-Chapteuil in Frankreich: Maria de chemins (Maria der Wege)!) ist offen. Hier gibt es keine Schätze; die Plastikblumen und die Kitschfiguren, wie ich sie in Frankreich schon gesehen und belächelt habe, will keiner entwenden. Hier in Spanien, wo die meisten Kirchen verschlossen sind oder Eintritt verlangt wird oder ein Aufpasser herumflitzt, um das Fotografieren zu verbieten, fange ich an, die ganz einfachen und offenen Kirchen zu lieben. Friedrich Nietzsche lässt Zarathustra sagen: „WAHRLICH, WER WENIG BESITZT, WIRD AUCH NICHT BESESSEN: GELOBT SEI DIE KLEINE ARMUT!“ Ich habe diese Bewohner in Redecilla in mein Herz geschlossen. Auf dem Feld hinter dem Dorf steht ein alter Traktor mit Anhänger und der Bauer und seine Frau sammeln die Kartoffeln für einen kargen Lebensunterhalt mit den Händen ein. Ich muss lange an sie denken.

Ich hatte völlig übersehen, dass in der Kirche von Redecilla del Camino ein wertvolles, sehenswertes Taufbecken aus den 12. Jahrhundert steht!

Gegen 13 Uhr erreiche ich die Herberge in **Belorado**. Ich muss noch bis um 14 Uhr warten, bis geöffnet wird. Mit zwei Colas vertreibe ich mir die Zeit, bis ich hinein darf. Hier werden wieder Doppelstockbetten verteilt. Ich sage dem Bettenverteiler gleich: „Una cama, abajo por favor; ¡tengo sesenta y cinco años! (Bitte ein Bett unten; ich bin 65 Jahre alt!)“. Er versteht mich und gibt mir von den Doppelstockbetten ein Bett unten. Ich ruhe mich aus, studiere meinen morgigen Weg und gehe um 19 Uhr in die Messe, wo sich sechs weitere Pilger einfinden. Nach der Messe hält der Pfarrer für uns Pilger noch eine Andacht mit Texten in allen wichtigen Sprachen. Einige Zeilen schreibe ich mir ab oder mit. Sein letzter Vortrag war etwa wie folgt: „ERWARTE NICHT, DASS MAN DICH LIEBT, SONDERN LIEBE! BITTE NICHT UM VERGEBUNG, SONDERN VERGEBE!“ Ich denke in mich hinein: Keine Vorurteile, kein Zahn um Zahn. „WENN IHR NUR DIE LIEBT, DIE EUCH LIEBEN, WELCHEN DANK ERWARTET IHR DAFÜR? AUCH DIE SÜNDER LIEBEN DIE, VON DENEN SIE GELIEBT WERDEN (LUK 6,32).“ Ich denke: Man muss immer zuerst das Positive im Menschen sehen. Das Negative darf nur als Kaffeesatz übrigbleiben, wenn alles Positive abgeschöpft ist. Ja, das ist es, aber es fällt im täglichen Leben so unendlich schwer! Ich kenne doch eine ganze Reihe von Menschen, denen ich „liebend gerne“ in den Hintern treten würde, statt sie zu lieben! Da müssen mir Maria de chemins/Virgen de la Calle und der Hl. Jakobus noch etwas behilflich sein. Zum Abschluss merke ich mir zwei Sätze aus einem längeren Text des Pfarrers: „WENN IHR EUREN WEG GEGANGEN SEID, SOLLT IHR STERNE SEIN. IHR SOLLT LEUCHTEN IN DER FINSTERNIS.“ Das hatte mir in etwa auch Thérèse in Miradoux in meinen Pilgerpass geschrieben. Aber wie soll ich leuchten, wenn ich Lukas 6.32 noch nicht verinnerlicht habe; d.h., theoretisch verstanden schon, aber noch nicht richtig lebe? „DENN WIE DER KÖRPER OHNE DEN GEIST TOT IST, SO IST AUCH DER GLAUBE TOT OHNE WERKE“, sagt der jüngere Jakobus (2.26). Damit ist alles gesagt. Ich kann mich nicht mehr damit herausmogeln, ich hätte das nicht so richtig begriffen. Im Neuen Testament steht alles knallhart drin! Und der Pfarrer erklärt uns an Hand der übersetzten Texte die Botschaft der christlichen Nächstenliebe klar und deutlich. Ich verstehe es, obwohl er Spanisch spricht. Und ich spüre eine Differenz zwischen dem, was ich bisher gelebt habe und dem, was ich zukünftig leben soll /will. Mir kommen wieder einmal die Tränen.

Der heutige Freitag der 13. hat mir mit meiner 75. Etappe einen der prägenden Abschnitte auf meinem Pilgerweg beschert; das Drehbuch war stimmig. Ich fühle, dass mein Weg in Santiago de Compostela noch nicht zu Ende sein wird. Der Pilgerweg ist ein begnadeter Abschnitt, der mir zeigt, was zu tun ist. Der eigentliche Weg liegt - so begreife ich - erst vor mir!
Gedankenschwer gehe ich nach der Andacht in die nächstbeste Kneipe und esse mein Pilgermenü. Hier treffe ich Elke aus Hamburg. Sie ging die zurückliegende Woche mit einer Schweizerin; heute haben sich beide getrennt. Auf mich macht sie einen etwas konfusen Eindruck. Sie hat sich ein Jahr Auszeit vom Beruf genommen um das zu tun, was sie gerne machen will, kann es aber nicht richtig, weil sie viele andere Verpflichtungen hat (Vereinsarbeit u.a.). Warum sie den Jakobsweg läuft, weiß sie auch nicht so richtig. Sie sagt, die sportliche Seite habe es ihr angetan. Das glaubt man ihr sofort. Sie läuft schnell! Vielleicht möchte sie auch nicht mitteilen, warum sie nach Santiago läuft. Das muss jeder respektieren. Vielleicht schwingt in ihrem Inneren auch irgend etwas mit, was ihr nur noch nicht bewusst geworden ist.

Samstag, 14. Oktober, 76. Etappe, Belorado - Atapuerca

Für zwei Euro gibt es heute Morgen in der sehr gepflegten Herberge ein Frühstück: Brot, Marmelade, Magdalenas, Kekse und Kaffee mit Milch. Das ist ein sehr gutes Preis-Leistungsverhältnis, um auf die Beine zu kommen, zumal man für die Nacht bezahlen kann, was man will. Aber die Nacht war weniger gut. Es wurde diesmal keine Schnarcher-Solostimme, sondern ein Schnarcher-Chor geboten. Dreimal bin ich wachgeworden, bis ich mir Klopapier in die Ohren gestopft habe. Ich frage mich dann immer, warum ich nicht schon prophylaktisch meine Ohren zustopfe. Aber man glaubt immer, dass die nächste Nacht ruhig bleibt –

und dann kommt es noch schlimmer. Um acht Uhr breche ich auf. Es ist kalt, etwa fünf oder sechs Grad Celsius bei wolkenlosem Himmel. Ich trage wieder Handschuhe und Anorak. Ich werde heute 400 Meter in die Höhe auf 1150 Meter, dann 200 Meter bergab und 30 Kilometer in die Länge laufen. Nach fünf Kilometern wandere ich durch Tosantos, an der Kapelle Nuestra Señora de la Peña vorbei, die jenseits des Rio Retorto in einen Felsen eingebaut ist. Nach elf Kilometern erreiche ich Villafranca Montes de Oca. Wie der Name verrät, befinde ich mich in den Bergen von Oca. Zunächst laufe ich an den Ruinen des Klosters San Felix vorbei, wobei der Name „Ruinas“ noch geschmeichelt ist. Da steht einfach ein kümmerlicher Apsisrest an einem Ackerrand. Im Ort selbst ist die geschmackvolle Santiagokirche aus dem 18. Jahrhundert zu bewundern, aber wieder einmal nur von außen! Das heutige Villafranca liegt auf dem Gelände des ursprünglichen Ortes Oca, der von den Sarazenen zerstört und nie wieder aufgebaut wurde. Von Villafranca aus geht es durch die wilden Berge von Oca, wo früher Pilger überfallen, beraubt oder ermordet wurden, wo für den Menschen gefährliche wilde Tiere lebten; also durch eine Gegend, wo sich die Pilger fürchteten. Und ausgerechnet hier kommt mir doch tatsächlich ein Muschelbruder entgegen. Man erkennt diese Begleiter daran, dass sie meist in die verkehrte Richtung laufen, weil sie sonst kaum jemanden begegnen würden (Alle Pilger laufen mehr oder weniger gleich schnell in die gleiche Richtung und nur extrem selten läuft ein Pilger wieder heim!), an dem schönen Stock, den vielen Muscheln, mit denen sie sich behängen, dem fehlenden Rucksack und ihrem Bestreben, an das Geld der Pilger zu kommen. Natürlich fragt er mich, ob er Geld für Essen haben kann, was ich verneine. Ich habe nicht richtig reagiert; denn er hätte ja von mir zu essen haben können! Ich hätte es ihm geben müssen! Gestern habe ich noch eine Intensivschulung über Nächstenliebe bekommen. Warum handle ich nicht danach? Nur, weil diese Typen nicht sauber sind? Nein, weil ich immer noch Vorurteile habe! Dennoch bin ich froh, dass ich auf Sichtweite mit anderen Pilgern laufe; denn so ganz geheuer ist mir ab sofort diese Gegend nicht mehr. Der Weg verläuft mitten durch Busch- und Baumwerk. Mittags erreiche ich das Sanktuarium von San Juan de Ortega, das nur den Pilgern dient und dessen schöne romanisch/spätgotische Kirche von außen und innen zu besichtigen ist. Eigentlich wollte ich in San Juan bleiben, aber ich fühle mich gut und beschließe weiter bis Atapuerca zu laufen. Vor Agés hört der Wald auf und man hat eine herrliche Sicht auf das vor einem liegende Hochland. In der Ferne ahne ich das Ziel **Atapuerca**, wo ich schon gegen halb zwei Uhr an der modernen Herberge eintreffe. Ich bin der erste Pilger am Ort. Kein Wunder; denn ich bin die gut 30 Kilometer in fünfeinhalb Stunden gelaufen. Das sind fünfeinhalb Kilometer pro Stunde Gehgeschwindigkeit bergauf und bergab. Ich darf mir in einem Sechsbettzimmer ein Bett aussuchen. Ein Schweizer Pärchen aus Winterthur und ein grippekranker Schwede mit Fieber beziehen drei weitere Betten. Dann trifft der Franzose aus Tours ein. Er ist ein Dachdeckermeister, der ein Jahr am Brühler Schloss bei Köln tätig war. Er ist am 7. September in Le Puy nach dem Pilgergottesdienst, den auch ich besucht habe, gestartet. Wir haben uns nur wenige Male in Frankreich gesehen, damals lief er allein, nun ist er in Begleitung. Die beiden Paare und ich gehen zusammen Abendessen. Es ist ein sehr fröhlicher, unterhaltsamer Abend. Aber die anderen bleiben alle morgen in Burgos und damit enden auch diese Pilgerbekanntschaften.

Ich brauche neue Socken, Zahnpaste und ein weiteres Tagebuch. Burgos hätte das alles, aber morgen ist Sonntag und die Geschäfte werden geschlossen sein.

Sonntag, 15. Oktober, 77. Etappe,
Atapuerca – Burgos – Hornillos del Camino

Heute Morgen habe ich es eilig. Noch bevor unser grippekranker Schwede (Ich habe wieder panische Angst, ich könnte mich anstecken) und die anderen wach werden, schleiche ich mich aus dem Zimmer. Der Schweizer hat geschnarcht, sodass ich mir wieder Klopapier ins Ohr stopfen musste. Es ist überhaupt erstaunlich, wie viele Menschen schnarchen. Man sollte in den Herbergen Schnarcherzimmer einrichten. Ich übersteige heute Morgen als erstes die Sierra de Atapuerca und vor mir liegt eine weite Ebene, an deren Ende Burgos zu sehen ist. Vor Burgos gerate ich in eine Nebelsuppe, es wird feucht und kalt. Die Innenstadt von Burgos erreiche ich nur über ein hässliches Industriegebiet. Ich habe Lust, mit dem Bus in die Innenstadt zu fahren, aber heute ist domingo (Sonntag) und bei den Busbetrieben ist auf dieser Linie „los domingos no servicio (sonntags Betriebsruhe)"! An der Kathedrale Santa María spielt sich das gleiche ab wie in Pamplona: Einen Euro muss ich bezahlen, weil ich in die Kirche will. Diese Kirche ist beeindruckend, riesig und voller Touristen. Eigentlich besteht sie in der Mitte und an den Seiten nur aus Kapellen. Sehenswert sind die Goldene Treppe, die verspielte Hochgotik und der viele Barockprunk. Vor allem die Kapelle Santa Tecla y Santiago mit den Darstellungen des Heiligen Jakobus als Pilger und als matamoro, als Maurentöter, ist mit Gold völlig überladen. Ich bräuchte einen ganzen Tag, um Burgos zu besichtigen. Aber ich kann nur soviel besichtigen, wie mein Pilger-Zeitplan übrig lässt. Das ist einmal mehr, ein anderes Mal weniger. Heute weniger. Die Läden sind, wie ich erwartet habe, geschlossen und die Stadt voller Menschen. Aber im Vorort stadtauswärts finde ich einen offenen Tante-Emma-Laden und kaufe Brot, Magdalenas und Käse. Wohin ich heute laufe, überlasse ich meinen Füßen. Ich treffe, nachdem ich die Stadt verlassen habe, auf Straßenbaustellen großen Ausmaßes. Der Pilger wird im Zickzackkurs herumgeführt. Villabilla sehe ich nicht. Erst in Tardajos erreiche ich wieder den alten Weg. Hinter Rabé de las Calzadas geht es bergauf. Und da meine Füße mich gut tragen, nehme ich den Weg über den Berg und habe von dem Bergrücken aus einen herrlichen Blick auf **Hornillos del Camino.** Gegen Abend erreiche ich hier die Herberge neben der Kirche und beende meine Etappe nach 36 Kilometern. Ich komme in das „Schweizer-Zwölf-Doppelstockbetten-Zimmer", in dem eine Berner Pilgertouristengruppe nächtigt. Da ich ja mit dieser Spezies von Pilgern meinen Frieden geschlossen habe, unterhalte ich mich mit den netten Schweizern sehr angeregt. Sie verkörpern genau das, was den Meinungswandel in mir verursacht hat: Sie sind eine Gruppe aus einer katholischen Pfarrei in Bern und wandern 14 Tage ab Burgos. Sie haben nicht mehr Zeit zur Verfügung, da viele berufstätig sind. Einige sind auch nicht so gut zu Fuß. Sie wollen aber als Gruppe pilgern. Obwohl ich so spät gekommen bin, bekomme ich noch ein unteres Bett. Glück habe ich heute. Beim Abendessen sitze ich mit drei Schweizern am Tisch. Wir unterhalten uns über das Pilgern, und sie beneiden mich wegen meines langen Weges. Sie fragen mir geradezu Löcher in den Bauch.

Montag, 16. Oktober, 78. Etappe,
Hornillos del Camino – Itero de la Vega

Heute Morgen gibt es kein Frühstück. Die Bar im Ort ist noch geschlossen. Also hoffe ich auf ein Frühstück in Hontanas. Das

Wetter ist gut, blauer Himmel zeigt sich und es ist nicht mehr so kalt wie an den vergangen Tagen. Hinter Hornillos gehe ich langsam bergauf auf eine Hochfläche, auf der man einen fantastischen Blick in die Ferne hat. Die Herbstsonne lässt die Landschaft in vielen Farben und sehr plastisch erscheinen. Es ist ein prächtiges Bild! Auf Sichtweite läuft auch ein Franzose mit, der wie viele andere ebenfalls in Le Puy gestartet ist. Er war mir ab und zu über den Weg gelaufen. Er ist Einzelgänger (wir haben uns meistens in Kirchen und Herbergen getroffen) und begrüßt mich immer mit: „Ah, Piter aus Stuttgart". Die Gegend hier ist kalkig und die Felder haben einen weißen Schimmer. Ich fühle mich in den Quercy blanc Frankreichs zurückversetzt. Nach etwa zehn Kilometern erreiche ich Hontanas, dessen Häuser die gleiche grau-weiße Farbe haben wie die Landschaft. Mächtig ragt der Kirchturm der Kirche Immaculada Concepción aus dem 14. Jahrhundert empor. Hier im Ort bekomme ich mein Frühstück. Da ich in der Zwischenzeit richtig Hunger bekommen habe, esse ich einige Magdalenas, eine Tortilla española und trinke zwei Tassen Café con leche. Nach diesem Frühstück fühle ich mich wieder fit. Weiter geht es zur Ruine des Klosters San Antón, die leider nicht mehr instandgehalten wird. Hier im Kloster wohnten seit dem zwölften Jahrhundert die Hospitalbrüder des Heiligen Antonius von Ägypten (Antonius lebte von etwa 250 bis 350 n. Chr., hatte also ein biblisches Alter, als er starb). Sie widmeten sich der Krankenpflege, besonders auf dem Jakobsweg, und es gelang ihnen, „el fuego de San Antón", das Antoniusfeuer, eine mit der Mutterkornvergiftung zusammenhängende Krankheit und auch die Schweinepest mit achtbaren Heilerfolgen zu bekämpfen. Sie müssen eine stattliche Erscheinung gewesen sein: Sie trugen eine schwarze Robe mit einem blauen griechischen Tau auf der Brust, das Tau, das heute noch die FranziskanerInnen tragen. Dieses

Tau ist in einigen Fenstern der früheren Kirche – besonders schön in dem Rosettenfenster – noch erhalten.
Gleich hinter San Antón liegt Castrojeriz mit einer markanten Burgruine auf dem Hügel hinter der Stadt. Vor der Stadt grast eine Schafherde, der Hirte auf den Stock gelehnt, zwei Hunde an seiner Seite. Dieses Bild erinnert mich an ein altes Plakat der Hohenzollerischen Landesbahnen. Nur fehlt hier in Spanien die Eisenbahn, statt dessen führt eine Straße nach Castrojeriz. Ich fotografiere das Schäferidyll und laufe in den Ort, der schon in der Westgotenzeit besiedelt war. Zwei schöne Kirchen kann ich nur von außen besichtigen: am Ortseingang die Kirche Virgen del Manzano, im Ort selbst die Kirche San Juan. An einem schönen Plätzchen mache ich im Schatten auf einer Bank Mittagspause. Als ich meinen Essensbeutel aus dem Rucksack ziehen will, ist er nicht mehr da. Alles Suchen nützt nichts, offensichtlich habe ich ihn in der Herberge liegen lassen. Ich habe heute meine Gedanken nicht richtig beieinander; denn in der Herberge hatte ich schon mein Handtuch vergessen und einer der netten Schweizer aus meinem Zimmer hatte es mir nachgetragen. Nun der Beutel mit den Esswaren! Aber Gott sei Dank, schräg gegenüber hat noch ein Laden auf. Ich kaufe das Nötigste zum Essen ein und bin froh, dass ich nicht verhungern muss. Ich setze mich auf die Bank und stelle fest, dass ich meine Brille nicht mehr habe. Ich frage im Geschäft nach, aber hier findet sie niemand. Also habe ich heute auch meine Brille verloren. O.k. denke ich, das ist heute nicht mein Tag! Aber als ich mein Mittagessen einnehmen will, stürzt eine Frau aus dem Laden und kommt mit meiner Brille angelaufen. Wenn das alles meine frühere Stuttgarter Sekretärin sehen könnte, würde sie sich halbtot lachen. Sie kann von solchen Schicksalsschlägen ihres Ex-Chefs ein Lied singen. Nach der Mahlzeit gehe ich am Platz in einen Allerlei-Laden, der tatsäch-

lich Socken für mich hat. Ich kaufe zwei Paar ein, weil meine bisherigen ihre Eigenschaft als Socken aufgegeben haben und zu Lappen geworden sind. Gut gestärkt laufe ich hinter Castrojeriz steil bergauf und genieße auf dem Alto de Mostelares wieder einmal einen Blick bis zum Horizont. Vor mir liegt der Jakobsweg, der sich irgendwo in der Weite verliert. Ich beschließe, noch bis zum Ort **Itero de la Vega** zu gehen und mir dort eine Herberge zu suchen. 30 Kilometer sind genug für heute. Aber es geht mir bestens. Ich laufe über die wunderschöne Puente de Itero, die über den Fluss Pisuerga führt. Und da die italienische und „außergewöhnlichste Pilgerherberge des gesamten Pilgerweges" in San Nicolás vor der Brücke geschlossen hat, laufe ich weiter in den Ort. Gleich am Ortseingang lacht mich ein nettes Hotel an. Ich gehe schnurstracks hinein, frage nach einem Einzelzimmer und bekomme ein kleines, feines und modernes Zimmerchen.

Heute Abend beim Essen sind wir sieben Pilger, die ich fast alle kenne: Der Franzose mit dem „Ah, Piter aus Stuttgart", ein französisches Paar auf dem Weg von Le Puy „zum Saint Jacques", wie die Franzosen sagen), noch ein Franzose und ein englisch sprechendes Pärchen, er Koreaner, sie Australierin und Elke. Wir kommen bei unserer Unterhaltung auch auf das Thema der verschlossenen Kirchen. „Eine Katastrophe ist das", meinen die Franzosen und sind genauso ungehalten wie ich. Das Abendessen ist mäßig: Meluzza (Seehecht) ohne Beilage!

Dienstag, 17. Oktober, 79.Etappe,
Itero de la Vega – Carrión de los Condes

Während der Nacht hat es furchtbar geregnet. Heute Morgen ist es zwar in der Luft ruhig, aber noch in Itero, kurz nach meinem Aufbruch, fängt es wieder an zu regnen. Ich will heute 33 Kilo-

Hochebene von Mostelares

meter wandern, und gleich hinter Itero beginnt die Tierra de Campos infinitamente, eine flache Hochebene auf rund 800 Metern Höhe, sie ist fast ohne Bäume. Normalerweise könnte man unterwegs in dieser Einöde lesen oder spanische Vokabeln lernen, aber es regnet ununterbrochen und so lasse ich diese monotone Landschaft auf mich einwirken und meinen Gedanken freien Lauf. Nach 14 Kilometern erreiche ich Frómista. Die Stadt besitzt zwei sehenswerte Kirchen, San Martín und Santa María del Castillo. Ich ruhe mich in der letzteren aus; denn die Kirche ist geöffnet! Nach reichlicher Seelennahrung brauche ich plötzlich auch Körpernahrung. Ich suche die erstbeste Wirtschaft auf, wärme mich auf, esse Spaghetti und trinke noch einen Café solo (Expresso). Dann ziehe ich mir wieder den patschnassen Anorak an, bezahle meine Rechnung und folge dem weiteren 19 Kilometer langen Abschnitt von Frómista bis Carrión de los Condes, der rechts neben einer Landstraße verläuft und genauso monoton ist wie der vorherige. Ich bin froh, als ich diese 19 Kilometer geschafft habe; denn langweilige Wege sind anstrengend. In **Carrión de los Condes** gehe ich ins Kloster Santa Clara, aber nicht für immer, sondern nur für eine Nacht! Dafür schlafe ich aber in einem Zimmerchen für mich allein, und nicht nur das: Dieses Zimmerchen hat sogar eine Heizung! So wird die gewaschene Wäsche schnell trocken und ich wieder warm; denn ich habe heute unterwegs etwas gefroren. Das Kloster ist sehr schön und stammt aus dem 13. Jahrhundert. Nur schade, dass der Empfangschef, der mich zum Zimmerchen geführt hat, wenig freundlich ist und nur schlecht Englisch spricht. Jegliches Bitten, er möge doch Spanisch sprechen, bleibt ungehört. Vielleicht bekommt er ja für seinen unverständlichen Englischvortrag eine Fremdsprachenzulage.

Nachdem ich alles gewaschen und aufgehängt habe, kommt grußlos ein Pilger ins Zimmer und belegt das zweite Bett. Aus der Traum mit dem Alleineschlafen! An seinen Handy-Gesprächen höre ich, dass er Spanier ist. Mit mir spricht er nicht. Ich bin grundlos Luft für ihn. Dabei hatte ich bisher überhaupt keine Gelegenheit, ihn zu beschimpfen oder zu beleidigen, sodass er dann wenigstens einen Grund für sein Verhalten gehabt hätte. Jetzt habe ich zwar Lust so etwas zu tun, aber ich bin feige und habe in Belorado, am Abend meiner 75. Etappe, gelernt, dass ich diesen Menschen auch noch lieben soll, diesen Möchtegernpilger! Aber ehe mir allzu viel Böses einfällt, gehe ich lieber in den Ort, in eine Bar, esse Fettes und trinke ein Bier. In der Kirche von Carrión de los Condes schieße ich noch ein verbotenes Foto und gehe wieder ins Kloster zurück. Etwas eigenartig finde ich, dass ich keine Informationen über eine mögliche Beteiligung am klösterlichen Gebetsleben sehe oder erhalte. In den anderen Klöstern waren die Zeiten für die Vesper, die Komplet und die Messe bekannt gegeben worden. Hier finde ich trotz Suchens nichts dergleichen. Aber ich habe heute Mittag ja schon meiner Seele etwas Gutes getan. Beim Rucksackpacken entdecke ich meinen als verloren geglaubten Essbeutel wieder. Er lag ganz unten im Rucksack. Vier Magdalenas, Kekse und eine Cola finde ich dort. Das wird für ein erstes Frühstück morgen früh reichen.

Mittwoch, 18. Oktober, 80. Etappe,
Carrión de los Condes - Sahagún

Der ungehobelte, mich ignorierende spanische Pilger im Zimmer hat heute Nacht auch noch geschnarcht! Ich steige deshalb heute Morgen früh aus dem Bett, lasse mir meine wiedergefundenen Vorräte in der Küche gut schmecken und gehe sogleich wieder auf die „Piste“. Der Weg ist auch heute wieder langweilig. Man

wandert kilometerweit an abgeernteten Feldern vorbei. Es regnet immer wieder. Als der Weg angelegt wurde, richtete man auch Rastplätze ein, die heute leider verdreckt sind. Flaschen, Dosen, Plastikabfall liegen verstreut herum. Ich verstehe nicht, warum Pilger sich so verhalten. Beim Anlegen der Wege hatte man in guter Absicht auch Brunnen gebaut, damit der Pilger auf diesen öden Wegen in der Hitze nicht verdurstet. Aber an all diesen Brunnen hängen mittlerweile Schilder: „AGUA NO POTABLE (kein Trinkwasser)". Kolibakterien seien daran schuld bzw. die Landwirtschaft, erfahre ich von Einheimischen. In Calzadilla de la Cueza flüchte ich vor dem Regen in eine Bar. Ich genehmige mir eine Tortilla española, Oliven und einen Café con leche. Hier treffe ich Elke wieder. Sie erzählt mir, dass sie nur bis León laufen kann, weil sie dringend nach Hause muss. Nächstes Jahr will sie weiterlaufen. Aus dieser Frau werde ich nicht schlau. Sie ist geheimnisvoll. Aber ich stelle keine bohrenden Fragen, irgendwie tut sie mir auch leid; denn freiwillig kann man sich nicht so verhalten.
Hinter Calzadilla kommt der sogenannte Römerweg Via aquitana. Der entpuppt sich aber als ein gemeiner Kieselsteinweg. Kieselsteinwege sind die übelsten Wege, noch übler als Betonwege. Man muss ständig auf den Boden schauen, damit man nicht auf einen Klumpen tritt und mit dem Fuß umknickt. Hier in der Gegend wirkte im Mittelalter der spanische Ritterorden „Orden de Santiago", während elf Kilometer weiter, in Terradillos de Templarios, die Tempelritter die Pilger beschützten. Ich beschließe, heute auf den Schutz der Jakobus- und Tempelritter zu verzichten und bis San Nicolás del Real Camino weiterzulaufen. Der Weg bleibt in einer baumlosen Ebene kilometerlang monoton. Von links (von Süden) ziehen kohlrabenschwarze Wolken auf. Wenige Augenblicke später bläst ein Orkan über die Ebene und

bringt fast horizontal peitschenden Regen mit, sodass ich kaum die Spur halten kann. Endlich kommt meine höhenbergsteiger- und extremwettererprobte Ausrüstung richtig zum Einsatz. Bei 10°C schwitzt man nicht; ich bin innen warm und trocken. Da aber ein solches Wetter die Ausnahme ist, bin ich für normale kühlere Tage mit meinem Anorak etwas „overdressed". Ein leichterer hätte seinen Zweck auch erfüllt. Auch mein Schlafsack könnte leichter sein, notfalls kann man bei Kälte mit langer Unterhose und Socken schlafen. Immer erst hinterher ist der Mensch klüger, weil er den anderen, die diese Erfahrung bereits gemacht haben, nicht glaubt. In San Nicolás del Real Camino ist die Herberge geschlossen und macht einen verlassenen Eindruck. Im Führer steht, dass die Herberge erst Ende Oktober den Betrieb einstellt. Da spanische Pilger bei dem schlechten Wetter zuhause bleiben, hat die Herberge wohl schon vorher dicht gemacht. In einem Restaurant in der Nähe erfahre ich, dass die Herberge gestern in die Winterferien gegangen ist. Zwei Tage bin ich also zu spät gekommen. Eine US-Amerikanerin, die auch gerade ankommt, will nicht mehr weiterlaufen. Sie bestellt sich ein Taxi. Mir bleibt bei dem Mistwetter keine andere Wahl, als noch etwa acht Kilometer bis nach **Sahagún** zu wandern. Im Hostal La Cordoniz kehre ich ein. Ich bin heute 38 Kilometer gelaufen und will morgen 36 Kilometer schaffen. Deshalb brauche ich viel Schlaf und Ruhe. Sehenswert ist in Sahagún die aus Ziegelsteinen gebaute Kirche San Lorenzo mit ihrem mächtigen Turm, der aus mehreren Etagen von Bogenfenstern besteht.

Beim Abendessen treffe ich wieder Elke zusammen mit einer Ungarin, so ungefähr Mitte 50, die angeblich wie der Teufel laufen kann. 40 Kilometer sei normalerweise ihr tägliches Pensum, sagt Elke. Überhaupt stelle ich fest, dass Frauen die besseren Läufer sind. Elke selbst läuft schon hervorragend, nun hat sie eine noch stärkere Läuferin gefunden. Ich denke auch an Erika aus Zürich und an Isabelle aus Quebec. Sie alle sind den meisten Männern davongelaufen. Elke meint heute Abend, so allmählich wüsste sie, warum sie pilgert. Auf meine Frage, ob sie sich das nicht schon vorher überlegt habe, sagt sie ohne zu überlegen: „nein". Es ist ein unterhaltsamer Abend. Wir tauschen unsere gesamten Pilgererfahrungen aus. Elke erzählt, dass sie zweimal unangenehme Bekanntschaft mit Muschelbrüdern gemacht habe. Diese hätten sich in den Zimmern der Herbergen so bewegt wie Pilger, sich auf freie Bettplätze gesetzt (im Unterhemd, damit es auch echt aussieht) und dann gestohlen. So sei ihr bei der ersten Begegnung ihr Handy abhanden gekommen. Sie habe das erst bemerkt, als der Typ schon über alle Berge war. Wie im Mittelalter sind die Diebe Begleiter auf dem Pilgerweg. Ich stecke, sobald ich eine Herberge betrete, alle Wertsachen in meinen Stoffbeutel von der Kathedrale in Le Puy; und diesen Beutel nehme ich überall mit, auch in die Duschkabine und aufs Klo. Nachts befindet er sich in meinem Schlafsack.

Donnertag, 19. Oktober, 81. Etappe,
Sahagún – Mansilla de las Mulas

Das Wetter ist heute genauso schlecht wie gestern. Am Vormittag regnet es sporadisch, ab Mittag gießt es. Und wie gestern fegen orkanartige Stürme über die Hochebene, die mich fast umblasen. Gestern Abend erzählte man in der Herberge, dass nördlich von León im Golf von Biscaya ein Wirbelsturm bläst und wir die Ausläufer zu spüren bekommen. 10°C zeigt das Thermometer. Ich friere. In El Burgo Ranero gehe ich in ein Restaurant und bestelle eine heiße Suppe, die der freundliche Wirt aber nicht hat. Stattdessen reicht er mir sofort eine Tasse heiße Fleischbrühe, kostenlos, und empfiehlt mir eine „tortilla caliente en cinco minutos" (heiße Tortilla in fünf Minuten). Dem stimme ich zu und fühle mich nachher wieder wohler und aufgewärmt. Seit Calzada del Coto laufe ich auf dem Real Camino Francés, ein gut zu laufender Weg neben einer Straße, auf der Sonnenseite mit Platanen bepflanzt, die aber noch sehr jung sind und deshalb weder vor Sonne noch vor Sturm Schutz bieten können. Aber das wird sich ja noch im Laufe der Jahre ändern. Der Weg ist wieder sehr monoton, bietet – wie auch die Landschaft – 32 Kilometer weit das gleiche Bild. Da ich bei diesem Wetter nichts lesen kann, lasse ich wieder meine Gedanken wandern:

Das Thema Nächstenliebe geht mir durch den Kopf. Ich frage mich, warum es dieses „elfte Gebot" erst seit Jesus Christus gibt, warum es nicht schon auf den Gesetzestafeln von Moses stand. Warum hat es Gott nicht schon in der Evolution verankert? Bei vielen Nichtchristen ist Zahn um Zahn nichts Schlechtes; aber auch unter den Christen ist dieses Prinzip weit verbreitet. Man denke nur an die beiden letzten Weltkriege, an Nordirland. Man bekennt sich zur Gewalt und lügt, dass man keine andere Wahl habe. Die politische Gegenwart steckt voller Gewalt! Die Menschheit – als ein Ergebnis der Evolution – hat ja auch bisher kaum Zeit gehabt, das Gebot der Nächstenliebe zu verinnerlichen! Seit vier Millionen Jahren hat sich der Mensch entwickelt und da kommt vor 2000 Jahren Jesus und sagt, die Menschen sollen sich alle lieben. Diese 2000 Jahre sind fast ein zeitliches Nichts in der Menschheitsgeschichte, auch in der 200 000-jährigen Geschichte des Homo sapiens. Und dies vor dem Hintergrund, dass die ganze Menschheitsgeschichte ein räumliches und zeitliches Nichts im Universum darstellt, dass die Erde keine besondere räumliche und zeitliche Position im Weltraum einnimmt. Was sind 2000 Jahre in vier Millionen Jahren Menschheitsgeschichte und in vier Milliarden Jahren Erdgeschichte und in 13,7 Milliarden Jahren Weltraumgeschichte? Der Mensch ist angesichts der großen Dimensionen räumlich und zeitlich unbedeutend, darüber hinaus in seiner Galaxie gefesselt, weiß nicht einmal, wie das Universum aussieht. Und diesem Blitzchen von Mensch vermittelt Gott, der Herr des ganzen Universums und der Unendlichkeit, dass es die Nächstenliebe gibt und dass man seine Feinde lieben soll. Die Evolution hatte bis dahin der Natur zum Überleben nur Kampftechniken und beeindruckende Verteidigungsstrategien wie optische Täuschungen (Mimikry), Gifte, Netze, Beiß- und Schlagwaffen, Elektroschocks, Klebstoffe, Fallen, also unzählige üble Techniken vermittelt. Eine bewusst formulierte Überlebensstrategie „Nächstenliebe“ gab es nicht. Wen wundert es, dass selbst der Verstandesmensch, der über die Tierwelt hinausgewachsen ist, sich heute mehr schlecht als recht bemüht, dieses neue elfte Gebot zu leben, wenn er es überhaupt will? Er soll also mit der Nächstenliebe die bisherigen Methoden der Evolution, die zu Selektionen (die Stärkeren und Cleveren setzen sich durch!) führen, bekämpfen! Vielleicht hängt der späte Erscheinungstermin von Jesus auch damit zusammen, dass der Mensch sowieso schon in die Evolution eingreift, die Auswirkungen dieser Eingriffe nicht immer vorhersehbar sind und die Wahrscheinlichkeit, dass ungewollte negative Auswirkungen außer Kontrolle geraten, immer mehr zunimmt. Kam deshalb also Jesus so spät auf die Erde? Ist die Nächstenliebe das Erfolgsrezept für ein Überleben angesichts der seit 10 000 Jahren dramatisch zunehmenden Bevölkerungsdichte auf der Erde und der zunehmenden Macht des Menschen? Handelt es sich um einen Tipp in letzter Minute, um ein drohendes selbstgemachtes Desaster zu verhindern? Ich gewinne Gefallen an dem Gedanken, dass die Nächstenliebe *das* Erfolgsmodell bis zum Ende der Zeit sein könnte!

In **Mansilla de las Mulas** suche ich wieder ein Hostal auf. Ich fühle mich heute schlapp. Mein linkes Knie schmerzt, nachdem ich mich zwei Tage lang gegen den Orkan von links gestemmt habe. Heute werde ich nicht in ein Restaurant gehen, sondern im Hostal auf dem Zimmer essen. Ich friere. Gott sei Dank bemerke ich noch rechtzeitig, dass mir die Frau am Tresen des Hostals einen XXL-Stempel in den Pass drücken will, der eine ganze Seite des Passes abdecken würde. Ich schreie: „¡Por Dios, no, no!" (Um Gottes willen, nein, nein). Ich reiße ihr den Pass aus den Händen und laufe damit in die Herberge nebenan und bitte den freundlichen, deutschsprechenden Verwalter und Freund der Paderborner Jakobsgesellschaft, mir einen Stempel zu geben, was er auch sofort macht. Um halb neun Uhr lege ich mich schlafen. Der Sturm hat doch an den Kräften gezehrt. Erst im Schlafsack friere ich nicht mehr, dafür jucken Stiche am rechten Bein. Irgendwo habe ich mir Ungeziefer eingefangen.

Freitag, 20. Oktober, 82. Etappe, Mansilla de las Mulas - León
Heute laufe ich nur bis León. Das sind nur 17 Kilometer, Gott sei Dank; denn heute kübelt es wieder vom Himmel, sodass ich mich in meinen Anorak verkrieche und von der Landschaft um mich herum kaum etwas sehe. Mich interessiert nur, ob ich mich noch auf dem Camino befinde. Aber die Frage stellt sich nicht; denn es geht wie gestern weiter den Platanenweg entlang. Wie in Burgos laufe ich auch in **León** erst einmal durch ein hässliches Industriegebiet. Ich treffe bekannte Plakate: Würth: „Los profesionales de montaje (die Montageprofis)", MediaMarkt: „Yo, no soy tonto (Ich bin doch nicht blöd)!" Die Werbung schreit mich an, ich finde sie hässlich und zum Teil verlogen. Genauso sehen alle Industriegebiete aus, ob hier in León, in Darmstadt oder Stuttgart. Über die Puerta Moneda komme ich an der Kirche Santa

María del Mercado (früher: Santa María del Camino) vorbei. „Mercado" deutet darauf hin, dass hier früher ein fränkischer Marktflecken lag. Ich traue meinen Augen nicht: Die Kirche ist offen! Ich kann endlich – obwohl fast am Ziel – bei dieser Nässe einen Augenblick lang im Trockenen sitzen. Ich genieße es. Am Palacio de Los Guzmanes biegt der Weg rechts ab und macht einen Umweg zur Kathedrale, was mir aber entgegenkommt, da an der Calle Ancha mein Hotel liegt. Mein Zimmer ist warm! Beim Ausziehen meiner Kleidung will ich es nicht glauben: Auch mein zweites Paar Schuhe hat das Wetter, das ewig nasse, nicht verkraftet. Im linken Schuh ist Wasser! Ich kümmere mich nicht weiter darum. Sie müssen bis Santiago Dienst tun, ob sie wollen oder nicht. Ich trage – wenn es sein muss – wieder meine Plastiktüten-Kollektion. Das Blasentheater nach dem Schuhkauf in Cahors wird nicht mehr aufgeführt!
Ich steige sofort in die Dusche, um mich zu reinigen und aufzuwärmen und sehe die zweite Überraschung: dass mittlerweile beide Beine verstochen sind. Die Wanzen oder Flöhe fühlen sich bei mir sehr wohl, kein Wunder; denn die suchen sich bei diesem elendigen Wetter auch ein warmes Nestchen. Eigentlich habe ich Glück gehabt, dass ich bisher von Ungeziefer verschont geblieben bin. Trotz des Wetters mache ich mich am Nachmittag auf den Weg in die Stadt; denn León ist eine Stadt voller Kunstschätze, die jeder Pilger, wenn er Zeit hat, sehen muss. Zuvor kaufe ich ein Fortsetzungsheftchen für mein Tagebuch. Ein zweites gleiches Tagebuch habe ich nicht bekommen. In der Schweiz und in Frankreich lagen die überall herum, nicht aber in Spanien. Überhaupt ist die Auswahl an Schreibwaren hier im Lande mäßig. Es gibt keine Schreibwarenläden. Schreibwaren werden in den Buchläden verkauft, wobei ich den Eindruck habe, dass dort die Schreibwaren eine sekundäre Rolle spielen. Ich kaufe auch drei

kleine goldene conchas, Muscheln, als Souvenirs für meine Lieben daheim. Unterwegs treffe ich Elke. Sie hört tatsächlich mit ihrer Pilgerreise auf. Sie ist aber fest entschlossen, nächstes Jahr weiterzulaufen. „Man muss ja ein Ziel haben", sagt sie. Über diesen Satz freue ich mich; denn dann hat sich ihr bisheriger Weg schon gelohnt. Vielleicht hat Elke über das Sportliche hinaus doch auch spirituelle Erfahrungen sammeln können. Wir verabschieden uns herzlich; denn sie muss weg. Um 16 Uhr bin ich in der Kathedrale und fotografiere wieder verbotenerweise. Kein Mensch hält sich an das Verbot, sodass ich nicht auffalle. Eintritt wird diesmal nicht verlangt. Den Kirchenvätern von León sei gedankt! In dieser Kathedrale darf der Pilger einfach verweilen und ausruhen. Die Kirche ist sehr schön. Sie sieht so aus wie die französischen gotischen Kirchen. Ein großes Rosettenfenster befindet sich über den drei Portalen an der turmseitigen Fassade. Im Inneren ist die Kirche hell; denn es scheint viel Licht durch die großen Fenster. Gegen Abend klart der Himmel auf, die Sonne kommt heraus und vertreibt fast alle Wolken. Ich besichtige noch die übrigen Sehenswürdigkeiten von León und laufe zuerst zur Colegiata de San Isodoro, eine an die Stadtmauer angebaute Basilika-Kirche, die in verschiedenen Baustilen errichtet worden ist und eine sehenswerte Puerta del Perdón mit der Passion und Auferstehung Christi ihr Eigen nennt. Schließlich liegt auf meinem Heimweg noch der Palacio de Los Guzmanes mit einem schönen Innenhof und einem Relief in der Eingangshalle, das eine Pilgerfußwäsche zeigt.

Zurückblickend war ich heute ein einsamer Pilger. Nur hinter Mansilla kam mir eine Pilgerin entgegen: „I'll catch the bus (Ich will den Bus kriegen)", sagte sie mir und eilte im strömenden Regen zur Bushaltestelle. Statt „¡buen camino!" sagte ich „¡buen viaje!" (gute Reise) und bin weitergetrottet. Heute Abend füllen sich wieder die Straßen, die Menschen sind wie ich froh, dass die Sonne scheint und sich der Wirbelsturm verzogen hat.

Im Endspurt eile ich durch ein Wechselbad der Gefühle

„... Eng ist die Welt,
Und das Gehirn ist weit.
Leicht beieinander wohnen die Gedanken,
Doch hart im Raume stoßen sich die Sachen, ..."
Wallenstein in Wallensteins Tod, zweiter Aufzug, zweiter Auftritt
Friedrich von Schiller

Samstag, 21. Oktober, 83. Etappe, León – Hospital del Órbigo
Nach dem Regen der letzten Tage ist die Luft heute Morgen tropisch feucht-warm. Um acht Uhr verlasse ich León. Der Pilgerweg führt an dem prächtigen alten Gebäude des Paradorhotels San Marcos vorbei, überquert den Fluss Bernesga, Eisenbahngleise und geht in den Camino de la Cruz bis La Virgen del Camino über, dort, wo im 16. Jahrhundert Maria einem Hirten erschienen war. In einer neuen Kirche wird ein Bild der Virgen del Camino aus dem 15. Jahrhundert aufbewahrt. Der Wirbelsturm hat sich tatsächlich verzogen, aber in seinem Gefolge löst ein Regenguss den anderen ab. Es wird zunehmend kälter. In Valverde de la Virgen komme ich an einer Kirche vorbei, die mir sehr gefällt: ein neuer Ziegelbau, den man an einen alten Glockenarkadenturm angebaut hat. In Villadangos del Páramo sind alle Restaurants und Bars geschlossen. Der Ort macht auf mich einen wenig gepflegten Eindruck. Vielleicht liegt das auch an dem Wetter. Ich setze mich auf eine Bank und mache eine Mittagspause. Dann geht es weiter auf einem langweiligen Weg, den ich mittlerweile kenne, vorbei an Feldern, entlang der N-120 bis zum Ort Puente de Órbigo vor dem Rio Órbigo. Hier befinde ich mich an einer historisch wichtigen Stelle, wo einst Sueben (also

Schwaben!) und Westgoten kriegerisch zusammenstießen. Diese Stelle muss man passieren, wenn man weiter in den Nordwesten Spaniens will und das wollten die Schwaben auch. Sie gründeten in Galicien ein schwäbisches Reich, sogar ein Königreich und vereinigten sich allerdings im sechsten Jahrhundert nicht ganz freiwillig mit den Westgoten, worauf die Schwaben in eine Identifikationskrise stürzten ond bloß no hender vorghaldener Hand schwäbisch gschwätzt hen. Vo dere „Identifikationskrise“ (a hochgstochens Werdle!) isch ja au em Ländle en Alemania no ebbes hängebliebe, sonsch dädet die Schwabe dahoim viel selbschtbewuschter schwäbisch schwätze!

Sodele, ich gehe von Puente de Órbigo über die berühmte, sehr lange Bogenbrücke nach **Hospital de Órbigo** am anderen Ufer des Flusses. Von der Brücke leuchtet mir schon das Schild Hostal auf dem Dach eines der ersten Häuser entgegen. Dort will ich bleiben. Ich habe die 32 Kilometer bestens überstanden. Aber ich fühle eine Unruhe in mir; denn ich will nach Santiago. Ich werde morgen 36 Kilometer bis Rabanal del Camino laufen, und ich nehme mir vor, in drei Tagen mindestens 100 Kilometer zu wandern. Im Ort gehe ich in die Kirche San Juan, die geöffnet ist, weil der Pfarrer gerade Christenlehre oder Ähnliches für seine kleinen Schützlinge hält. Ich finde auf einem kleinen Tisch einen Pilgerstempel, den ich mir auch gleich in den Pass drücke. Der Pfarrer sagt mir nach der Christenlehre, dass heute Abend um 20 Uhr ein Gottesdienst stattfindet. Das gefällt mir, denn ich war schon einige Zeit nicht mehr in der Messe. Nach dem Kirchgang esse ich im Hostal mein Pilgermenü mit einer herrlichen Fischsuppe. Dann verschwinde ich ins Bett.

Sonntag, 22. Oktober, 84. Etappe,
Hospital de Órbigo – Rabanal del Camino

Im Hostal bin ich der einzige Pilger, auch im Ort habe ich keinen weiteren gesehen. Gestern Abend saß nur noch ein spanisches Paar in ziviler Kleidung im Restaurant, sodass der Wirt nicht viel verdienen konnte. Ich bin nicht auf die Idee gekommen zu fragen, was das Pilgermenü bei ihm kostet; denn bisher habe ich immer zwischen acht und zwölf Euro bezahlen müssen. 30 Euro für eine Fischsuppe, einen Fisch ohne Beilagen, einen Fertigpudding und eine halbe Flasche Rotwein habe ich heute Morgen auf die Theke des Hauses blättern müssen! Wahrscheinlich habe ich die ganze Flasche Rotwein bezahlen müssen, obwohl ich nur eine halbe getrunken habe. Unfaire Wirte haben auch schon im Mittelalter die Pilger übers Ohr gehauen, warum soll sich das geändert haben? Ich bin um eine Erfahrung reicher geworden. Nach dem Aufbruch laufe ich auf meiner 84. Etappe erst einmal in einen tiefen Matsch hinein. Heute Nacht muss es wieder heftig geregnet haben. Es ist noch dunkel und mit der Taschenlampe beleuchte ich mir den Weg, der nur aus Pfützen und Schlamm besteht. Etwa 200 Meter links von mir verläuft die N-120, also nutze ich die nächstbeste Möglichkeit, um auf diese Straße zu kommen. Dunkle Wolken hängen am Himmel, sodass es heute etwas später hell wird. Es fängt an zu regnen und in Astorga gehe ich pitschnass erst einmal in die riesige Kathedrale; denn heute ist Sonntag! Die Messe ist fast zu Ende, also setze ich mich ganz hinten auf eine Steinstufe, kann aber wegen der Einbauten und Säulen den Verlauf der Messe nicht beobachten. Vor mir rennt ununterbrochen ein weiß gekleideter Mönch herum, um die Touristen und Pilger am Fotografieren zu hindern. Mir gelingt es nicht, die Kamera herauszuholen und wenigstens ein Bild von der

Kathedrale zu machen. Das ist doch eine typische Mönchsarbeit, denke ich zynisch. Ich bin zornig und friere.
Ich verlasse die Kathedrale wieder und gehe in den Regen hinaus. In einer Bäckerei kaufe ich mir die angepriesene Spezialität des Ortes, die „köstlichen mantecadas", die ich aber für nicht besonders erwähnenswert halte. In einem Restaurant trinke ich einen Café con leche und höre deutsche Stimmen. Zwei Radfahrer aus Neustadt in Franken sind auf dem Weg nach Santiago. Sie wollen in zwei, drei Tagen dort sein. Jedes Jahr sind sie zusammen eine Woche oder zwei Wochen lang ein Stückchen Weg gefahren. Sie freuen sich, dass sie kurz vor dem Ziel sind. Ich dagegen muss noch ein „Stückchen" Weg laufen. Aber der Wunsch, schnell ans Ziel zu kommen, wird immer stärker.

Diese „ewigen Nörgeleien" und Wiederholungen über verschlossene Kirchen, Eintrittsgelder oder Fotografierverbote mögen verwundern. Aber diese Abschottung der Kirche hat mich während meiner Pilgerreise sehr gestört. Sie hätte es vielleicht weniger getan, wenn ich nicht Frankreich erlebt hätte!

Warum wollte ich möglichst schnell nach Santiago? Der Leser wird beobachtet haben, dass ich bisher Spanien sehr interessiert durchwanderte, die vielen Baudenkmäler bestaunte, die Natur und die Landschaften bewunderte. Das klingt nach einer schönen Wanderung, aber weniger nach einer Pilgerreise. Und tatsächlich hatten die spirituellen Erlebnisse – wenn man von der sehr schönen und nachhaltig wirkenden Andacht in Belorado absieht – im Vergleich zu Frankreich nachgelassen. Ich traf weniger liebenswürdige Menschen, auch keinen vergleichbar schnellen und sympathischen Mitpilger wie Martin und Rupert und eben meist nur verschlossene Kirchen.

Carmen Rohrbach schreibt in ihrem lesenswerten Heftchen „Eine Reise weit zu mir": „... Wer die kleinen Kirchen verfehlt, wird später einmal, am Ziel, auch Santiago nicht recht zu würdigen wissen." Das ist sicher richtig und die für die verschlossenen Kirchen Verantwortlichen in Spanien sollten über diesen Satz nachdenken!
Hinzu kam der Dauerregen der letzten Tage und die Monotonie der Landschaft, die im Regen noch monotoner wirkt als sie wirklich ist.
Ich hatte aber während meiner bisherigen Pilgerreise soviel Kraft gewonnen, dass ich meinen GEDANKENSTRICH erfolgreich und zuversichtlich zu Ende ziehen konnte.

Es regnet so heftig, dass ich nicht einmal die Kathedrale und den berühmten Bischofspalast fotografieren kann. Dann ist eben Astorga ein weißer Fleck in meiner Bildersammlung. Schade, denke ich, verkrieche mich in meinen Anorak und trotte weiter. Das Gelände steigt heute in Richtung des Berges Irago bis auf fast 1200 Meter an, und um halb fünf Uhr erreiche ich **Rabanal del Camino.** Ich kehre in einem Hostal ein. Ich spüre schon beim Eintreffen in Rabanal, dass ich innen so nass bin wie außen. Auch wenn das Berghinaufsteigen körperlich kein Problem ist, schwitze ich dennoch. In meinem linken Schuh quatscht es bei jedem Schritt. Hier in Rabanal soll es ein neues Benediktinerkloster mit acht Mönchen geben, die die Pilger geistlich betreuen. Ich hätte gerne diesen Service in Anspruch genommen, gerade von den Benediktinern. Oh, ich hätte mich gerne mit ihnen über Beuron und Einsiedeln unterhalten. Vielleicht hätte das Gespräch mein Bild von den Mönchen zurechtgerückt. Aber heute brauche ich keinen geistlichen, sondern einen körperlichen Beistand! Beim Auspacken meines Rucksackes sehe ich, dass das ganze Innenleben vor Nässe trieft. Ich habe zwar das meiste in wasserdichten Beuteln verstaut, aber mein Lebensmittelbeutel ist nicht wasserdicht und das Brot, die Keksschachtel, der Zucker, die Teebeutel usw. sind aufgeweicht. Ich befestige am Fenster über der Heizung eine Seilkonstruktion, an der ich den Rucksack genau vor der Heizung und meine Wäsche, Hose und Anorak darüber aufhänge. Meine Schuhe versorge ich ebenfalls. Dann gehe ich essen. Elf mir nicht bekannte Pilger zähle ich, die entweder essen oder nur die Wärme an der Bar suchen. Bei meiner Rückkehr betrete ich kein Hostalzimmer, sondern eine Waschküche. Am Fenster läuft das Wasser hinunter, alles im Zimmer ist nass beschlagen. Ich reiße die Tür zum Flur auf, bringe einige meiner nassen Sachen dorthin und verteile sie auf die vorhandenen drei Heizkörper. Draußen regnet es weiter, das Fenster brauche ich erst gar nicht zu öffnen. Das Wetter ist ärgerlich, ich sehe nichts von den Städten, nichts von der Landschaft. Ich lese nur, dass hier in Rabanal die Templer gewirkt haben, die die Pilger auf ihrem Weg über den Berg Irago vor Räubern beschützten. Da gibt es sicher in der Stadt einiges zu besichtigen. Aber von der schönen Stadt Rabanal sehe ich nichts! Dagegen konzentriere ich mich in meiner Trockenkammer auf meine Pilgerutensilien. Es kommt fast einer logistischen Meisterleistung gleich, dass ich bis 22.30 Uhr die wichtigsten Sachen trocken bekomme.

Montag, 23. Oktober, 85. Etappe,
Rabanal del Camino - Ponferrada

Über Nacht ist fast alles trocken geworden. Meine Unterhose ist noch feucht, ich ziehe sie trotzdem an. Sie muss am Körper weiter trocknen. Mein Frühstück bekomme ich erst ab acht Uhr, sodass ich heute eine halbe Stunde später als üblich das Haus verlasse. Und wie ist das Wetter heute? ----------- Richtig, es regnet! Das ist schon deshalb besonders bedauerlich, weil auf der Etappe nach Ponferrada über den Pass am Berg Irago wieder einige interessante, sehenswürdige Orte liegen. Da ich bis auf 1500 Meter aufsteige, werde ich schwitzen und innen wieder pitschnass sein. Nach etwa fünf Kilometern erreiche ich Foncebadón, dessen Name nur an einen Ort erinnert; denn Foncebadón liegt in Trümmern, verwahrlost, verfallen. Dabei hat dieser Ort Geschichte, war einmal wohlhabend und seine Bedeutung ist schon im zehnten Jahrhundert belegt. Heute steht wieder eine Herberge am Rande des Ortes, und auch die Kirche ist wieder aufgebaut worden. Ich will den Weg durch den Ruinenort nehmen und vernehme sogleich heftiges Hundegebell am Ende der Straße. Zwei große Hunde kommen von weitem auf mich zugelaufen. Ich sage mir, vielleicht sind die Ruinen doch nicht so wichtig und weiche auf die den Ort umgehende Landstraße LE-142 aus. Sicher ist sicher. Wenig später stehe ich auf dem Pass von Foncebadón mit dem berühmten Steinhaufen und dem Eisenkreuz Cruz de Ferro. Wie jeder Pilger habe ich einen Stein mitgebracht und werfe ihn auf den Haufen zu den anderen Steinen. Für ein Foto hat es vielleicht fünf Minuten lang aufgehört zu regnen, dann regnet es unaufhörlich weiter. Der Steinhaufen ist uralt, schon zu Römerzeiten soll er existiert haben. Man vermutet, dass er eine Grenze markieren sollte. Die Wanderer hatten schon als Heiden die Steine auf den Haufen geworfen und der Eremit Gaucelmo, der auch eine Herberge in Foncebadón unterhielt, hat diesem Treiben einen christlichen Stempel aufgedrückt, indem er mitten in den Haufen, wie ein Pfahl im heidnischen Fleische, einen Baumstamm mit einem schlichten Eisenkreuz rammte. Von mir liegt nun auch ein Stein auf diesem Haufen. Warum, weiß ich eigentlich nicht. Johann Gottfried Seume stellte schon vor rund 200 Jahren fest, dass die meisten Zeichen länger

Foncebadon, ein Ruinenort mit großer Vergangenheit

Am Eisenkreuz (Cruz de Ferro) auf dem Pass von Foncebadón.

währen, als die Sache selbst. Aber das Steine-auf-den-Haufen-werfen ist ein Pilgerbrauch, er gefällt mir und ich setze ihn fort. Gleich anschließend naht der zweite Ruinenort: Manjarín. Auch er ist verlassen und verfallen. Hier steht eine sehr einfache Herberge am Rande der Straße. Beim Vorübergehen läutet eine Glocke, die mich sicher darauf aufmerksam machen möchte, dass ich willkommen bin. Aber bei diesem Wetter, es regnet gerade wieder in Strömen, sollte man die nasse Kleidung nicht *mehr* aus- und anziehen als unbedingt nötig; denn das Wasser sucht sich dann seinen Weg weiter in das Innere der Kleidung und in den Rucksack. Ich laufe stoisch weiter und hinter mir folgen etwa zehn Pilger, die ebenfalls keine Pause einlegen. Weiter bergan kommt zum Regen auch noch Nebel auf. Ich habe etwa 50 Meter Sicht. Oben auf dem Berg angekommen hört es plötzlich auf zu regnen. Der Nebel lichtet sich und ich traue meinen Augen nicht: Vor mir liegt in einer Senke Ponferrada in der Sonne!! Und der Himmel über der Stadt ist nur noch leicht bewölkt. Ich kann es nicht fassen. Die zehn anderen Pilger treffen nach und nach ein. Alle versammeln sich auf der Bergkuppe, staunen und jubeln. Ein Spanier tanzt auf der Straße herum und schreit: „El sol, el sol, el sol (Sonne, Sonne, Sonne)!“ Wir haben mit allen Scheußlichkeiten gerechnet, nur nicht mit der Sonne. Ponferrada liegt noch 15 Kilometer von uns entfernt, aber zum Greifen nahe. Um 11.30 Uhr trifft mich der erste Sonnenstrahl und wärmt mich auf. Ist das herrlich! Es bläst ein Wind, der zusammen mit der Sonne meine Sachen schnell trocknet. An das Quatschen im linken Schuh habe ich mich schon gewöhnt. Wir erreichen zusammen den schönen Ort El Acebo und suchen die erste Bar am Weg auf. Dort wird gefeiert. Wir, das sind Franzosen, Spanier, Holländer und ich, wir trinken und essen, reichen unsere Pilgerpässe herum,

erzählen, sind richtig aufgedreht. Dann zieht wieder jeder seines Weges weiter.
Über eine romanische Brücke komme ich durch den sehenswerten Ort Molinaseca. Rechts am Berghang liegt die Barock-Kapelle Virgen de las Angustias und mitten im Ort die mächtige romanische Kirche San Nicolás. Ich setze mich ein wenig in die Sonne auf eine Bank, genieße die Wärme und lasse meinen Blick durch den Ort schweifen, bis ich mich wieder für den heutigen letzten Abschnitt auf den Weg mache. Über die Brücke Mascarón betrete ich **Ponferrada** und gehe zuerst zur mächtigen Templerburg, dann zur Basilika Nuestra Señora de la Encina mit einem stattlichen Turm und zur Touristen-Information, wo ich mir den Pass stempeln und ein Hostal empfehlen lasse. Heute Abend feiere ich das schöne Wetter auf dem Hotelzimmer. Ich kaufe Sardinen, Weintrauben, Brot, Bier, Saft und mache es mir gemütlich. Auch erfinde ich das Öffnen einer Bierflasche mit meinem französischen Schwellennagel von 1939. Was Sonne doch alles bewirken kann! Leider ist Ponferrada eine Baustelle. Am Schloss wird gebaut, auch die Mascarón-Brücke ist eingerüstet und an vielen Stellen verunzieren Baukräne das Stadtbild. Aber Instandhaltung muss sein, das versteht ein Bauingenieur.

Dienstag, 24. Oktober, 86. Etappe, Ponferada - Trabadelo

Heute laufe ich in den 90. Tag meiner Pilgerreise und das Ende ist schon absehbar! Und heute Morgen in der Dämmerung ringen Sonne und Regen um die Vorherrschaft. Als ich Ponferrada verlasse, spannt sich ein Regenbogen über die Häuser. Es ist der letzte Versuch der Sonne sich durchzusetzen, dann verschwindet sie und es regnet wieder. Ich vermute, dass nach dem vielen Regen der Weg sehr matschig sein wird, ich laufe deshalb auf der N-VI und anschließend auf der N-006A bis kurz vor Cacabelos. In

Cacabelos traue ich meinen Augen nicht: Vom Weg aus sehe ich ein Kirchlein, die Kirchtüre steht weit offen und der Altarraum ist hell erleuchtet. Ich gehe hinein – es ist die Kirche Santa María de la Plaza – und setze mich in eine Bank. Frauen kommen und gehen, die ebenfalls kurz Andacht halten. Warum nur in Cacabelos? Hier ist man einfach willkommen. Ich bin sehr dankbar, mich bei diesem Regen in eine Kirche setzen zu können, und ganz nebenbei tut dieses Plätzchen auch der Seele gut – offensichtlich auch den Seelen der spanischen Frauen. Leider heißen die Hunde dieser Gegend mich weniger nett willkommen. Ich passe ja schon aus Erfahrung gut auf. Auf der Straße hinter Cacabelos sehe ich auf einem Feld einen Mann einen Zaun reparieren. Zwei große Hunde springen um ihn herum. Ich beschließe, einfach die Straßenseite zu wechseln; der Autoverkehr wird mir die Köter vom Leibe halten. Als ich den reparierenden Mann passiere, kommt einer der beiden Hunde zur Straße und legt sich genau an den Straßenrand mir gegenüber flach auf den Boden ins Gras, sodass man ihn kaum sehen kann. Als das letzte Auto einer Serie vorbeigefahren ist, schießt der Hund über die Straße auf mich zu. Aber ich bin gut vorbereitet, halte ihm die Stockspitze vor die Nase und sprühe Pfefferspray. Der Hund ist irritiert und begreift wohl, dass er angesichts der heranrollenden Autos nicht lange unverrichteter Dinge auf der Straße stehen bleiben kann, rennt zurück auf die andere Straßenseite und verschwindet Richtung Herrchen, das sich weder um seinen besonders cleveren Hund noch um mein Schicksal gekümmert hat.
In Villafranca del Bierzo ist die alte romanische Kirche Santiago ebenfalls geöffnet. An einer Stelle, von der man den gesamten Kirchenraum überblicken kann, sitzt eine Frau, die mich begrüßt und sich dann wieder in ihre Literatur vertieft. Dieses Kirchlein stellte früher auf dem Jakobsweg eine Besonderheit dar: Kranke

Pilger, die nicht mehr in der Lage waren, bis Santiago zu laufen, erhielten hier im Heiligen Jahr die gleiche Absolution wie die Pilger in Santiago d. C., wenn sie durch das Nordportal Puerta del Perdón der Kirche gingen. Der Aufenthalt in diesem alten Kirchlein hat mir so gefallen, dass ich der Frau ein Santiagobildchen abkaufe. Es gibt sie doch: die Lichtblicke. Auffallend – auch bei Regenwetter – ist in der Stadt die mächtige Burg, Castillo de los Marqueses de Villafranca, an der ich vorbeilaufe. Ich habe Hunger, und da ich mich bei diesem Wetter nirgendwo im Freien hinsetzen kann, gehe ich in ein Restaurant. Hier ist viel Betrieb. Aber ich sehe keinen Pilger, zu dem ich mich gesellen könnte, sondern nur Zivilisten. Ich genehmige mir einen Boccadillo (belegtes Brötchen), eine Cola, einen Café solo (Expresso) und wandere dann auf der N-VI weiter, zuerst durch einen Straßentunnel, in dem ich mich bei heftigem Verkehr auf dem schmalen Seitenstreifen an die Tunnelwand drücke. Hinter dem Tunnel wird der Pilger auf einen speziell für Pilger gefertigten Betonweg seitlich der Straße geführt. Aber was machen die Pilger: Sie laufen wie ich auf dem weichem Boden neben dem Betonweg, anstatt asketisch den mit EU-Mitteln geförderten harten Beton zu benutzen. Es regnet schon den ganzen Tag, und nach 33 Kilometern mache ich in **Trabadelo** Schluss mit der Etappe. Das kann ich auch ruhigen Gewissens tun; denn morgen gehe ich nur 16 Kilometer bis La Faba, wo die mit Geldern aus Stuttgart erbaute Herberge und die renovierte Kirche San Andrés liegt. In La Faba will ich übernachten; denn ich habe mich sehr gut auf diese Herberge vorbereitet und „Die Stufen“ von Hermann Hesse – auch wenn jeder das Gedicht kennt – auswendig gelernt und den Text auch auf Spanisch mitgenommen und zum Vorlesen einstudiert. Denn in La Faba dürfen alle Schwaben, die ein Gedicht eines schwäbischen Dichters oder ein Lied eines schwäbischen Komponisten

aufsagen bzw. vorsingen können, kostenlos übernachten. Um 16 Uhr komme ich im Hostal Nova Ruta an. Ich habe heute keinen Pilger gesehen, weder in Ponferrada, noch auf dem Weg, noch in Villafranca, noch hier in Trabadelo. Mein Zimmer ist o.k., aber dass die Empfangschefin mir den Personalausweis wegnimmt und mir zu verstehen gibt, dass ich ihn erst morgen früh zurückbekomme, wenn ich bezahlt habe, ärgert mich doch. In diesem Haus werde ich nicht essen, heute Abend nicht und auch nicht morgen früh. Ich gehe heute Abend in ein anderes Restaurant im Ort. Hier frage ich den Wirt: „¿Creo, que los peregrinos españoles están en la casa con este mal tiempo, verdad? (Ich glaube, dass die spanischen Pilger bei diesem schlechten Wetter zu Hause sind, nicht wahr?)". Der Wirt antwortet: „Está normal, está normal" und geht mit beiden Händen in den Taschen lustlos in die Küche. Er hat heute mit mir nur drei Gäste zu bedienen.
Bisher habe ich die ganze Pilgerreise ohne körperliche Schwierigkeiten bewältigt. Aber seit ein paar Tagen habe ich Muskelschmerzen im linken Oberschenkel. Er fühlte sich anfangs warm an, schien auch etwas geschwollen zu sein. Die langen Etappen hatten wohl bei mir eine Schwachstelle gefunden. Ich behandle den Muskel mit Chi-Öl, was tatsächlich hilft. Heute ist er schon besser, und die Kürze der morgigen Etappe wird mir sehr behilflich sein.
Ich bin heute schon den achten Tag in Folge durch den Regen gelaufen. Mein GEDANKENSTRICH wird noch einmal auf eine harte Probe gestellt. Auch wenn ich meine Fassung und gute Laune nicht mehr verliere, beschleunige ich meine Schritte, und der Drang, schnell nach Santiago zu kommen, wird stärker, zumal es bei der Hoffnung auf mehr Spiritualität am Weg geblieben ist. Ich bin dabei, die Kilometer zu fressen. Auch würde ich gerne

wieder einmal mit einem Pilger ein Stück des Weges gemeinsam laufen, aber weit und breit ist kein passender auszumachen.

Mittwoch, 25. Oktober, 87. Etappe, Trabadelo – La Faba

Ohne ein Frühstück im Haus einzunehmen, zahle ich meine Übernachtung und bekomme meinen Personalausweis zurück. Die Empfangschefin ist leicht pikiert, aber da kann ich ihr nicht helfen. Misstrauen ist kein Fundament für ein freundliches Miteinander. Ich wandere gemütlich Richtung Schwabenherberge, dabei folgt Regenschauer auf Regenschauer. Ich habe den Eindruck, Spanien versinkt im Wasser. Kurz hinter Trabadelo kreuze ich den Rio Valcarse und am Brückenschild begrüßt mich ein aufgehängter Büstenhalter. Das nenne ich Service am Weg für Pilgerinnen! „Valcarse" bedeutet Tal des Gefängnisses. Es ist ein enges Tal, durch das die Pilger laufen müssen. In früheren Jahrhunderten waren die Pilger hier den Banditen ausgeliefert, die sich diesen günstigen Platz für ihre Verbrechen ausgesucht hatten. Selbst eingesetzte Beschützer bereicherten sich an den Pilgern durch erzwungene Schutzgeldabgaben. Schließlich besetzten die Tempelritter das Tal, um für Ordnung zu sorgen. Während ihrer Anwesenheit hatten offensichtlich die Pilger Ruhe. Aber wir wissen, dass die Templer nur 200 Jahre für Ordnung sorgen konnten.

Ich komme durch das Straßendorf Ambasmestas: Kein Mensch ist auf der Straße, kein Anzeichen von Leben, eine gut aussehende Bar ist zu verkaufen. Ich frage mich, von was ein Barbesitzer in einem so kleinen Nest leben kann. Man muss hier sein Geld hart verdienen. Aber wenn das so ist, warum sind dann die Leute nicht viel freundlicher? Warum war die Empfangschefin gestern Abend so ruppig? Auch in ihrem Quartier waren so gut wie keine Gäste. Es weht heute ein warmer Wind, das ist neu. Vielleicht ändert sich doch noch das Wetter. Hinter Ambasmestas geht es bergauf. Ab und zu kommt die Sonne hervor und lässt die Landschaft in wunderschönen Farben leuchten. Um zwölf Uhr bin ich in **La Faba** (bis zum 13. Jahrhundert hieß der Ort Villa Ux oder Villa Urz). In dieser Gegend müssen schon einige Galicier leben, unter ihnen auch einige Schmierfinken. Ortsnamen auf den Schildern sind mit Spray in Galicisch korrigiert worden. San Julian wurde in San Xulian geändert, La Faba in A Faba. Es hat aufgehört zu regnen. Die Herberge, eine kommunale Herberge, die vom Stuttgarter Verein „Ultreia" geführt wird, wird gerade ausgefegt. Zwei deutsche Frauen – nicht aus Schwaben, das höre ich – sorgen für Ordnung. Aber für Pilger wird die Herberge erst um 14 Uhr geöffnet. In der einzigen Bar des Ortes – La Faba ist ein winziger Ort mit 36 Einwohnern! – essen die beiden Herbergsfrauen und ich zu Mittag. Um 14 Uhr gehe ich zur Herberge, nachdem ich mir die kleine Kirche San Andrés gleich neben der Herberge angesehen habe. Das ehemalige Pfarrhaus wurde mit Mitteln der Stuttgarter zu einer Herberge ausgebaut, die so viele Pilger beherbergen kann wie der Ort Einwohner hat. Auch die Kirche wurde von den Stuttgartern renoviert, und am 22. September 2004 eingeweiht. Warum engagieren sich die Stuttgarter hier? Manfred Hartmann aus Stuttgart-Degerloch wurde 1985 auf dem Jakobsweg in den Pyrenäen mit einer Pilgergruppe, die er leitete, von einem Unwetter überrascht. Er schwor sich damals, dass er eine Herberge in den Pyrenäen bauen würde, wenn die Gruppe unversehrt aus dem Unwetter wieder herauskommt. Hartmann hatte Glück. Er versuchte dann allerdings vergebens, in den Pyrenäen eine Herberge zu bauen; denn die Behörden hatten etwas dagegen. Er fand einen Ersatzort, La Faba, und verwirklichte dort sein Projekt.

Ich ziehe also heute als erster in die Herberge ein, suche mir das beste Plätzchen im Schlafsaal aus, darf mein Gedicht „Die Stu-

La Faba
Kirche San Andrés direkt neben der Herberge

In der Herberge von La Faba,
Rezitation der „Stufen“ von Hermann Hesse auf Spanisch

fen" von Hermann Hesse aufsagen und auf Spanisch vorlesen, bekomme einen schönen Stempel in meinen Pass mit dem Text aus dem mittelalterlichen Pilgerlied „Wol auf Sant Jacobs Straßen": „... do leidt vil manches bidermans kyndt aus teutschem landt begraben", der an den deutschen Pilgerfriedhof in La Faba erinnert, von dem aber heute keine Reste mehr vorhanden sind. Ich darf gemäß der Hausregel kostenlos übernachten, dank meiner „Gedicht-Rezitation"! Trotzdem wird die Herbergskasse heute nicht darunter leiden; denn nach mir kommt ein Pilger nach dem anderen, das Haus wird voll! Die Pilger erzählen, dass die Herberge in Laguna de Castilla geschlossen und in O Cebreiro kein Platz mehr sei. Also bleiben heute alle hier in La Faba. Wo plötzlich die vielen Pilger herkommen, ist mir ein Rätsel. Es sind viele Deutsche dabei, die ich bisher noch nicht gesehen habe, viele Franzosen, ein Pole, drei Österreicher, vier Italiener, zwei Nordamerikaner und nur vier Spanier („Está normal"), wie ich mit Hilfe der Herbergsfrauen gezählt habe. Seit Roncesvalles habe ich nicht mehr so viele Pilger auf einem Fleck gesehen. Die meisten sind im Studentenalter. Ich bin weitaus der Älteste unter ihnen. Ich komme mir vor wie in einer Jugendherberge. Die Pilger zahlen nur vier Euro für die Nacht, das ist ein sehr gutes Preis-Leistungsverhältnis.
Am Nachmittag gehe ich durch das Dorf, schaue mir die paar Häuser an. Ein Mann treibt fünf Kühe auf die Wiese. Ein sehr alter Einwohner schiebt eine Schubkarre mit Maronensäcken beladen die Hangstraße hoch. Er quält sich ab und legt immer wieder eine Pause ein. Seine Frau hilft ihm dabei, indem sie mit einem Seil, das an der Schubkarre befestigt ist, vorne zieht. Es gibt doch noch arme Menschen hier in der Gegend, denke ich. Die Alten sind schon über alle Berge, als es mir durch den Kopf schießt: Warum habe ich dem Alten nicht die Schubkarre aus der

Hand genommen und den Berg hochgeschoben? Bin ich ein Zuschauer dieses Lebens oder stehe ich mittendrin? Ich ärgere mich über mich selbst. Ich muss von dem hohen präsidialen Thron runterkommen! Wie sangen meine ehemaligen MitarbeiterInnen im Büro bei meinem Abschied: „Dein Weg wird kein leichter sein!" Sie haben Recht, aber sie meinten es damals anders!
In der Bar des Ortes vereinbare ich für morgen früh um acht Uhr ein Frühstück (auf Empfehlung der beiden Herbergsfrauen). „¿A las ocho? ¡No problema!" (Um acht Uhr? Kein Problem!), sagt die Barfrau.
In der Herberge gibt es vor der Bettgehzeit etwas Gedränge vor der jeweils für männliche und weibliche Pilger nur einen Toilette, Dusche und Waschgelegenheit. Die Wirtsleute haben mir aber schon am Nachmittag gezeigt, dass im Anbau der Herberge weitere Toiletten und Waschgelegenheiten eingebaut werden.

Donnerstag, 26. Oktober, 88. Etappe, La Faba - Samos

Die Spanier sind nicht scharf aufs Geld. In diesem wirklich nicht wohlhabenden Ort will man mein Geld nicht. Ich bin kurz vor acht Uhr an der Bar, aber niemand lässt sich blicken. Ich warte bis acht Uhr, wie vereinbart, aber es ist niemand da. Ich warte bis Viertel nach acht: alles dunkel. Ich weiß nicht, wann die Leute aus den Federn steigen, vielleicht erst, wenn es hell wird. Aber acht Uhr war vereinbart. Vielleicht ist das zu deutsch gedacht. Die Pilger sind größtenteils ja auch noch nicht aus dem Haus. Ich habe keine Lust zu warten; denn ich will noch bis zum Kloster Samos, von dem mich noch rund 33 Kilometer trennen. Gott sei Dank treffe ich eine Frau, die in den Ort läuft und die ich nach dem Weg fragen kann. Es ist noch dunkel und es gibt einige Straßenabzweigungen, die mich unsicher machen. Ich gehe deshalb auf der mir gezeigten Straße und benutze nicht den Weg in den Hang hinein. In Laguna de Castilla, dem letzten kastilischen Ort, rührt sich auch noch keine Seele. Kein Mensch ist zu sehen und die Bar hat noch geschlossen, jetzt, wo die Pilger alle durchlaufen! Ich kann es nicht fassen. Mit meinem leeren Magen von 970 Metern auf 1400 Meter hoch zu laufen ist nicht schwierig, schafft aber noch mehr Hunger, und ich freue mich auf ein Frühstück in O Cebreiro. Hinter Laguna kommt Nebel auf. Das ist zunächst problemlos aber oben auf der Höhe gibt es Straßenverzweigungen, die nicht markiert sind, und ich bin mir unsicher, wohin ich nun im Nebel laufen muss. Ich laufe einfach meiner Nase und dem Kompass nach und bin froh, als sich im Dunst die ersten Umrisse von Häusern abzeichnen. Ich bin in O Cebreiro, einem uralten Ort mit einer Pilgertradition seit Beginn der Pilgerschaft. Hier steht noch das Kirchlein Santa María la Real aus vorromanischer Zeit, Hütten mit Strohdach, die Pallozas, die noch in der Tradition der vorromanischen Zeit erhalten sind. Berühmt geworden ist der Ort durch das Hostienwunder, das sich, kurzgefasst, wie folgt zugetragen haben soll: Ein Bauer besuchte trotz eines Unwetters die Messe in Cebreiro, wo ein wenig gläubiger Mönch die Messe las und sich insgeheim über den Bauern lustig machte. Während der Wandlung verwandelte sich Brot und Wein sichtbar in Fleisch und Blut Christi und bekehrte den ungläubigen Mönch. O Cebreiro ist deshalb heute ein Wallfahrtsort.

Ich gehe in die Bar bei der Herberge und frühstücke. Pilger, die hier übernachtet haben, brechen gerade auf, sodass sich die Bar leert. Ich trinke einen Café con leche und esse einige Magdalenas. Dann ziehe auch ich weiter. Von O Cebreiro habe ich wegen des Nebels kaum etwas gesehen, aber als es dann leicht bergab geht, lockert sich der Himmel langsam auf. Vorbei am Alto de San Roque und am Alto do Poio führt mich der Weg meist auf der Straße weiter. Mittags scheint richtig die Sonne und Freude

kommt auf, als ich kurz vor 17 Uhr das mächtige Benediktiner-Renaissance-Kloster von **Samos** ereiche. Unterwegs ist mir aufgefallen, dass man keine spanischen Beschriftungen mehr sieht, sondern nur noch galicische. Galicisch ist ja eine eigenständige romanische Sprache. Aber die meisten galicischen Wörter auf den Schildern unterwegs sind alle dem Spanischen verwandt: Aus dem camino (Weg) wird ein camiño, aus dem cruze (Kreuz) ein cruce, aus dem ayuntamiento (Rathaus) ein axuntamento. Aber mich irritiert etwas, dass es keine Doppelbezeichnungen gibt. Spanisch taucht hier nicht auf, in Frankreich ist das in der okzitanischen Region undenkbar. Die Galicier glauben, dass alle Welt galicisch verstehen muss. Das ist ganz schön arrogant. Denn von einer „igrexa" auf eine „iglesia (Kirche)" zu schließen, ist nicht mehr so selbstverständlich.
Die Herbergschefin im Kloster ist sehr nett. Sie gibt mir einen Stempel, nennt mir die Zeiten des Klosterlebens: 17 Uhr Besichtigung des Klosters, 18 Uhr Vesper, 19 Uhr Messe, und sie sagt mir, dass ich für die Übernachtung geben könne was ich wolle. Diese Freundlichkeit im Benediktinerkloster ist wohltuend. Ich darf mir in der Halle den schönsten noch freien Platz aussuchen (ich bin der dritte Pilger, der hier eingetroffen ist), und ich finde ein Bett mit viel Ablagefläche an der Seite. Ich bin so begeistert, dass ich gleich zur Klosterbesichtigung eile, wo mir ein Mönch den Kreuzgang zeigen soll. Aber der dicke Mönch hat offensichtlich keine Lust, wahrscheinlich, weil ich der einzige Pilger bin, der zur Besichtigung gekommen ist. Stattdessen erzählt er mir auf español rápido irgend etwas Unverständliches. Dann fragt er mich, woher ich komme. „Ah, Alemania! Guten Morgen, Guten Tag, Guten Abend, Auf Wiedersehen, vino tinto", sagt er und findet sich so lustig, dass er sich „schlapp" lacht. Ich habe den Witz nicht verstanden, aber das tut seiner Freude keinen Ab-

bruch. Wahrscheinlich, weil ich nicht mitgelacht habe, macht mir der Pater ein besonderes Geschenk: Er holt aus einer Schublade einen Stempel für meinen Pass heraus. Ich sage ihm, dass ich schon einen bei der Herbergschefin bekommen habe. Aber er sagt mir „pst!" und betont, dass dies das originale Klostersiegel sei und drückt mir das heilige Stück in meinen Pass. Ich muss sagen, er sieht auch wirklich prächtig aus! Dann ist die „Besichtigung" vorbei. Hinterher ärgere ich mich schon ein wenig, dass ich auf die Besichtigung des Kreuzganges verzichtet habe. Er hätte mich ja auch alleine hineingehen lassen können. In der Herberge esse ich von meinen eingekauften Lebensmitteln zu Abend, während sich ein Spanier, den ich schon ins Kloster habe humpeln sehen, die wunden, mit Blasen überzogenen, Füße verbindet. Ich kann mir gar nicht vorstellen, wie man so schreckliche Füße bekommen kann. Ich biete ihm meine Superantientzündungscreme an, die er aber nicht braucht. Er desinfiziert seine Füße mit einer roten Flüssigkeit, die er von der Chefin bekommen hat. Ich lese im Kloster, dass das Kapitel 53 der Regula Benedicti die Gastfreundschaft vorschreibt! Ich denke, hier müsste der oberste Benediktiner einmal in all seinen übrigen Klöstern eine Qualitätskontrolle durchführen. Ich stelle mir hier in Samos ein Plakat vor: „Dieses Benediktinerkloster ist nach EN ISO 9001 in der Dienstleistungs-Kategorie „Gastfreundschaft" zertifiziert"; denn im Mosteiro de Samos, wie das Kloster Samos auf Galicisch heißt, wird das Kapitel 53 gelebt! Vielleicht liegt das an der langen Tradition klösterlichen Lebens in Samos, welches im sechsten Jahrhundert von dem Heiligen Martin von Braga gegründet wurde, dem Heiligen, der auch die Schwaben in Galicien zum Christentum bekehrte (Seitdem sind die Schwaben anständige Leute, die zwar immer noch grob fluchen und sich das „öms verrecke nedd" abgewöhnen können). Ich gehe nach der Messe in der wunderschönen neoklassizistischen Kirche de los Santos Julían y Basilisa de Samos in mein Bett, während noch eine fünfköpfige spanische Radfahrergruppe eintrifft und ziemlich lautstark zu Abend isst. Die Herberge ist sehr einfach, aber durch die Freundlichkeit des Personals schlafe ich heute Abend sehr glücklich ein und weiß nicht, wie lange die Spanier noch gefeiert haben.

Freitag, 27. Oktober, 89. Etappe, Samos - Portomarín
Heute ist der 27. Oktober und es sind exakt drei Monate seit meinem Start am 27. Juli vergangen. Gestern habe ich mir noch einmal den Rest meiner Reise vor Augen geführt. Ich werde vor Santiago eine Kurzetappe einlegen, damit ich frisch und munter ins Ziel einlaufen kann. Daraus ergeben sich noch insgesamt vier Etappen: Heute wandere ich über Sarria bis Portomarín. Von dort geht es mindestens bis Coto weiter, irgendwo zwischen Brea und Arca sollte die vorletzte Etappe enden, und dann werde ich Santiago erreichen. Meine heutige Etappe beginnt kurz vor acht Uhr in einer Bar im Ort, wo ich mit einem fußkranken Schweizer, der nicht im Kloster übernachtet hat, zusammen frühstücke. Dann breche ich bei Sonnenschein – das will beachtet werden – auf, werde aber zwei Kilometer hinter Samos Opfer meiner Schlafmützigkeit oder einer wenig guten Wegweisung. Aus welchen Gründen auch immer biege ich fälschlicherweise rechts in eine Querspange, die einen langen Umweg beschreibt, ab. Ich wandere querfeldein und erreiche in Calvor die Alternativroute von Triacastela nach Sarria, die nicht über Samos führt. Ich wandere bergauf und bergab, aber nicht nur das: Es muss wohl in A Veiga de Reiriz sein, als aus einem bewohnten Gehöft ganz unvorbereitet ein stattlicher Köter herausstürmt und mit einem geifernden Gebell auf mich zustürzt. Ich habe ja schon einige Erfahrung im Umgang mit diesen Situationen. Also halte ich dem Hund wieder

meine Stockspitze entgegen, die ihn auf Abstand hält, und sprühe Pfefferspray. Der Hund läuft etwa 30 Meter zurück, dreht sich um und rennt mich wieder an, so als wollte er einen besonders guten Anlauf nehmen. Diese Szene wiederholt sich dreimal. Dann suche ich mir einen dicken Stein, während der Hund wieder einen neuen Anlauf nimmt, und schleudere ihm den Brocken entgegen, der ihn nur knapp verfehlt. Aber das hat gewirkt. Er läuft zurück, etwa einhundert Meter, und verfolgt mich dann, Distanz haltend, weitere 200 Meter meines Weges, bis er sich dann endgültig zurückzieht. Das war die bisher heftigste Attacke eines Hundes; ich habe langsam genug davon. Nach meinem weiten Umweg halte ich mich in Sarria nicht auf, sondern laufe direkt weiter. Ich nehme auch nicht den Pilgerweg – komme nicht nach Barbadelo – sondern die Straße C-635 direkt nach Xisto. Von hier aus wandere ich auf einem wunderbaren alten Weg von einem galicischen Dorf keltischer Prägung zum anderen, vorbei an den alten markanten Getreidespeichern, den Feldern mit den „gepflanzten Steinen", den chantos, wie die in den Boden gerammten Hinkelsteine heißen und die Felder voneinander abgrenzen. Die kleinen Dörfer, die eines nach dem anderen – wie die Perlen auf dem Rosenkranz – folgen, sind so grau wie die Hinkelsteine aus Granit auf den Wiesen und Feldern. Die Dächer sind mit Steinplatten gedeckt, das Mauerwerk aus Naturstein hochgemauert. Ich empfinde eine vollständige Übereinstimmung zwischen Menschenwerk und Natur. Ich habe großen Respekt vor den Erbauern dieser Häuser. Um 14.20 Uhr passiere ich vor Mogarde den Kilometerstein „100", von Santiago aus gezählt. 2500 Kilometer bin ich schon gelaufen! Ich muss selbst staunen. Das Ziel Santiago ist greifbar nahe, eine Kleinigkeit, a Muggeschiss (Fliegendreck) sagt der Schwabe. Das schöne Wetter bringt mich in Hochstimmung, ich studiere wieder einmal seit langem die Natur aus der Mikroperspektive und ich staune, was ich alles so entdecke. Die Herbstzeitlose ist die treueste Begleiterin auf meinem Pilgerweg gewesen. Seit den ersten Wochen hat sie die Wege auf den Höhen der Schweiz und Frankreichs, nun in Spanien auch die Niederungen geschmückt. Ich habe diese Blume richtig liebgewonnen. Sie hat alle meine glücklichen wie schmerzlichen Stunden miterlebt, sie ist mein stummer Zeuge und nimmt alle diese Eindrücke wieder mit zurück in die Erde. Hinter Ferreiros strahlt sie mich in der Sonne wieder an. Am späten Nachmittag erreiche ich über eine moderne Brücke über den Rio Miño das neue **Portomarín**, das erst seit 1962 besteht; denn das alte befindet sich versunken im Stausee von Belesar des Rio Miño, in dem man in wasserarmen Jahren noch einige Überreste sehen kann. Nach den vergangenen Regenwochen bietet sich mir dieses Schauspiel natürlich nicht. Einige wertvolle alte Bauwerke – so auch die Kirche San Nicolás – wurden Stein für Stein abgetragen und über dem Hang am rechten Ufer wieder aufgebaut. San Nicolás ist eine sehenswerte befestigte Kirche. Die Zinnen und dicken Mauern sind nur *ein* Beispiel für die frühere Anwesenheit der Militärorden in Portomarín. Sie waren alle drei anzutreffen: Der Templerorden und der Jakobusorden am linken Ufer des Miño und der Johanniterorden am rechten Ufer. Am Kirchplatz entdecke ich das Hostal Posado del Camino und gehe hinein und erfahre, dass sie ein Zimmer für mich haben. Das Ehepaar spricht gut Deutsch. Es hat 28 Jahre in Frankfurt gelebt, von denen der Mann zwölf Jahre in Kelsterbach gearbeitet hat. Sie beherrschen drei Sprachen: Spanisch, Galicisch und Deutsch. In Portomarín haben sie sich eine neue Existenz aufgebaut. Ich hoffe, dass sie ihr Auskommen haben. Die Menschen in Portomarín haben sich wirklich bemüht, viel Altes in das Neue hinüberzuretten. Der Marktplatz ist sehr schön geworden, dennoch ist Portomarín heute eine moderne Stadt.

Samstag, 28. Oktober, 90. Etappe, Portomarín - Coto

Nachdem sich der Nebel heute Morgen verzogen hat, ist der Himmel strahlend blau. Die letzten drei Tage sind heute mit der 90. Etappe angebrochen. Ich laufe zielstrebig los. Es geht über Wege, Straßen, durch Wälder immer bergauf, von knapp 400 Metern auf über 700 Meter. Ich komme an einem sehr gut erhaltenen alten Getreidespeicher vorbei. In Os Lameiros steht ein wunderschönes altes steinernes Wegkreuz mit zwei Gesichtern, ein Kruzifix auf der einen und eine Maria-mit-dem-Kind-Darstellung auf der anderen Seite. So deute ich jedenfalls die Rückseite. Wie heute beobachte ich schon seit vielen Tagen die unterschiedlichsten Kleesorten am Wegrand. Ich habe nicht gewusst, dass es so viele Spielarten von Klee gibt. Um 14 Uhr komme ich in Palas de Rei, wo ich mir noch etwas Geld aus dem Automaten ziehe, an.

Mir ist klar, dass ich eine der großen Versuchungen des Pilgerweges gerade überstanden habe; denn der pilgernde Aymeri Picaud, Mönch aus dem Poitou im zwölften Jahrhundert, schrieb im Pilgerführer seines Liber Sancti Jacobi, dass zwischen Portomarín und Palas de Rei die Dienstmädchen der Wirtsleute nachts auf Eingebung des Teufels in die Betten der Pilger zu steigen pflegen! In Portomarín bin ich verschont geblieben, weil es dort keine Dienstmädchen gibt und weil ich auf dem Pilgerweg *ge*führt und nicht *ver*führt werde! Da ich „normal in der Zeit" bin, stelle ich mein strammes Tempo hinter Palas de Rei ein, laufe normal weiter und erreiche **Coto** gegen 17 Uhr, wo ich auf das Hostal „Die zwei Deutsch" stoße. Mich reizt es, dort zu übernachten und treffe wie gestern auf ein spanisches Wirtsehepaar, dass ebenfalls in Deutschland, in Geislingen an der Steige, gelebt und gearbeitet hat und gut Deutsch spricht. Einziger Nachteil: das Zimmer ist nicht geheizt (S'Spare hen se wohl en Alemania, em Schwobeländle, glernt, dia Pfennigfuchser!). So wasche ich nicht, sondern werde dafür früh schlafen gehen. Notfalls komme ich in Santiago stinkend an. No problema! Heute Nacht – so sagt mir die Wirtin – beginnt die Winterzeit. Ich stelle meine Uhr eine Stunde zurück, vergewissere mich, dass es wirklich keine Dienstmädchen gibt und gehe nach dem Abendessen ins Bett.

Sonntag, 29. Oktober, 91. Etappe, Coto – Arca do Pino

25 Euro all inclusive, mit Abendessen und Frühstück, zahle ich heute Morgen. Das ist ein guter Preis. Ein wolkenloser Himmel begrüßt mich und es ist schon am frühen Morgen warm. Im Hostal war ich heute Nacht der einzige Gast, aber im spanischen Führer wird der Ort Coto ja auch nicht erwähnt! Für die Quartiersuche hat sich der Paderborner Herbergsführer sehr gut bewährt! Nach einer Stunde und ungefähr sechs Kilometern Wegstrecke bin ich in Furelos angekommen, dort, wo es nach dem Paderborner Herbergsführer in der Kirche San Juan das eigenwillige Kruzifix „Christus reicht dem Pilger die Hand“ geben soll. Heute ist Sonntag und ich denke mir, dass irgendwann eine Messe stattfinden wird. Die Kirche ist aber verschlossen. Ich frage eine Frau im Dorf und sie sagt mir, dass um zehn Uhr eine Messe gelesen wird. Also gehe ich in die Dorfbar, die gerade öffnet. Der Chef erklärt mir, dass in einer halben Stunde der Pfarrer an der Bartür vorbeilaufen und die Kirche öffnen wird. In einem Dorf sind alle Gebräuche jedem bekannt! Also trinke ich einen Café solo, warte und sehe tatsächlich zur genannten Zeit den Pfarrer in schwarzer Robe an der Bar vorbeilaufen. Ich folge ihm und bevor die Messe beginnt, drücke ich den in der Kirche ausliegenden Pilgerstempel

Furelos, San Juan
Christus reicht dem Pilger die Hand

in meinen Pass und mache auch in der schlecht ausgeleuchteten Kirche ein Foto. Alles kein Problem für den Pfarrer, der am Altar die Messe vorbereitet. Aber ich bin auch froh, dass ich noch, bevor die Dorfgemeinde eintrifft, in aller Ruhe ein wenig verweilen kann, und es war eine der schönsten Pausen in einer Kirche, die ich angesichts des helfenden Christus auf dem Pilgerweg eingelegt habe. Um so seltsamer verläuft die Messe, die vom Pfarrer und einem assistierenden Priester gefeiert wird. Ich habe meine Bedenken, ob es wirklich eine „Feier" ist. Die Gemeinde kommt mir sehr verstockt vor. Kaum einer singt mit. Beim Friedensgruß grüßt jeder nur den, der dicht neben ihm steht. Keiner dreht sich um, um mir die Hand zu geben. Mir gelingt es gerade noch, auch meiner rechten Nachbarin die Hand zu reichen, weil ich ihr penetrant die Hand hinstrecke. Alle stehen wie angegossen in den Bänken. Zur Kommunion laufen aus der ersten Reihe zwei Personen zum Pfarrer und kommunizieren. Ich denke, das sind bestimmt die Diakone oder die Gottesdiensthelfer, die zuerst zur Kommunion gehen dürfen und warte, bis sich die Menschen in den Bänken in Bewegung setzen und nach vorne laufen. Aber es geht niemand und ehe ich mich versehe und die Situation begreife, ist die Kommunion zu Ende. Die gesamte Gemeinde – wenn man einmal von den zwei Personen absieht – ist nicht zur Kommunion gegangen, obwohl sich vor der Kommunion einer der beiden Priester in den Beichtstuhl gesetzt hat und Beichte abgenommen hätte. Aber auch dieser Service wurde nicht angenommen. Warum sind die Menschen hier so?
Der Rest meiner Etappe ist unspektakulär. Ich laufe durch die Städte Melide und Arzúa. Dann bin ich etwas irritiert; denn die Orte von Cortobe bis Xen (vor Brea) sehe ich überhaupt nicht, obwohl ich den Jakobsweg laufe. In Rúa, wo ich einkehren wollte, sind die Herbergen geschlossen oder voll. Ich muss also not-

gedrungen weiter bis **Arca do Pino** laufen, wo ich nach 40 Kilometern gegen 17 Uhr in der Herberge ankomme. Heute ist es mit ca. 30°C entsetzlich warm. An jeder Bar, an der ich unterwegs vorbeigekommen bin, habe ich eine Cola oder ein Bier oder ein Schweppes oder sonst was getrunken. An den Beinen habe ich wieder Hitzeausschläge!! Es ist heute der 29. Oktober! Man stelle sich das vor. Vor Tagen habe ich noch gefroren und nun, Ende Oktober, habe ich in der Regengegend Galicien Hitzeausschläge. Da, wo normalerweise schönes Wetter ist, herrschen Regen und Kälte, und dort, wo es um diese Zeit regnet, ist es heiß: Das Wetter spinnt. Ich trinke, nachdem ich mich in der schmuddeligen Herberge (die Betten und die Duschen sind schmutzig) eingerichtet habe, noch drei Glas Bier in einer Bar. Beim Abendessen treffe ich den Spanier aus dem Kloster in Samos mit den schrecklich kaputten Füßen. Ich staune nicht schlecht; denn er ist mit seinen Füßen genau so stramm gelaufen wie ich. Ich muss wieder an die Kanadierin denken. Mit dem Spanier trinke ich eine Flasche Rotwein. Er kommt aus Andalusien und läuft 14-tägige Etappen, diesmal bis Finisterre. Wir freuen uns alle auf Santiago! Nach dem Essen begegne ich noch einem Deutschen namens Horst aus Bad Sobernheim bei Bad Kreuznach, mit dem ich auch noch zwei Glas Bier an der Bar trinke und der mir von den schönen Rheinwanderwegen, vom Rheinsteig und vom Rheinburgenweg erzählt. Er preist mir diese Wanderstrecken so an, dass man glauben könnte, er habe sie erfunden. Am Abend rechne ich, was ich unterwegs getrunken habe, zusammen: eine restliche halbe Flasche Rotwein von den „zwei Deutsch“, etliche Gläser Cola und Bitterlemon, meine Flasche Wasser, bestimmt drei Glas Bier am Tag, am Abend fünf Glas Bier, eine halbe Flasche Rotwein, zusammen also acht Glas Bier und eine Flasche Rotwein. Ein bisschen viel Alkohol ist das, glaube ich. In der Herberge wasche ich keine Wäsche mehr, ich werde stinkend in Santiago ankommen. Mir ist heute alles egal. Und ich glaube, so geht das allen. Vielleicht ist das auch der Grund, warum hier in Arca niemand einen Lappen in die Hand nimmt und die Herberge säubert oder mindestens die Betten abbürstet. Im Kopf leicht beschwingt, lege ich mich schlafen.

In Compostela

„Nü wolle vns helffen Maria die jungfraw reyn mit irem lieben kynde daß wir sant Jacob mit andacht mögen fynden daß wir nach dißem leben mögen ...“
Herman Künig von Vach, Pilger und Mönch aus der Straßburger Gegend, 1495

Heute ist also der große Tag meiner Pilgerschaft. Es ist
Montag, der 30. Oktober 2007, der 96. Tag meiner Pilgerschaft mit der 92. Etappe
Arca do Pino – Santiago de Compostela.
Das Wetter ist wieder wunderschön, die restliche Strecke eher langweilig. Genau um 11.05 Uhr erreiche ich den Gipfel des Monte del Gozo (Berg der Freude), die Stelle, wo im Mittelalter bis in die Neuzeit hinein die Pilger aus Freude über die sichtbare Nähe zu Jakobus, aus Freude über die überstandenen Strapazen einer gefährlichen Pilgerreise auf die Knie gefallen sind und vor Rührung geheult haben. Ich stehe also, nachdem ich schon den lauten und hässlichen Flughafen passiert habe, auf dem Monte del Gozo und sehe vor mir von der Stadt Santiago de Compostela nur Neubaukästen und Baukräne, aber keine Kathedrale, und so bin ich alles andere als gerührt. Vielleicht habe ich ja den eigentlichen Aussichts-Monte verpasst, aber ich wandere doch auf dem Camino. Ich suche aber nicht nach Aussichtspunkten; denn die Kathedrale werde ich in Kürze sowieso zu sehen bekommen. Auf jeden Fall ist der fehlende Blick auf die Kathedrale bedauerlich für meine Fotosammlung. Ich laufe den Hügel hinunter Richtung Stadt, komme durch ein Neubauviertel, vorbei an großen Straßenkreuzungen, durch Autogestank und -lärm, bis ich schließlich in die Rúa de San Pedro einbiege, weiter vorbei an der Rúa das Casas Reais, durch die Rúa da Acibechería zum Plaza de la Inma-

culada, an der Nordfassade der Kathedrale vorbei, durch den Arco Palacio, wo sich früher die Pilgermassen durchgewälzt haben, zum Plaza del Obradoiro.

Ich stehe vor der Kathedrale in Santiago de Compostela!

Ich bin am Ziel, am Ende meines GEDANKENSTRICHS angekommen. Ich gehe in die Kirche, die Messe hat gerade angefangen, ich nehme an ihr teil. Der Weihrauchkessel, der botafumeiro, oben im Gewölbe aufgehängt, 54 Kilogramm schwer, schwingt um einen vertikalen Radius von 21 Metern Länge durch das ganze Querschiff der Kathedrale, einen riesigen Dampfschweif hinterlassend. Diese „Attraktion“ hatte in früheren Zeiten mehr den praktischen Zweck, den Gestank der Pilger zu überdecken als religiöse Gefühle zu wecken, was sicher auch noch heute zum Teil berechtigt ist. Ich jedenfalls stinke zum Erbarmen! Ich trage meine Sachen heute schon den dritten Tag und es ist mit 30°C heute wie gestern sehr warm draußen. Aber ich merke, dass ich mehr Zuschauer als Teilnehmer der Messe bin. Ich schaue mir alles an und bin fasziniert von dem Treiben in der Kirche, den Riten der Pilger, der Kathedrale. Ich lasse alles auf mich einwirken. Ich gehe nach der Messe in das Pilgerbüro und zeige meinen Pass vor. Die Dame schaut ihn sich wortlos an, füllt das Formular aus, trägt Daten (sicher für die Statistik) in eine Tabelle und händigt mir die Compostela, die Pilgerurkunde, aus. Na ja, denke ich, das macht die zig mal am Tag, da kann sie ja nicht mit jedem reden. Nach Erledigung dieses Verwaltungsaktes gehe ich wieder in die Kirche. Ich bin heute sehr nüchtern. Ich habe das Gefühl, noch nicht begriffen zu haben, dass ich am Ziel meiner Pilgerschaft angekommen bin. Da bin ich nun 96 Tage unterwegs gewesen und sitze hier wie im Kino herum, alles betrachtend, was

Nach 96 Tagen am Ziel:
Vor der Kathedrale in Santiago de Compostela

sich mir so bietet. Vielleicht wehrt sich auch mein Innenleben gegen die Vorstellung, dass nun alles vorbei sein soll. Schließlich waren meine Erlebnisse auf dem Weg eine gewaltige Bereicherung, mein GEDANKENSTRICH ein Erfolg! Darüber hinaus bin ich so fit wie in meinem ganzen bisherigen Leben nicht. Ich könnte gerade so weiterlaufen. Ich glaube, dass meine Seele noch etwas Zeit braucht, bis auch sie angekommen ist. In der Kathedrale ist ein ständiges Kommen und Gehen, selbst während der Messe heute Morgen war das so, das stört niemanden, auch mich nicht. Sogar der Jakobus über dem Altar wird während der Messe geherzt und umarmt. Die Pilger laufen seitlich vom Altar ein Treppchen hoch, erweisen der Statue alle Ehre und steigen auf der anderen Seite wieder hinunter. Fotografieren ist erlaubt. Schulklassen kommen mit Führer und Schreibheft in die Kathedrale. Sie zeichnen Figuren ab, stecken ihre Hand in die Vertiefungen der Säule, laufen hierhin, dahin, umarmen den Jakobus über dem Altar, vollziehen den ganzen Pilgerritus nach. Diese Kathedrale ist eine Kirche zum Anfassen! Ich fühle mich wohl hier. Aber es ist alles faszinierend neu für mich.
Morgen werde ich in die Pilgermesse gehen. Heute erledige ich erst einmal die Formalitäten.

Ich glaube, ich war meiner Seele vorausgelaufen. Das war für mich kein Grund zur Beunruhigung! Das gab es schon zu allen Pilgerzeiten, dass das „Ankommen“ und das „Begreifen“ nicht immer zum gleichen Zeitpunkt stattfinden. Jean de Tournai, ein Gerber aus Nordfrankreich, der 1488 nach Santiago gepilgert war – so dem Buch „Unterwegs nach Santiago“ entnommen – , begab sich unmittelbar nach Ankunft in Santiago d. C. in ein Gasthaus. Erst am anderen Morgen ging er zur Kathedrale. So handhabten das auch Giullaume Manier, Schneider aus der Pikardie und seine Gefährten im Jahr 1726. Ich war sicherlich nicht der einzige, der sich Zeit nehmen musste. Der eine erlebt die Ankunft spontan, der andere braucht etwas Zeit dafür! Vielleicht wäre das in Frankreich anders verlaufen, wenn dort das Ziel gewesen wäre!

Ich gehe in ein Reisebüro und buche für Freitag die Rückreise nach Frankfurt. Ich habe wie folgt geplant: Morgen, Dienstag, ist der Tag der Kathedrale, Mittwoch ist Todos los Santos, Allerheiligen. Da will ich hier in Santiago dabei sein. Die Spanier werden sicherlich ein großes Fest feiern. Donnerstag fahre ich mit dem Bus nach Finisterre und Freitag heim. So habe ich noch viel Zeit, meine Pilgerwanderung ausklingen zu lassen. Ich werde nicht wie viele Pilger weiter nach Finisterre laufen, weil ich nicht weiß, warum ich das tun soll. Also fahre ich als Tourist dorthin.
Auf dem großen Platz vor der Kathedrale bitte ich einen Touristen, ein Foto von mir mit der Kathedrale zu machen. Erst der dritte, den ich bitte, ist zum Glück auch in der Lage, ein vernünftiges Bild anzufertigen. Wie gut, dass man das mit der Digitalkamera sofort kontrollieren kann. Auf dem Plaza de la Quintana strahlt mich ein Pilger an, er verwechselt mich mit einem Franzosen. Aber das tut nichts zur Sache. Ich setze mich zu ihm, er ist ein Deutscher, und wir trinken ein Bier zusammen. Er sagt, er sei sonst eine Quasselstrippe aber heute sei er sehr glücklich und ruhig. Wir reden nicht viel. Er sitzt da und strahlt von innen heraus! Er ist ergriffener als ich. Er erzählt mir, dass er nicht als religiöser Pilger losgegangen sei. Ich frage ihn nicht, als was er angekommen ist, obwohl ich es gerne wüsste. Aber der Weg scheint in ihm etwas bewirkt zu haben. Nach dem Bier am Uhrenturm gehe ich zur Touristen-Information, um mir ein Hotel empfehlen zu lassen, beziehe es und genieße die Dusche. Dann gehe ich zurück zur Kathedrale.

In der Kirche frage ich einen Priester, wann und wo ich morgen auf Deutsch beichten kann. Der Mann schüttelt den Kopf, auf Deutsch kann ich nicht beichten. Er schaut mich an und bittet mich, nieder zu knien. Dann erzählt er mir irgendwas, was ich nicht verstehe. Ich sage ihm: „Eso no he comprendido (Ich habe das nicht verstanden)". Dann schaut er mich wieder an und erteilt mir die Absolution, obwohl ich noch gar nichts gesagt habe. Ich denke, Jesus sprach doch klare Worte: „Wem ihr die Sünden vergebt, dem sind sie vergeben; wem ihr die Vergebung verweigert, dem ist sie verweigert" *(Joh 20,23)*. Ich sage: „Amen", und setze mich auf eine Kirchenbank und verrichte meine Lebensbeichte und die Buße. Das hat alles seine Richtigkeit, denke ich. Nur die Reihenfolge ist heute ungewöhnlich.
Ich gehe in die Stadt und kaufe mir ein Abendessen zusammen: Weintrauben, Äpfel, Brot, Käse, Bier.

Dienstag, 31. Oktober, Santiago
Heute Morgen habe ich mich richtig geekelt, als ich aufgestanden bin: Ich bin von oben bis unten, vom Hals bis zu den Füßen verstochen: Große Stiche, kleine Stiche, Einzelstiche, Stichhaufen, Stichlinien, alle Stiche, die man sich so ausdenken kann. Die schmutzige Herberge in Arca, denke ich, hat Spuren hinterlassen. Ich gehe unter die Dusche, schüttle dort den Schlafsack aus und packe ihn ein. Dann sammle ich alle Wäsche, die ich nicht am Leibe habe, verpacke sie in Plastik, um sie dem Hotel zum Waschen abzuliefern. Ich dusche, ziehe mir saubere Sachen an. Auf dem Weg zum Frühstück gebe ich meinen Wäschebeutel an der Rezeption ab. Nach 24 Stunden werde ich sie wiederbekommen, sagt man mir. Nach dem Frühstück gehe ich zur Kathedrale. Ich steige die große Freitreppe der Kathedrale hinauf, gehe durch das dreifache Portal bis zum Mittelpfosten des mittleren Portals. Dort

thront unter Christus der Apostel Jakobus. Die Säule stellt den Stammbaum Jesajas dar und jeder Pilger legt dort, wie ich auch, nach altem Pilgerbrauch die Finger der rechten Hand in die von Millionen von Pilgern eingegrabenen Vertiefungen der Säule. Ich nehme auf einer Bank Platz. Die Messe beginnt. Eine Nonne gestaltet die Messe mit, singt wunderschöne Lieder mit einer kräftigen, schönen Stimme. Das können die Franzosen wie die Spanier: herzergreifend singen. Bei der Kommunion ist es dann soweit: Ich bin angekommen! Ich bedanke mich, dass ich so gut, ohne Krankheiten, ohne Schaden zu nehmen, pilgern durfte – und die Nonne singt dazu. Mir rutschen wieder einmal die Tränen heraus. Nach dem Gottesdienst reichen wir Pilger uns die Hand. Wir sind glücklich. Der Franzose („Ah, Piter aus Stuttgart"), dem ich seit Le Puy immer wieder begegnet bin, ist dabei und auch eines der beiden französischen Ehepaare, das aber nach der Messe gleich nach Finisterre weiterläuft.

WIR wünschen
"Gesegneten Weg"
und
bitten um's Gebet !
Wir Alle!

Dann habe ich die vielen Bitten „Priez pour nous à Compostelle" gemäß einer tausendjährigen Pilgertradition in einer langen Sitzung erfüllt. ...

In der Schlange der Pilger steige ich zur romanischen Statue des Jakobus über dem Altar hoch, laufe noch eine Weile durch die Kathedrale und verbringe den weiteren Tag wie Manier und seine Gefährten 1726 nach der Messe: Ich esse und trinke nach Leibeskräften! Vielleicht nicht ganz so völlerisch. Aber Fleisch, Pommes, Salat, Bier und Nachtisch müssen es schon sein. Ich kaufe auch heute noch meine restlichen Mitbringsel für zu Hause ein, meine

Verpflegung für die Heimreise. Um 17 Uhr bekomme ich meine gewaschene Wäsche zurück. Ich dusche mich, ziehe frische Wäsche an, werfe den nichtgewaschenen Rest in die Badewanne, wasche ihn gründlich aus und hänge ihn auf die Leine. Bis morgen früh wird er trocken sein. Dann hoffe ich, alles Ungeziefer beseitigt zu haben.

Mittwoch, 1. November, Allerheiligen, Santiago

Im Hotel frühstücke ich erst spät, dafür gründlich und für Mittag gleich mit. Mir ist aufgefallen, dass ich in allen Hotels, soweit ich mich erinnern kann, immer auf dem Flur das letzte Zimmer bekommen habe; so in Coto bei den „zwei Deutsch", in Portomarín, hier in Santiago. Vielleicht sind die letzten Zimmer für Flöhe und Wanzen reserviert, aber das ist reine Spekulation. Ich gehe zur Kathedrale. Dort treffe ich das andere Franzosenpaar, das auch aus Le Puy kommt und mit dem ich zeitweise im Orkan auf der Hochebene vor und hinter Sahagún gewandert bin. Wir gehen zusammen in die Todos-los-Santos-Misa (Messe zu Allerheiligen). Sie fängt gerade an. Der Weihrauchkessel schwingt wieder durch das ganze Querschiff, ein schönes Ritual. Die Spanier können inszenieren: Der Bischof feiert die Messe persönlich. Er spricht ein so klares, schönes Spanisch und so langsam, dass ich der Messe folgen kann, sogar der Spur nach seiner Predigt. Er wird von Männern begleitet, die eine schwarze Robe, mit einem roten Schwertkreuz auf der Brust, tragen. Es sieht beeindruckend aus. Auch heute gibt es wieder einen Gesangssolisten, den Domchor und die Orgel, die mitten im Längsschiff der Kathedrale über den Köpfen der Gläubigen mächtig ihre Klänge erschallen lässt. Es ist eine Messe für alle Sinne, ein schöner Abschluss meines Santiago-Aufenthaltes.

Nach der Messe besuche ich das Museum unterhalb der Kathedrale. Hier zahle ich gerne Eintritt, bestaune die Schätze der Kathedrale und das Schloss Gelmírez, das man vom Museum aus betreten kann. Dann spaziere ich noch einmal auf dem städtischen Camino und gehe ins Hotel.

Donnerstag, 2. November, Busfahrt nach Finisterre

Diesen letzten Tag hätte ich mir sparen können. Ich fahre aus lauter Neugierde nach Finisterre und weiß nicht warum. Das einzig Interessante an der Busfahrt ist, die verbrannten Wälder zu erleben, die rechts und links der Straße die Landschaft prägen. Es sind keine sehr großen verbrannten Flächen, sondern viele kleine, aber auch in der Nähe von Häusern. Ich denke an die Menschen, die hier psychisch extrem gelitten haben müssen. Es ist erstaunlich, wie widerstandsfähig Bäume sein können: Der Stamm ist schwarz verbrannt, und oben sprießen wieder Blätter. Finisterre hat einen kleinen Hafen mit vielen bunten Fischerkähnen, sonst beeindruckt mich von der Stadt wenig. Ich setze mich hinter dem Ort an die Küste in die Sonne und vertreibe mir die Zeit mit Nichtstun. Nach der Rückfahrt gehe ich noch einmal durch den alten Stadtkern von Santiago, esse zu Abend und gehe ins Hotel.

Freitag, 3. November, Heimfahrt

Mein Camino ist zu Ende. Die ursprüngliche Absicht, mir einen guten Übergang vom Berufsleben in den Ruhestand zu verschaffen, war nach der Hälfte der Reise erfüllt. Aber wer den Jakobsweg einmal eingeschlagen hat, geht ihn, wenn er kann, auch zu Ende. Ich habe erfahren dürfen, dass es noch etwas anderes als ein Berufsleben gibt, dass der GEDANKENSTRICH mir einen Strich durch die Rechnung gemacht hat, einfach zu Hause zu sein und so weiterzuleben wie bisher, nur in einem anderen, wenn auch zwischenzeitlich akzeptierten, Umfeld. Ich begreife, dass der eigentliche, viel schwierigere Weg jetzt erst anfängt, im Alltag, wenn die Versuchungen alter Gewohnheiten kommen.

Ich freue mich auf Ilse!
Ich freue mich auf zu Hause!

Nachwort

Mein Pilgerweg war mehr als ein eleganter Übergang in den Ruhestand. Die intensiven Eindrücke unterwegs ließen allmählich die alte Welt vergessen. Man muss es erlebt haben, wie intensiv man die Umwelt aufnimmt und sie beobachtet, in ihr die Krisen, die Mühen, das Leiden aber auch die Hochgefühle erlebt, sie empfindet und bewertet.
Aus meiner Erfahrung heraus ist die Pilgerei hervorragend geeignet, einen Lebensabschnitt, ein Ereignis oder eine Krise für einen Neuanfang erfolgreich hinter sich zu lassen. Ich meine, dies gilt ganz allgemein, es muss sich nicht nur auf einen Übergang in den Ruhestand beziehen.

Meine Beobachtung und Erfahrung auf dem Weg sagt mir, dass jeder, der es einrichten kann, den ganzen Weg auf einmal laufen sollte. Das ist nicht einfach, wird aber im Laufe der Zeit immer einfacher, wie man meinem Bericht entnehmen kann. Gehe lang, einfach und alleine ist eine Pilgerregel. Alleine zu gehen hat den Vorteil, dass man jederzeit Begleitung findet, wenn man will, aber auch wieder solo laufen kann, wenn einem danach ist. Das nimmt kein Pilger übel. So ist das Pilgerleben. Abends in den Herbergen, tagsüber in den Kneipen, Bars, Restaurants und Kirchen trifft man sich ja wieder, vielleicht, irgendwann, manchmal häufig oder wenn man es nicht vermutet. Je länger man läuft, desto intensiver taucht man in die Pilgerwelt ein. Da braucht man keine „spirituellen Begleiter", die man sich bei organisierten Reisen gleich mit einkaufen kann.

Ich bin trotz des vielen Regens froh, in den Herbst hineingelaufen zu sein. Viele Menschen unterwegs zu treffen, ist eine Bereicherung. Aber Menschenmassen sind nicht das, was ich gesucht habe. Es ist auch einmal schön, alleine oder zu zweit in einer Herberge zu sein. Auch die Angewohnheit von Pilgern, im Sommer, morgens um fünf Uhr aufzubrechen, um der Sonne aus dem Weg zu gehen und um am Ziel ein Bett zu bekommen, wäre mir ein Gräuel. Ich stelle mir auch grausam vor, bei 40°C im Schatten oben auf den Hochebenen zwischen Burgos und León stundenlang laufen zu müssen, ohne die Möglichkeit zu haben, einen Schatten zu finden.

In der Folgezeit zuhause begann der innere Weg „danach“ mit guten Vorsätzen aber auch mit vielen Rückschlägen. Während der Übergang vom Job in den Ruhestand problemlos und dauerhaft geglückt ist, gehe ich den inneren Weg weiter, wie mir mit den Worten des jüngeren Jakobus in Belorado nach der 75. Etappe nahegelegt wurde: „Denn wie auch der Körper ohne den Geist tot ist, so ist auch der Glaube tot ohne Werke. ...“ Auf dem Weg wurde mir alles gesagt.

Jedem, der einen neuen Lebensabschnitt wohl durchdacht angehen will, gebe ich den Rat: Ziehe dir vorher einen GEDANKENSTRICH und gehe lange pilgern.
Aber packe dir nicht zu viel in den Rucksack!

Epilog

Nach einer dpa-Meldung rief Papst Benedikt XVI. am Palmsonntag 2007 die Gläubigen dazu auf, nicht nur für sich selbst zu leben, sondern „Wahrheit und Liebe als authentische Kriterien des Lebens“ anzusehen. Benedikt betonte, Geld, Karriere und Erfolg könnten nicht das Ziel des Lebens sein.

Literatur

- Pierre Barret/Jean-Noël Gurgand, Unterwegs nach Santiago, Herder, 1982
- IACOBUS, Matilde Asensi, Roman, dtv, 2002
- Carmen Rohrbach, Eine Reise weit zu mir, Friedrich Bahn Verlag, 1995
- Wolfgang W. Meyer, Jakobswege, Silberburg-Verlag, 2000
- Hans Ruh/Klaus Nagorni (Hg.), Pilgerwege, Evangelische Akademie Baden, Karlsruhe, 2003
- Hape Kerkeling, Ich bin dann mal weg, Malik, 2006
- Freizeitkarten 520, 523, 526 und 511, 1:50 000, des Landesvermessungsamtes Baden-Württemberg
- Outdoor-Handbuch, Der Weg ist das Ziel, Hartmut Engel, Band 117, Schweiz: Jakobsweg vom Bodensee zum Genfer See, Conrad Stein Verlag, 2004
- Outdoor-Handbuch, Der Weg ist das Ziel, Birgit Götzmann, Band 128, Frankreich: Jakobsweg GR 65, Via gebennensis, Via podiensis, Conrad Stein Verlag, 2004

- TopoGuides, Sentier vers Saint-Jacques-de-Compostelle, via Le Puy > Le Puy - Figeac, GR 65, FFRandonnée, Paris, 2006

- TopoGuides, Sentier vers Saint-Jacques-de-Compostelle, via Le Puy > Figeac - Moissac, GR 65, FFRandonnée, Paris, 2006

- Topo-Guide, Sentier vers Saint-Jacques-de-Compostelle, Le Chemin du Puy, Moissac - Roncevaux, GR 65, FFRandonnée, Paris, 2004

- Millán Bravo Lozano, Der Jakobsweg, Ein Reiseführer für Pilger, EDITORIAL EVEREST, S.A., 1999

- José María Anguita Jaén, Pilgerreiseführer Jakobsweges Spanien, EDITORIAL EVEREST, S.A., 2004

- Freundeskreis der Jakobuspilger Paderborn e.V., Jakobusweg von Saint-Jean-Pied-de-Port nach Santiago de Compostela, Herbergsverzeichnis, 2006

Kloster San Antón

Rosettenfenster mit dem Tau der Antoniter

Anhang

Credencial del Peregrino

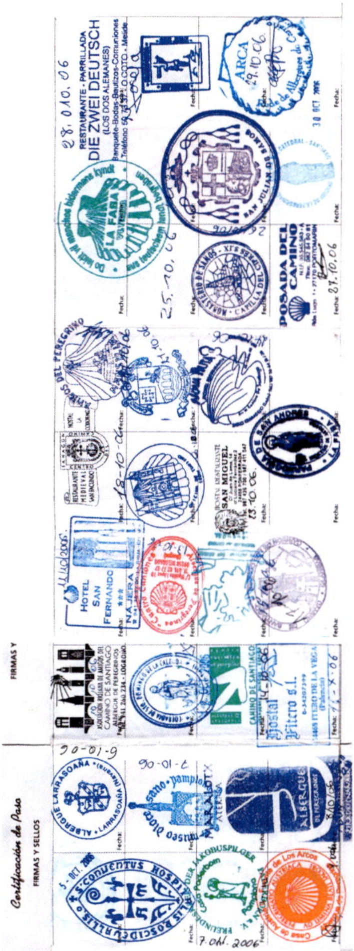

Credencial del Peregrino

CAPITULUM hujus Almae Apostolicae et Metropolitanae Ecclesiae Compostellanae sigilli Altaris Beati Jacobi Apostoli custos, ut omnibus Fidelibus et Peregrinis ex toto terrarum Orbe, devotionis affectu vel voti causa, ad limina Apostoli Nostri Hispaniarum Patroni ac Tutelaris **SANCTI JACOBI** *convenientibus, authenticas visitationis litteras expediat, omnibus et singulis praesentes inspecturis, notum facit:* Dnum Petrum Schnell

hoc sacratissimum Templum pietatis causa devote visitasse. In quorum fidem praesentes litteras, sigillo ejusdem Sanctae Ecclesiae munitas, ei confero.

Datum Compostellae die 30 *mensis* Octobris *anno Dni* 2006.

SIGILLUM CAPITULI BEATI JACOBI COMPOSTELLAE

Canonicus Deputatus pro Peregrinis

Die Compostela

Meine Pilgerausrüstung

(nach allen Leichterungsaktionen, etwa 11 Kilogramm)

Rucksack, 50 bis 60 Ltr.
Anorak (Goretex)*
1 dünne Regenschutzhose, (Goretex)*
Rucksackregenschutz*
**alternativ: Regenponcho*
Schlafsack (es sollte ein leichter sein!)
2 Wanderhosen
2 leichte Textilgürtel
Fleecejacke/-hemd
2 Funktionshemden, leicht (ein Hemd für „Freizeit“)
1 leichtes langärmeliges Funktionshemd
2 Paar Funktions-Unterwäsche
1 lange Funktions-Unterhose
Wanderschuhe
Turnschuhe
2 Paar Wandersocken
Wanderhut
dünne Polyester-Handschuhe
Pilgerstock mit Hartmetallspitze und Straßengummis
wasserdichte Säckchen, Plastiktüten (für den Rucksackinhalt!)
Seidentuch oder Tuch aus ägyptischer Baumwolle als Unterlage für den Schlafsack
2 Taschentücher

Dusch-Gel (kleine Portion)
Schampoo (kleine Portion)
Bodylotion (kleine Portion)

kleiner Deodorant-Spray
Zahnbürste, Zahncreme, Zahnseide, Plastiktasse
Nassrasierer und Ersatzklingen
Nagelfeile, Schere, wenn nicht im Taschenmesser enthalten
Handtuch (Microfaser)
Badeschlappen für die Duschen in den Herbergen
Sicherheitsnadeln
4 m dünne Kunststoffschnur als Wäscheseil
2 Plastik-S-Haken für das Wäscheseil
4 kleine Wäscheklammern
2 Hosenträgerclips am Rucksack befestigt zum Wäschetrocknen
kleine Schuhbürste, Wachs und Schwämmchen
Ohropax, besser: ein halbes nasses Toilettenpapier in das Ohr stecken
Toilettentücher, einzeln verpackt
etwas Klopapier

Fotoapparat und Ersatzspeicherkarten
Euro-Geld, Schweizer Franken
EC-Karte, VisaCard, MasterCard (Pin auch für Kreditkarte), Verlusttelefon-Nr.
Personalausweis
Kopien aller Papiere unten im Rucksack lagern
Pilgerpass
internationaler Jugendherbergsausweis
Anschriften und Tel.-Nr. der Daheimgebliebenen

Taschenmesser
Teelöffel
Kompass
LED-Stirnlampe

Reisebibel, Pilger-Rosenkranz
Tagebuch, Bleistift
Spanisch-, Französischwörterbüchlein
Diktiergerät für unterwegs, digital (hat sich bewährt!)
Solar-Uhr,
Handy und Ladegerät
Sonnenbrille (Sportbrille auch gegen Wind und Staub)
Lesebrille
Nähzeug
Pfefferspray (Hunde!!)
SOS-Pfeife (Plastik)
Mini-Thermometer
Lithium-Ersatzbatterien (leicht und langlebig für Stirnlampe, Diktiergerät), Ersatzakku für Fotoapparat

Gehwohl-Fußcreme
Blasenpflaster
Leukotape
normales Pflaster, einzeln verpackt
Zeckenzange für Deutschland und Schweiz
Sonnenschutzcreme
Lippenschutz
Autan-Insektenschutz
Imodium lingual (Durchfall)
Augentropfen, 0,5 ml Ampullen
Aspirin
ULTRA Protect Chi-Öl für Sehnen, Bänder, Knorpel
Diprogenta-Creme (verschreibungspflichtig), gegen Entzündungen
Kodan Tinktur (Desinfektion)

Combudoron-Gel (Weleda) gegen Hitzeausschlag, Insektenstiche, Sonnenbrand
persönliche Pillen und Salben
Studentenfutter als Notration
Teebeutel

Topographische Karten 1: 50 000 für Deutschland, da Wegweisung mangelhaft
Kartentasche für Regenwetter
Wanderführer für Schweiz, Frankreich und Spanien

Wichtig: Alle Artikel klein und leicht!

Lyrik an einer Fabrikmauer vor Nájera